中國古代史學叢書

〔唐〕劉知幾 著

〔清〕浦起龍 通釋

王煦華 整理

# 史通通釋

上

上海古籍出版社

**圖書在版編目(CIP)數據**

史通通釋 /（唐）劉知幾著；（清）浦起龍通釋；王煦華整理. —上海：上海古籍出版社，2022.8
（2024.5重印）
（中國古代史學叢書）
ISBN 978-7-5732-0328-1

Ⅰ.①史… Ⅱ.①劉… ②浦… ③王… Ⅲ.①《史通》—研究 Ⅳ.①K06

中國版本圖書館 CIP 數據核字(2022)第 107796 號

中國古代史學叢書
**史通通釋**
**(全二册)**
［唐］劉知幾 著 ［清］浦起龍 通釋
王煦華 整理
上海古籍出版社出版發行
（上海市閔行區號景路 159 弄 1-5 號 A 座 5F 郵政編碼 201101）
（1）網址：www.guji.com.cn
（2）E-mail：guji1@guji.com.cn
（3）易文網網址：www.ewen.co
上海展强印刷有限公司印刷
開本 850×1168 1/32 印張 25.125 插頁 10 字數 500,000
2022 年 8 月第 1 版 2024 年 5 月第 2 次印刷
ISBN 978-7-5732-0328-1
K·3187 定價：158.00 元
如有質量問題，請與承印公司聯繫
電話：021-66366565

# 前言

史通，劉知幾著，寫成於唐中宗景龍四年（公元七一〇年），共二十卷，分内篇、外篇兩部分，各十卷。内篇三十九篇，闡述史書的源流、體例和編撰方法； 外篇十三篇，論述史官建置沿革和史書得失。内篇中的體統、紕繆、弛張三篇早已亡佚，流傳下來的只有四十九篇。

劉知幾字子玄，唐朝彭城（今江蘇徐州）人，生於唐高宗龍朔元年（公元六六一年），死於唐玄宗開元九年（公元七二一年）。他二十歲考中進士，任獲嘉縣主簿十九年。後調任定王府倉曹。長安二年（公元七〇二年），他四十二歲，開始擔任史官，先後任著作佐郎、左史、著作郎、秘書少監等史職，撰修國史。史通是他數十年鑽研史學的結晶，也是我國最早的一部史學理論著作。

劉知幾以爲史家必須兼有「史才」、「史學」、「史識」三長，尤以史識最爲重要。他在總結以往史書的基礎上，提出了編寫史書的一些原則。認爲一部良好的史書「以實録直書爲貴」。記載史事應該「善惡必書」，「不掩惡，不虚美」，不能「飾非文過」，「曲筆誣書」。史事的内容只應記載「事關軍國，理涉興亡」的大事，而不應記載「州閭細事，委巷瑣言」。人物要有選擇，不能「愚智畢載，妍媸靡擇」； 并要「區別流品」，給予正確的評價。體例要「詳求厥義」，謹嚴合理，做到名實相符，不能「名實無準」。搜集史料，不僅要「徵求異說，採摭羣言」，還要細心鑒别，「明其眞僞」。敍述史事應以「簡要爲主」，要「文約而事豐」，反對「虚加練飾，輕事雕彩」。記述人物的語言，要用「當世口語」，「從實而書」，不要「怯書今語，勇效昔言」。對符合這些原則的左傳和不爲一般人所重視的兩部史書——宋孝王的關東風俗傳和王劭的齊志，劉知幾屢予表彰，備加贊譽，體現了他不同於流俗的「史識」。在惑經篇中，劉知幾批評春秋這部書「巨細不均，繁省失中」，「眞僞莫分，是非相亂」，指出春秋不過是一部「菁華久謝」的陳籍。在疑古篇中，劉知幾批評了尚書和論語，他指出虞書贊美堯「克明俊德」，能識别大才大德，是編造出來的「奇説」；堯、舜禪讓的美談，是揑造出來的「虚語」。總之，他認爲「遠古之書，其妄甚矣」，不能輕信。

注釋史通的專著有明朝李維楨的史通評釋、王維儉的史通訓詁和清朝黄叔琳的史通訓詁補等。浦起龍的史通通釋較爲晚出，所以有機會吸取了先前的校釋成果。

浦起龍字二田，清朝江蘇無錫人，生於康熙十八年（公元一六七九年），死於乾隆二十七年（公元一七六二年），雍正八年（公元一七三〇年）進士，曾官雲南昆明五華書院山長和江蘇蘇州紫陽書院教授。史通通釋完成於他的晚年。此書於清乾隆十七年（公元一七五二年）刊印後，浦起龍曾多次修改。因此後來印本的文字跟初印本有所不同。清乾隆求放心齋的初刊本，我們就見到三個印本。現在校點出版的史通通釋是根據初刊本的最後一個印本排印的。總的説來，後印本的文字勝過初印本，但後印本有數處由於增加注釋而删節，文義反不及初印本明白清楚，我們已在校勘記中加以説明。引書上的錯誤也於查對原書後加以改正。史通通釋以後，後人續有補苴，爲了便於讀者檢閲參考，書末附録了陳漢章的史通補釋、楊明照的史通通釋補和羅常培的史通增釋序。

史通通釋點校本於一九七八年四月出版後，友人寄來彭仲鐸史通增釋油印本，由先妻朱一冰録存，并作了初步校點，留待重印時附入，現在我又覆核了一遍，作了一些改正。後來，我寫了一篇浦起龍的生平及其著述，載於一九九〇年巴蜀書社出版的紀念顧頡剛學術論文集。初版至今已三十年了，現在上海古籍出版社重刊此書，也是一個很好的紀念。點校本的出版原是幫助研究者搜集材料的基礎工作，因此把二者附在後面，以便讀者參閲。

王煦華　二〇〇八年九月十七日

# 目録

# 序

乾隆十有三年戊辰，三山傖父年七十，客將以其生之日爲言以壽。傖父謝曰："壽孰如史？壽人以言，孰如壽言於史？"先是己未，代匱蘇郡校，坐春風亭，抽架上書，得史通，循覽粗過，旋舍去。乙丑歸老，諸知舊來起居，傖父方手裒亂帙，咸笑以謂書生習氣，老殢故紙猶昔耶？傖父唯唯。

則有蔡子敦復質所校字西江郭孔延評本，驟對如略識面，已益創通大致云。傖父曰：稽古之途二，經學、史學備矣。"六經"之名始見莊、列書。"史"名尤古，見於書、論語。自漢止立經博士，而史不置師，向、歆七略不著類。至唐千年，人爲體例，論罕適歸，而史之失咙。彭城劉子玄知幾氏作，奮筆爲書，原原委委。俾涉學家分塍參觀，得所爲通行之宗，改廢之部，館撰、山傳之殊制，記今、修往之殊時，與夫合分、全偏、連斷之宜，良穢、簡蕪、核直、夸浮之辨，覯若畫井疆，陳綿蕝，豈非一大快歟！矧夫衡史匹經，比肩馬、鄭，而非蟲篆雕刻之纖纖者歟！顧其書矜體慎名，斥飾崇質，迹創而孤，其設防或褊以苛。甚者佹辭巇古以召鬧，臆評輿而衷質蔽，莫能直也。郭本其尤已。

進問春風亭本。曰：是出大梁王損仲，糞除諸評，世稱佳本。然其蔽善匿，蒙焉何豁，訛焉何正，脱焉何貫，未見其能別徹也。且劉氏世職史，而文沿齊、梁，距今又千年，所進退羣册，已太半亡闕；所建立標指，又苦駢枝長語，迷瞀主客。此其可以履豨故智塞事乎？吾嗤夫弋名治古，而宿習之據於中者四焉：剽也，膠也，漫與也，冥行也。躡亡闕之蹤，導駢枝之窾，而逆之以中據之封畛，以求無蔽，其與幾何？

僋父曰：不空已於所入者，不洞彼於所出，亦適乎通者之衢而已。用是疏而匯之。一言之安，一事之會，周顧而旁質，豐取而矜擇。迎之以隙開，俟之以懸遇，持之以不止。濡首送日，以勩吾神而忘吾年。會年六十九，丁卯之歲除，脱然不自知其稿之集。明年，重自刊補。有以北平新本至者，互正又如干條。盡九月，寫再周，命曰史通通釋，無負彼名云爾。蓋七十叟之生，十月三日也，私喜簡再輟而期再會也。性不飲，至是舉觴焉，起而爲壽，祝曰：老子論交古制作，前乎誰疇後誰酢。書成生日對深酌，侑我靈龜謝紛若。于胥樂兮！

南村秋浦起龍二田氏略事概弁其端。三山僋父者，晚自謂也。歲十月初吉。

序例具之再及期，知友督梓踵至。又再逾期，不自意刻竟成。自戊辰盡壬申，爲歲五通。乙丑事始，凡歷幹枝之次者八，而稿兩脱，後易者又三。既入木，復條刊者卅有奇。昔李江都注選，至五乃定，今益過是焉。蓋其顓固蹇拙之如此，亦將彌其所謂釋事忘義之憾，而務相與爲之盡也。是役也，王子五福廷範、蔡子敦復焯實共啓之；而網搜傭鈔，敦復力最勤。未卒事，病亡。每一展卷，不勝曝書見竹之感。嗣是其從子初篁龍孫，許子修來卓然，方子駿公懋福，張子蔭嘉玉穀，朱子葆林庭筠，施子龍文鼎，鄧子濟美凱，劉子體正元典，華子居敬南枝，蔡子體乾煌、新篁麟孫，倪子時行龍鏡，内侄黄子大山巖，族子啓東燾暉、錦文廷炫、洲士思學、遜躬志學，皆治學嗜古，先後起予。而予諸外内羣從與參校者，名亦分見卷端*。年運而往，老不厭事，毋足己，毋隱勞，徵同好云。

乾隆十有七年陽生之月，山倉又識。

---

* 參校者姓名，這次排印時略去。

# 别本序三首

張睿父先生再刻陸太史校定劉子玄史通於豫章竣，寄家君黔中〔一〕。張先生手校爲增七百三十餘字，去六十餘字，而曲筆、因習二篇，增補缺略，已成全書。家君讀而喜，以新刻寄延曰：「張先生爲觀察，而手不釋書，猶諸生也。爾曹爲諸生，乃不諸生也。間取蜀本、吴本再校之〔二〕。刻中如『干寶』之『于』，『揚雄』之『楊』，『邢劭』之『邵』，『常璩』之『據』，『苻堅』之『符』，當是寫誤，可發舊本，細爲校定。」延循環校閱〔三〕，再加芟正。篇中史官姓名，如左氏、遷、固古今共推者，可以無釋；自孔衍、荀悦以下，俱爲著其爵里。間以己意爲之評論，雖未必合作者之意，衹承嚴命，終陸、張二先生功耳。約而言之，考究精覈，義例嚴整，文字簡古，議論慨慷，史通之長也；薄堯、禹而貸操、丕，惑春秋而信汲冢，訶馬遷而没其長，愛王劭而忘其佞，高自標榜，前無賢哲，史通之短也。然則徐堅所云「當置座右」者，以義例言，良非虚譽；而宋祁所云「工訶古人」者，以誇詡言，亦非誣善矣〔四〕。

西江郭延年序。

余既注文心雕龍畢，因念黄太史有云：「論文則文心雕龍，評史則史通〔五〕，二書不可不觀，實有益於後學。」復欲取史通注之。中牟張林宗年兄以江右郭氏史通評釋相示，讀之，與余意多不合，乃以向注文心雕龍之例注焉〔六〕。歷八月訖功。然此二書訛處甚多。嗣從信陽王思延得華亭張玄超本，其文心不能加他本，史通本大善，有數處極快人者，故此書之校視文心爲愈〔七〕。往見李濟翁資暇録，云李善注文選，有初注、再注以至四、五注者〔八〕，蘇子由注老子，亦自言晚年於舊注多所改定。今余此書，曷敢以爲盡是，聊以備遺忘，爲他日削稿之資耳。

河南王惟儉序。

書以通名，如白虎通、風俗通之類，義同箋故。漢封司馬遷後爲史通子，「史通」之稱見焉。劉知幾博論前史，摭摋利病，作史通內、外篇，蓋兼取兩義云。馬貴與經籍考從文史類中摘出論史者爲史評，首列是書。

本傳謂知幾幼時受古文尚書，業不進；聽講春秋左氏，則心開。異哉！同一學問之事，而胎性中各有著根處，不自知其所以然。後來領國史三十年，卒以史學垂名，豈所謂性也有命焉者耶！觀其議論，如老吏斷獄，難更平反；如夷人嗅金，暗識高下；如神醫眼，照垣一方，洞見五藏癥結。間有過執己見，以裁量往古，泥定體而少變通，如謂尚書「爲例不純」，史論「淡薄無味」之類。然其薈萃搜擇，鈎釽排擊，上下數千年，貫穿數萬卷，心細而眼明，舌長而筆辣，雖馬、班亦有不能自解免者，何況其餘。書在文史類中，允與劉彥和之雕龍相匹，徐堅謂史氏宜置座右，信也。

綜練淵博，其中瑣詞僻事，非注不顯，注家王損仲本爲善。林居多暇，竊爲删繁補遺，重梓行世，使當時自比揚雄擬易，以爲必覆醬瓿者，千餘年後復紙貴於蘭臺、石室間，亦嗜古之士所欣慰也。

北平黃叔琳序〔九〕。

## 校勘記

〔一〕寄家君黔中　「黔」初印本原作「黥」，據史通評釋原序及後印本改。

〔二〕間取蜀本吴本再校之　史通評釋原序無「間取」二字，作「予甚有葸，黔中亡籍，予家史通蜀本、吴本再校之」。

〔三〕延循環校閲　史通評釋原序「延」下有「自長安歸」四字。

〔四〕亦非誣善矣　史通評釋原序此下有「延又因之有感焉，子玄自敍：史通方諸太玄，太玄數百年後爲張衡、陸績所重，第史通後來張、陸則未之知。不謂今千年後，首刻於陸太史，再刻於張觀察，爲子玄之平子、公紀也。二姓俱同，事豈偶然，亦可謂子玄忠臣矣」八十四字。

〔五〕評史則史通　史通訓詁原序「評史」作「評文」。

〔六〕乃以向注文心雕龍之例注焉　史通訓詁原序「文心」下無「雕龍」二字。

〔七〕故此書之校視文心爲愈　「此」字據史通訓詁原序補。

〔八〕有初注再注以至四五注者　「四」字據史通訓詁原序補。

〔九〕北平黃叔琳序　史通訓詁補原序作「乾隆十有二年丁卯仲春既望，北平黃叔琳崑圃氏序」。

# 史通通釋舉例

門人古梅里聚蔡焯敦復氏學

## 二科十别

書不必醇乎醇，書惟其至於至，居巢劉氏之史通是也。注書戒自我作故，注書欲推心置腹，山僧先生之通釋是也。凡注之用二，辨之通與不通而已。是書行本相高，厭心蓋寡，每於通處，薦以荆榛而趣乖，於不可通處，過如炙轂而疵積，敝也久矣。先生曰：「趣乖者法宜訓正，疵積者道在刊訛。」例總二科，科各有别，列如左方。

訓正者，兼舉其義與辭而是正之也。義從文生，辭由古出。俗學之弊，大抵二端：憑臆自用者，揣義而不徵辭，弊且流爲束書不觀，是謂蔑古；炫博貪奇者，役辭而不問義，弊又滋乎靈臺日汨，是謂褻天。兹用疏義以會辭，考辭以赴義，則訓之爲也。訓正之科，其别六。

一曰釋　篇者，節之積也，節清而篇乃定焉。歷翻評本，觀乎外篇條别，胸欠主張；驗其通體支離，篇乖步伐者矣。故爲之釋以清之。釋之爲用，析節而疏其義。是賓是主，是影是神，前後相銜，中邊交灌，兹爲從事之所先，即其命名之所自。間有省去不用，唯於短説爲然。自昔漢、唐經疏通例，墨闌標眼，於「釋」字仿用之*。

二曰按　按亦釋也，標仍墨闌，體同跋尾。既釋以辨之，復按以會之，指趣所鍾，歸宿有地矣。況史通之爲書也，羣史牢籠，全書吐納，畛塗遼闊，節目棼繁，則必以見遠之明者察焉，則將有無礙之辯者通焉。此段識解於何置頓，亦惟篇按職此淹該。是知按之所届，尤爲駟牡之廣衢，非等隻雞之近局也。又其例比釋加遍，釋有從省，按無缺施。惟下帙四、五處有以一按攝三條、二條者。

三曰證釋　謂取證古書，用釋今義也。語云：求之物本，必於其始；取其所通，必於所宅。故凡有徵引，事必事祖，辭必辭根。而其所標識，則又書皆舉名，篇皆舉目。如左傳則某公某年，漢書則某紀某傳之類。蓋採録多從節縮，而原文可任搜核也。他若舊注已得者，明書何本；或無書可質者，直注未詳。不攘不欺，與世共見。

四曰證按　凡前件證釋，多有就證加按者，痛刮不根之病及漫與之習也。如尚書注有王肅，其人也，本係三國王朗之子，舊援後魏同名之人。如左傳家缺徐賈一注也，位在干、蕭二史之間，檢出徐廣字形之誤。更有全證皆屬設辯者，如書志篇之「東觀曰記」，採撰篇之「沈炯罵書」，一失之俗傳，一失之原本，則一當革其繆，一當繩其愆。凡此諸流，皆須顯説也。證釋之條千有二百，加按之處五百有奇，任舉陳言，都成説部。

---

* 原加墨闌的「釋」和「按」字，這次排印時改爲黑體字。

五曰夾釋　釋非節界，夾入行間，是夾釋也。凡涉晦澀之義，用一兩言達之，或遇疑似之辭，用直截語指之，皆是也。有此可以便觀書者之素解，可以杜好辯者之歧猜。

六曰雜按　雜按之施，施於原注。原注者，劉自注也。或刊失其初，須爲揣定；或置非其所，合與推移。且有注混文、文混注者，於史官篇「詔曰修撰」、暗惑篇「曹公多詐」見之。并有注非注、文非文者，於史官篇「自歷行事」、雜説篇「蘇代所言」見之。相厥攸居，還渠定判，此雜按之所由設也。不繫諸正書，故稱雜焉。

刊訛者，訛非一端而已，或流傳，或竄易，或原本差池。所致之塗既雜，於是有繆出，有倒施，有脱遺、羨衍，所叢之類繁興，刺眼而葉落連翩，膠牙而泉流澀咽。文傳侮食，怪曲水序之猶疏；日思誤書，嘆小屋人之不作。夷考諸家，刊得者十一，待刊者十九焉。刊訛之科，其别四。

一曰字之失　是書之失在字者，蓋亦多矣。「烏孤」而轉「烏孫」，「文丁」而轉「文王」，「處道」而轉「承祚」，「涉漢」而轉「沙漠」，失則繆；「文省」而曰「省文」，「朔方」而曰「方朔」，「武宣」而曰「宣武」，「昌平」而曰「平昌」，失則倒；「昭後略」漏「昭」字，「言學者」漏「言」字，「楚、漢列國」漏「國」字，「微子篇序」漏「序」字，失則脱；「名班祚土」，「班」下衍「爵」字，「以其類逆」，「逆」下衍「者」字，「虚美相酬」，「馬遷乘傳」，「美」下「傳」下並衍「以」字，失則羨。繆、倒、脱、羨，凡有四端，故概曰失也。總二百二十有奇者，刊之數也。其刊去者仍注見之，不没舊本，冀覽之者辨之也。且作聰明，改頭面，得罪古人，莫此爲甚。本所深惡，而豈蹈之。下三條皆仿此。

二曰句之違　違亦概詞也。句之違亦四端，凡二十處，而點煩之誤在除加丹粉間者不與焉。稍舉似之：以句繆言，則有若去萬留千、録遠略近，懵事類而反篇情者；以句倒言，則有若藉權濟物、居京兆府，乖文義而没語趣者；以句脱言，則有若述南齊之史、結申左之科，缺至一全片而遺忘半面者；以句羨言，則有若犀革裹之條、嗤沈約之段，衍至不可讀而反棄佳本者。凡此又非一兩字之間，審聲形之比。静繹全文，廣參羣籍，甚至浹時稽序，而後其真始出。持此耗磨晚節，俟之甘苦中人。

三曰節之淆　節之淆者，内篇少，外篇多，通幅、分條之殊其體故也。其在内篇，六家之總首既截，則總尾亦宜截。書志後論不應以「或問」截，編次終篇不應以「尋夫」截。其在外篇，離合斷連，歧迕交失者，史官篇三，正史篇三，惑經篇一，雜説上中下篇十有五。技經肯綮，每至族而難爲；官止神行，唯彼節之有間，今皆騞然矣。至若點煩摘史，隔鈔而合片，當以方空格界之。又若卷末忤時一牘，而兩端可以序跋例離之。斯皆隨方制宜，非欲矜己立異。

四曰簡之錯　篇節字句，並有錯簡。篇之錯，卷九内之敍傳者是；節之錯，曲筆中之「夫史」十行者是；字句之錯，雜説下之「李陵書」者是。篇不得而移，節句可得而準也。或遂刊定，或爲證明，具著卷中。

凡所盡心，略如前款。間嘗總諸科别而権之，理不言而同然，唯去非以趨於是；言愜心者貴當，必無憾然後即安。是書也，謂劉氏史通可，謂浦氏家言亦可。己巳孟陬，親賢堂。

# 編次總目附

# 史通通釋舉要

史通開章提出四個字立柱棒，曰「六家」，曰「二體」。此四字劉氏創發之，千古史局不能越。自來評家認此四字者絶少，此四字管全書。

六家中，二體更是主腦。史通首奉左、班，左、班二體初祖也。非史者不祖，故退公羊、穀梁。史非斷代成書者不祖，故乙司馬。

史通所痛斥者，後魏、後周兩家是。是劉、蕭代興，拓跋所忌，魏收北產，目爲島夷，造立詭名，義殊素虜，其史誕，誕者不信。黑獺弑主，罪浮賀六，蘇綽巧蓋，文以周官，方之美新，得無類是，其史慚，慚者不直。不信不直，史之賊也。

劉氏開發史例，後史不能易者，十得六、七。愚於自敍篇略經點出。

只緣史論有「工訶古人」一語，便認史通作掊擿苛碎之書；又緣山谷以文心雕龍並稱，便認史通是絺繪浮華之册。枉屈不少。

評者集矢劉氏有故，爲疑古諸篇也，此是公家見解。評者集矢劉氏又有故，爲推獎王劭也，此乃隨人走趨。劉之起疑，由莽、操、師、昭，不由舜、禹、伊、周。王劭由觸諱得惡傳，劉獨直之，人皆怪之。怪之由，由惡傳；直之由，由觸諱。

史通支離，在載言、書志等篇；史通破綻，在品藻、人物等篇。出言易則制法不行，見理粗則論人雜出。若疑古、惑經，是學究之所駴，明者不與較也。

劉氏不喜煩稱，不喜小說，惜史體，故執此太堅，往往言過其直。然到煩省、雜述、內篇盡處，却一齊拉轉，既防褻史，仍防廢書，非偏任者。

劉氏於諸作者，輕口揮斥，曰愚、曰妄，甚至曰邪說、曰小人，乃真罪過。是渠無素養之證見，亦是渠積素憤之由來。

凡著書必不能無謬誤，他人之誤由記分生，劉氏之誤由記分熟。生者不到邊，熟者不覆勘。

史通通一部成一篇，但捻一篇者於史通無預。通釋釋一篇照一部，未了一部者，於通釋亦無預。

通釋之成，在北平本未行之前，中間徵事，頗多暗合。若在見後增加，必不掩其所自。容有涓埃所及，小益高深，樂與天下共見之。

# 史通原序

唐彭城劉知幾撰

長安二年，武后臨朝第十九年，至此十六改元。余以著作佐郎兼修國史，尋遷左史，於門下撰起居注。會轉中書舍人，暫停史任，俄兼領其職。今上即位，除著作郎、太子中允、率更令，其兼舊脱「兼」字。修史皆如故。兼修史，以領職言，脱「兼」字則非。又屬大駕還京，以留後在東舊脱「東」字。都。無幾，驛徵入京，專知史事，仍遷秘書少監。釋：首敘歷官，即自敘篇所謂「三爲史臣，再入東觀」也。其注云：「今之史館，即古之東觀。」自惟歷事二主，從宦一作「官」。兩京，遍居司籍之曹，久處載言之職。昔馬融三入東觀，漢代稱榮；張華再典史官，晉朝稱美。嗟予小子，兼而有之。是用職思舊誤作「司」。其憂，不遑啓處。釋：此總上歷官，括合當職撰史事，即以引起史通之作。嘗以載削餘暇，商榷一作「確」。史篇，下筆不休，遂盈篋箧。於是區分類聚，編而次之。釋：此六句暗籠史通。

昔漢世諸儒，集論經傳，定之於白虎閣，因名曰白虎通。予既在史館而成此書，故便以史通爲目。且漢求司馬遷後，封爲史通子，是知史之稱通，其來自久。博採衆議，爰定兹名。**釋**：此層明點史通，兩引古史古事，以見命名所本。凡爲廿卷，列之如左，合若干言。**舊注**：除所闕篇，凡八萬三千三百五十二字，注五千四百九十八字。按：字數今不可定，姑仍舊本存之。于時歲次庚戌，景龍四年中宗元，是時復辟六年矣。仲春之月也。

**按**：此劉氏自序，當冠正目之首，諸本錯置後人序例之間，非體。觀此一序，簡明典切，即可徵其史筆之潔。古者經疏、文選，凡有自序者，皆與正書同注。王本此篇亦有注，愚亦遵用之。

大駕還京　注詳集終忤時篇。

馬融三入東觀　後漢書本傳：永初四年，應召，拜爲校書郎中，詣東觀典校秘書。忤太后旨，禁錮。安帝親政，召還郎署，復在講部拜議郎。桓帝時，忤大將軍梁冀，免官。得赦還，復拜議郎，重在東觀著述。

張華再典史官　晉書本傳：華學業優博，朗贍多通。盧欽言之於文帝，除著作佐郎。惠帝即位，以華爲太子少傅。數年，代下邳王晃爲司空，領著作。

白虎通　後漢章帝紀：建初四年，大夫、博士、議郎、郎官及諸生、諸儒會白虎觀，講議五經異同，作白虎議奏。班固傳：天子會諸儒講論五經，作白虎通德論，令固撰集其事。隋經籍志：白虎通六卷。唐藝文志「通」字下有「義」字。

史通子　漢書司馬遷傳：太史公仍父子相繼纂其職，作本紀、表、書、世家、列傳，凡百三十篇，五十二萬六千五百字。宣帝時，遷外孫楊惲祖述其書，遂宣布焉。至王莽時，求封遷後爲史通子。

# 史通通釋卷一

南杼秋浦起龍二田釋

## 内篇

### 六家第一　合起結共八章。

自古帝王編述文籍，外篇謂古今正史篇。此二字一作「史」。言之備矣。古往今來，質文遞變，諸史之作，不恆厥體。釋：二句首提「史」字，揭出全書眼目。榷而爲論，其流有六：一曰尚書家，二曰春秋家，三曰左傳家，四曰國語家，五曰史記家，六曰漢書家。今略陳其義，列之於後。

按：此篇序也。史體盡此六家，六家各有原委。其舉數也，欲溢爲七而無欠，欲減爲五則不全，是史通總挈之綱領也。其辨體也，援駁儷純而派同，移甲置乙則族亂，是六家類從之畛塗也。注家認「家」字不清，要領全没，今爲顯説之。一，尚書，記言家也；二，春秋，記事家也；三，左傳，編年家也；四，國語，國別家也；五，史記，通古紀傳家也；六，漢書，斷代紀傳家也。會此分配，以觀六章，觀全書，如視掌文矣。

尚書家者，釋：是爲記言家。其先出於太古。易曰：「河出圖，洛出書，聖人則之。」故知書之所起遠矣。釋：上原書之所起，下表孔子所定。至孔子觀書於周室，得虞、夏、商、周四代之典，乃删其善者，定爲尚書百篇。孔安國曰：「以其上古之書，謂之尚書。」尚書璇璣鈐曰：「尚者，上也。上天垂文爲，古「象」字，一作「以」。布節度，如天行也。」王肅曰：「上所言，下爲史所書，故曰尚書也。」釋：三引古語，皆釋「尚」字名義。惟此王肅所云，乃與記言意合，是爲本處「家」字所宗。推一作「唯」。此三説，其義不同。蓋書之所主，本於號令，所以宣王道之正義，發話言於臣下，故其所載，皆典、謨、訓、誥、誓、命之文。釋：數語勒清記言。至如堯、舜二典直序人事，禹貢一篇唯言地理，或作「里」。洪範總述災祥，董、劉五行之説。顧命都陳喪禮，茲亦爲例不純者也。釋：數語以書有兼及記事之文，摘出言之。要之，自「孔子觀書」至此，總以記言爲立説之主也。

又有周書者，謂世所傳汲冢周書。與尚書相類，釋：亦是記言類也。即孔氏刊約百篇之外，凡爲七十一或作「二」，非。章。上自文、武，下終靈、景。甚一誤作「其」。有明允篤誠，典雅高義；時亦有淺末恆説，滓穢相參，殆似後之好事者所增益也。至若職方之言，與周官周禮。無異；時訓之説，比月令多同。斯百王之正書，五經之别録者也。釋：自「又有周書」至末所綴三書，皆屬記言之體，正爲「家」字博其類也。○此節述删餘之周書，雖其中不無真僞相亂，要是本家緒餘，故引而附之。

自宗周既殞，書體遂廢，迄一作「迨」。乎漢、魏，無能繼者。**釋**：數語轉遞。至晉廣陵相魯國孔衍，以爲國史所以表言行，昭法式，至於人理常事，不足備列。乃删漢、魏諸史，取其美詞典言，足爲龜鏡者，定以篇第，纂成一家。由是有漢尚書、後漢尚書、漢衍。魏尚書，凡爲二十六卷。卷與隋志不合。**釋**：書體久廢之後，至晉而有孔衍諸書，是後來記言者一家。至隋秘書監太原王劭，又録開皇、仁壽時事，編而次之，以類相從，各爲其目，勒成隋書八十卷。尋其義例，皆準尚書。**釋**：至隋而又有王劭隋書，亦是後來記言者一家。○上二家亦以類附，此下則就二家衡論。

原夫尚書之所記也，若君臣相對，詞旨可稱，則一時之言，累篇咸載。如言無足紀，語無可述，若此疑當作「止」。故事，雖有舊無「有」字。脱略，四句言有事無言者不收。而觀者不以爲非。爰逮中葉，文籍大備，必翦截今文，摸擬古法，事非改轍，理涉守株。故舒元孔衍字。所撰漢、魏等書，不行於代也。**釋**：此節論孔衍書也。上世事簡，故言亦簡；後世文煩，徒以翦棄事實，上擬記言，豈足成書。若乃帝王無紀，公卿缺傳，則年月失序，爵里難詳，斯並昔之所忽，而今之所要。如君懋王劭字。隋書，雖欲祖述商、周，憲章虞、夏，觀其所述，乃似孔子家語、臨川世説，謂體不類史。可謂畫虎不成，反類犬也。故其書受嗤當代，良有以焉。**釋**：此節論王劭書也。既無紀傳，又不編年，徒然掇拾瑣言，豈得成史。○二節之意，總謂記言一家，止可行於三古，後世不必仿爲也。

**按**：朱子嘗言，古史之體可見者，書、春秋而已。史通首此二家，皆談史不談經。注家執經言經，繁引義疏，都無交涉。其首尚書家者，劉氏特以記言之體當之云爾。家不類，族不備，人非其倫，書是其體，則以其族歸之。不特七十一篇之周書爲其緒餘，若衍若劭等書，皆是記言之族，故亦以類相從。郭本紛紛譏劉氏以狗尾續貂，正緣不識「家」字所由，胥動浮言也。

上古文字何例可說。專以尚書屬言，其說始自鄭、荀，詎云篤論。劉氏不此之辨，而疑書例之不純，固哉言也[一]。劉説蓋本堯典孔疏。

尚書固是史家開體，然不編年，不紀傳，原非史體正宗，故後世難爲其繼，亦不必有繼。劉氏譏衍、劭爲守株、畫虎，洵通識也。

尚書百篇　漢藝文志：易曰：「河出圖，洛出書，聖人則之。」故書之所起遠矣。至孔子篹焉，上斷於堯，下訖於秦，凡百篇。按：志語本孔安國尚書序。百篇蓋古尚書原數也。

孔安國　史記孔子世家：孔子而下，歷伯魚、子思、子上、子家、子京、子高、子慎及鮒，凡八世。鮒弟子襄生忠，忠生武，武生延年及安國[二]。安國爲今皇帝博士。漢藝文志：武帝末，魯共王壞孔子宅，得古文尚書，孔安國悉得其書，獻之。尚書孔序：以其上古之書，謂之尚書。百篇之義，世莫得聞。

璇璣鈐　後漢方術傳：樊英善河、洛、七緯。章懷注：七緯者，易緯稽覽圖、乾鑿度、坤靈圖、通卦驗、是類謀、辨終備也，書緯璇璣鈐、考靈耀、刑德放、帝命驗、運期授也，詩緯推度災、氾歷樞、含神務也[三]，禮緯含文嘉、稽命徵、斗威儀也，樂緯動聲儀、稽耀嘉、叶圖徵也，孝經緯援神契、鉤命决也，春秋緯演孔圖、元命苞、文耀鉤、運斗樞、感精符、合誠圖、考異郵、保乾圖、漢含孳、佑助期、握誠圖、潛潭巴、説題辭也。

王肅　魏志王朗傳：朗子肅，字子雍，中領軍、散騎常侍。善賈、馬之學，而不好鄭氏。采會同異，爲尚書、詩、論語、三禮、左氏解，及撰定父朗所作易傳，皆列於學官。按：郭本引南齊奔魏之王肅，誤。又按：王應麟困學紀聞云：樂書引樂記，通典引大傳，並存王肅注，而集説以爲元魏人，誤也。在元魏者，字恭懿，不以經學名。然則誤已在宋時矣。而王謂「不以經學名」，亦非。恭懿長於三禮，北史與劉石經同傳，常相辯論往來也。

爲例不純　漢藝文志：左史記言，言爲尚書；右史記事，事爲春秋。荀悦申鑒其説同。鄭氏六藝論：左史所記爲春秋，右史所記爲尚書。是以玉藻云：「動則左史書之，言則右史書之。」按：王者因事而有言，有言必有事，理勢本自相連，珥筆如何分記！况左右配屬，班、荀之與鄭、戴，又各牴牾。此等皆出自漢儒，難可偏據。魏、晉以來，粘配相沿，杜預以漢志爲誤，史通則又以漢志爲例，遂有「爲例不純」之議，並非。

又有周書　漢藝文志：周書七十一篇。劉向云：「周時誥、誓、號令，蓋孔子所論百篇之餘也。」困學紀聞：隋、唐志繫之汲冢，然汲冢得竹書在晉咸寧五年，而太史公、鄭康成、許叔重、馬融皆引其文，皆在漢世。杜元凱解左傳時，書亦未出也，亦以周書爲據。束晳傳及左傳正義引王隱晉書所載竹書之目，亦無周書，然則繫於汲冢誤矣。今按：史通亦多引其書，皆不冠以汲冢，隋、唐志之誤信矣。

職方時訓　逸周書序：王化雖弛〔四〕，天命方永。四夷八蠻，攸遵王政，作職方。辯十二氣之應〔五〕，以明天時，作時訓。按：浚儀王氏紀聞引此序，「十二氣」作「二十四氣」。

孔衍漢魏尚書　晉儒林傳：孔衍字舒元，孔子二十二世孫。中興初，補中書郎，出爲廣陵郡。凡所撰述，百餘萬言。唐藝文志：孔衍漢尚書十卷，後漢尚書六卷，後魏尚書十四卷。按：後魏「後」字衍文。

王劭隋書　隋書：王劭字君懋。授著作郎，遷秘書少監，專典國史。撰隋書八十卷，多録口敕，又採迂怪委巷之言，以類相從，爲其題目。

守株　韓非五蠹：宋人耕田，田中有株，兔走觸株而死。因釋耒而守株，冀復得兔。兔不可得，爲宋國笑。摸擬篇用其語稍詳。

家語　王肅注後序：孔子家語者，與論語、孝經並時。弟子取其正實而切事者，別出爲論語，其餘則都集録之。晁氏讀書志：凡四十四篇，劉向校録止二十七篇。王肅得此於孔猛家。朱子與呂伯恭書：程氏遺書若只暗地删却，久後易惑人。記論語者只爲如此，留下家語，至今作病痛也。

臨川世説　宋書宗室傳：臨川王道規無子，以長沙景王子義慶爲嗣。高氏緯略：義慶採擷漢、晉以來佳事佳話，爲世説新語。讀書志：劉知幾頗言此書非實録，予亦云。

春秋家者，**釋**：此一家是言記事家也，止以經文爲界，勿重拈編年意，致與左傳家混。其先出於三代。

釋：原記事家古名所自。案汲冢瑣語記太丁時事，目爲夏殷春秋。釋：此下歷引春秋古名見於諸書者以實之。孔子曰：「疏通知遠，書教也。」「屬辭比事，春秋之教也。」知春秋始作，與尚書同時。瑣語又有晉春秋，記獻公十七年事。國語云：晉羊舌肸習於春秋，悼公使傅其太子。左傳昭二年，晉韓宣子來聘〔六〕，見魯春秋曰：「周禮盡在魯矣。」斯則春秋之目，事匪一家。至於隱沒無聞者，不可勝載。又案竹書紀年，其所紀事皆與魯春秋同。孟子曰：「晉謂之乘，楚謂之檮杌，而魯謂之春秋，其實一也。」然則乘與紀年、檮杌，其皆春秋之別名者乎！故墨子曰「吾見百國春秋」，蓋皆指此也。釋：此上疊引衆說，總以證明古者歷國史記皆號春秋，爲推本命名之由，而其用則皆以記事爲義也。

逮仲尼之修春秋也，乃觀周禮之舊法，遵魯史之遺文；據行事，仍人道；就敗以明罰，因興以立功；假日月而定曆數，籍「藉」通。朝聘而正禮樂；微婉其説，志一作「隱」。晦其文；爲不刊之言，著將來之法，故能彌歷千載，而其書獨行。釋：此節正表孔子所修之春秋，寓書法於記事中，孤行千載，而他所謂春秋者皆廢。

又案儒者之説春秋也，以事繫日，以日繫月；言春以包夏，舉秋以兼冬，年有四時，故錯舉以爲所記之名也。苟如是，則晏子、虞卿、呂氏、陸賈，其書篇第，本無年月，而亦謂之春秋，蓋有異於此者也。釋：此節帶及編年，言記事必繫之年月。若晏、虞、呂、陸輩所著，事無編繫，何得假名！然編年意本章不重，特緣此以斥諸家耳。

至太史公著史記，始以天子爲本紀，考其宗旨，如法一作「昔」。春秋。自是爲國史者，皆用斯法。然時移世異，體式不同。其所書之事也，皆言罕褒諱，事無黜陟，故馬遷所謂整齊故事耳，安得比於春秋哉！**釋**：末節指出後史之帝紀，爲近春秋經體，是則本家正派，特書法未盡善耳。

**按**：此春秋舉經不舉傳，章意以記事爲主，與尚書對舉，而此爲確配，非尚書強配記言比也。於編年意則帶及之，至下章左傳家盡之。其標義也，以孔子爲宗法；其徵名也，以前所稽者爲原始，以後所附者爲虛稱；其苗裔也，以遷史所開諸帝紀爲具體。合而觀之，「家」字之原委離合備焉。本紀取法春秋，一語破的。紀所加詳者，惟在開創之世及凡詔令之文耳。後來朱子作綱目之綱，固是仰學春秋，亦大率取裁本紀。

春秋家者至盡在魯矣　此段證據，與杜氏左傳序首孔疏參錯相同。

汲冢瑣語　隋書經籍志：古文瑣語四卷，汲冢書。

羊舌肸　外傳晉語：悼公問德義，司馬侯曰：「諸侯之爲，日在君側，以其善行，以其惡戒，可謂德義矣。」公曰：「孰能？」曰：「羊舌肸習於春秋。」乃召叔嚮，使傅太子彪。

竹書紀年　杜氏左傳後序：余成春秋釋例及經傳集解始訖，會汲郡汲縣有發其界内舊冢者，大得古書，皆簡編，科斗文字，多雜碎怪妄，不可訓知。紀年最爲分了，起自夏、殷、周，皆三代王事，無諸國別也。唯特記晉事，起自殤叔，次文侯、昭侯，以至曲沃莊伯。莊伯之十一年十一月，魯隱公之元年正月也。皆用夏正建寅之月爲歲首，編年相次。晉國滅，獨記魏事，下至魏哀王之二十年，蓋魏國之史記也。推校哀王二十年，太歲在壬戌，是周赧王之十六年，秦昭王之八年，韓襄王之十三年，趙武靈王之二十七年，楚懷王之三十年，燕昭王之十三年，齊湣王之二十五年也。哀王二十三年乃卒，故特不稱謚，謂之今王。其著書文意大似春秋經，推此足見古者國史策書之常也。按：汲冢書有目，詳後申左篇。

百國春秋　北平黄氏補注：公羊傳疏云：昔孔子受端門之命，制春秋之義，使子夏等求周史記，得百二十國寶書。則墨子言百國春秋，當即是書也。

周禮舊法　杜序：周德既衰，官失其守，上之人不能使春秋昭明。仲尼因魯史策書成文，考其真僞而志其典禮，上以遵周公之制，下以明將來之法。

微婉志晦　杜序：爲例之情有五：一曰微而顯，二曰志而晦，三曰婉而成章，四曰盡而不汙，五曰懲惡而勸善。

繫日繫月　語見杜氏序。

包夏兼冬　杜序：史之所記，必表年以始事，年有四時，故錯舉以爲所記之名也。疏：言春足以兼夏，言秋足以見冬。魯頌箋云：春秋，猶言四時是也。

晏虞呂陸亦謂春秋　史記管晏列傳贊：吾讀晏子春秋，欲觀其行事，故次其傳。孔叢執節篇：春秋，經名。晏子書亦曰春秋，貴賤不嫌同名也。史記：虞卿説趙孝成王，爲趙上卿，卒去趙。不得意，乃著書曰節義、稱號、揣摩、政謀，凡八篇，曰虞氏春秋。漢藝文志：虞氏春秋十五篇。高誘呂覽序：呂不韋者，陽翟富賈，爲秦相國。集儒書，著其所聞，爲十二紀、八覽、六論，名呂氏春秋。暴之咸陽市門，懸千金其上，能增損一字者予千金。後漢班彪傳：漢興，定天下。太中大夫陸賈紀録時功，作楚漢春秋九篇。史記集解序索隱〔七〕：賈撰記項氏與漢高初起及惠、文間事。

左傳家者，釋：是爲編年正家。其先出於左丘明。釋：傳爲左撰，亦曰「其先」，志家之所始也。孔子既著春秋，而丘明受舊作「授」，非。經作傳。蓋傳者，轉也，轉受舊亦作「授」。經旨，以授後人。或曰傳者，傳原音：平。也，所以傳示來世。案孔安國注尚書，亦謂之傳，斯則傳者，亦訓釋之義乎。釋：首節空疏「傳」字，只作注傳意解。觀左傳之釋經也，言見經文而事詳傳内，或傳無而經有，或經闕而傳存。其言簡而要，其事詳而博，信聖人之羽翮，而述者之冠冕也。釋：此節貼合左氏，遞到傳述古事之傳，尚未説到編年。

逮孔子云没，經傳不作。史而以經名者，至左傳後遂絶。於時文籍，唯有戰國策及太史公書而已。釋：二書皆非編年，何忽引入？以其所載接左連秦，爲下文樂傳張本耳。至晉著作郎魯國樂資，乃追採二史，撰爲春秋後傳。其書一脱「書」字。始以周貞王續前傳魯哀公後，至王赧同「赧」。入秦，又以秦文王之繼周，終於二世之滅，合成三十卷。釋：樂資採國策、遷史爲書，上接春秋，下迫漢初，亦名爲傳。○已上不言編年而編年自見也。當漢代史書，以遷、固爲主，而紀傳㸦古「互」字。出，表志相重，於文爲煩，頗難周覽。**釋：**接入漢史，其初有紀傳，無編年，此數語挑下。至孝獻帝，始命荀悦撮其書爲編年體，依一有「附」字。左傳著漢紀三十篇。**釋：**此就荀紀之依左體，指出「編年」二字，爲全章點眼。自是每代國史，皆有斯作，起自後漢，至於高齊。如張璠、孫盛、干寶、徐賈、當是「廣」字。裴子野、吳均、何之元、王劭等，其所著書，或謂之春秋，或謂之紀，或謂之略，或謂之典，或謂之志。雖當有「其」字。名各異，大抵皆依左傳以爲的準焉。**釋：**的準者，編年也。凡異名而同體者，悉羅列之，於「家」字乃無欠闕。

**按：**春秋經以提綱，傳以述事，事必繫年，編年之法，由是興焉。然編年之義，史通不以繫經而繫傳者，事待傳而顯也。傳有三家，史通唯取左氏，不及公、穀者，公、穀主釋義，左主載事，公、穀非史法，左具史法也。故左傳一家，爲編年家法之祖也。自左而後，樂資、荀悦以及張、孫、干、徐、裴、吳、何、王，諸所述撰，皆其流也。章内錯舉國策、遷、固，殆爲樂傳、荀紀起本。猶宋涑水氏採十七史以爲通鑑，所本者紀傳家，而所成者乃編年體也。此處觀書略綽，定知辨類糊塗。

又唐之先，有王氏元經，薛收傳正擬是家，史通曾不及之。因思隋、唐二史，皆不立王通傳，至司馬君實爲之補傳，謂其事其書出其家人，參差不實。然則書雖存，究在依託然否間，況其家所以推之者，越分無禮。有白牛谿序曰：「山似尼丘，泉似泗洙。」更爲之作文中子世家以配遷史，是其淫名僭號，罪甚揚雄，法亦在所必斥也。

受經作傳　杜氏集解序：左丘明受經於仲尼，以爲經者不刊之書也，故傳或先經以始事，或後經以終義，或依經以辯理，或錯經以合異，隨義而發其例之所重。

樂資　晉書無傳。隋經籍志：春秋後傳三十一卷，晉著作郎樂資撰。按：資，晉時人，在荀悅後。而章內先舉樂資者，資書接左迄秦，事在漢紀前，不以人次也。又：接左之年之周貞王，史記作定王，左疏雜引存疑。

荀悅　後漢荀淑傳：淑孫悅。字仲豫，獻帝時，官秘書監。帝以班固漢書文繁難省，乃令悅依左氏傳體，爲漢紀三十卷，辭約事詳。其序曰：「中興以前，明主賢臣得失之軌，亦足以觀矣。」正史篇又有注。

張璠　國史無傳。隋經籍志：後漢紀三十卷，張璠撰。袁宏後漢紀自序：暇日掇會漢紀、謝承書、司馬彪書、華嶠書、謝忱書、漢山陽公記、漢靈獻起居注、漢名臣奏，旁及諸郡耆舊先賢傳，凡數百卷，多不次敍。始見張璠所撰書，其言漢末之事差詳，故復探而益之。

孫盛　隋經籍志：魏氏春秋三十卷，晉陽秋三十卷，並孫盛撰。盛字安國，又見論贊、直書二篇。

干寶　晉書：寶字令升，祖統，吴奮武將軍。寶以才器，召爲著作郎，領國史。著晉紀，自宣迄愍，凡二十卷。直而能婉。郭評：楊誠齋嘗與同舍談于寶，一吏曰，「干」字非「于」，驗書果然。按：語見鶴林玉露，謂韻書「干」字下注云「晉有干寶」也。誠齋喜曰：此吾一字之師。

徐賈　其人其書俱無考。按：隋、唐二志於干寶晉紀之後，裴子野宋略之前，有徐廣晉紀四十五卷，與此處列名之次正同，而所列編年門類亦合。然則「賈」字即「廣」字之訛也。宋書本傳：徐廣字野民，員外散騎，領著作。

裴子野　梁書：子野字幾原，曾祖松之續修何承天宋史未成，子野更撰爲宋略二十卷，敘事評論多善。

吴均　梁書：吴均字叔庠〔八〕，文體清拔，好事者或斆之，謂爲吴均體。除奉朝請。著齊春秋三十卷。外篇正史篇謂其書稱梁帝爲齊明佐命，帝惡其實，詔燔之。然其私本竟行。

何之元　陳書：之元鋭精著述，以爲梁氏肇自武皇，終於敬帝。其興亡盛衰之迹，足以垂鑒戒，定褒貶。究七十五年行事，草創爲三十卷，號曰梁典。

王劭　見尚書家，但彼所引爲隋書，是記言體；此所引則北齊志，乃編年體。章末所云，或謂之志，正指此也。舊注悉取其所著書混列一處，便使家數不清。唐藝文編年類：王劭北齊志十七卷。外篇正史篇：王劭憑起居注，廣以異聞，造編年書，號曰齊志云云，分體甚明。

國語家者，**釋**：此是國別家，惟分封分割之代有之。其先亦出於左丘明。既爲春秋内傳，又稽其逸文，纂其別説，分周、魯、齊、晉、鄭、楚、吴、越八國事，起自周穆王，終於魯悼公，別爲此二字或作「列於」，或作「列爲」，皆非。春秋外傳國語，合爲二十一篇。其文以方内傳，或重出而小異。然自古名儒賈逵、王肅、虞翻、韋曜之徒，並申以注釋，治其章句，此亦六經之流，三傳之亞也。釋：首節疏明國別之體，因推稽纂所由，兼及注家章句如此。

曁縱横互起，力戰争雄，秦兼天下，而著戰國策。其篇有東西二周、秦、齊、燕、楚、三晉、宋、衞、中山，合十二國，分爲三十三卷。夫謂之策者，蓋録而不序，謂時序。故即簡簡策。以爲名。或云，漢代劉向以戰國游士爲之一脱「之」字。策謀，因謂之戰國策。釋：繼國語而起者，國策正其流派，故連及之，而以兩義疏明「策」字也。

至孔衍，又以戰國策所書，未爲盡善。乃引太史公所記，參其異同，删彼二家，謂國策、遷史。聚爲一録，號爲春秋後語。除二周及宋、衞、中山，其所留者，七國而已。始自秦孝公，終於楚、漢之際，比於春秋，亦盡二百三十餘年行事。始衍撰春秋時國語，因述其後語，並標其前作。復撰春秋後語，勒成二書，各爲十卷。今行於世者，唯後語存焉。按其書序云：「雖左氏莫能加。」世人皆尤其不量力，不度德。尋衍之此義，自比於丘明者，當謂國語，非春秋傳也。必方以類聚，豈多嗤乎！釋：此節因國策敷衍而出。在舒元作之，殊覺多事；在史通引之，却是類推。蓋此家述者絶少，故及之也。

當漢氏失馭，英雄角力。司馬彪又録其行事，因爲九州春秋，州爲一篇，合爲九卷。尋其體統，亦近代之國語也。釋：此書乃是本家的派，國語一家從此止矣。

自魏都許、洛，三方鼎峙；晉宅江、淮，四海幅裂。其君雖號同王者，而地實諸侯。所在史官，記其國事，爲紀傳者則規模班、馬，創編年者則議擬荀、袁。於一作「爲」。是史、漢之體大行，而國語之風替矣。**釋**：末節正見國語家久廢，雖自魏、晉以來，多有分國之史，大都祖述班、荀，均之國别，而體則非矣。

**按**：二國均爲國别家，史通雖專以外傳標目，其實走馬遞舉。自封建廢而史統於一，靡事殊塗矣。其或光岳氣分，各職記注，而編年紀傳，小大相師，亦並不用條綴體式。若是乎國語一家，幾將説部置之。史通不列爲家而不可，列之爲家而體非正用。章末筆參進退，不類他家，有以也。

内傳外傳　韋昭國語序：昔孔子修舊史以垂法，左丘明因聖言以攄意，可謂博物善作者也。其雅思未盡，復採録前世穆王以來，下迄魯悼、智伯之誅，以爲國語。其文不止於經，故號曰外傳。又云：切不自料，復爲之解，參之以五經，檢之以内傳。

賈逵注　後漢書：賈逵字景伯，九世祖誼。逵身長八尺二寸，諸儒爲之語曰：「問事不休賈長頭。」尤明左氏傳、國語，爲之解詁五十一篇。注：左氏傳三十篇，國語二十一篇也。

王肅注　三國時人，見尚書家。按：魏志本傳，於諸經解後，又有三傳、國語、爾雅諸注。隋經籍志：春秋外傳章句一卷，王肅撰。

虞翻注　三國吴志：虞翻字仲翔，孫權以爲騎都尉。徙交州，雖處罪放，而講學不倦。爲老子、論語、國語訓注，皆傳於世。

韋曜注　吳志：韋曜字弘嗣，爲尚書郎，遷太子中庶子。孫晧即位，封高陵亭侯。注：曜本名昭，史爲晉諱改之。宋崇文總目：昭參引鄭衆、賈逵、虞翻、唐固，合五家爲注，自發正者三百十事〔九〕。按：唐固注國語，見吳志闞澤傳。或作「唐因」，非。

戰國策　劉向原敍：所校中戰國策書，臣向因國別者，略以時次之，得三十三篇。中書本號，或曰國策，或曰國事，或曰短長，或曰事語，或曰修書，或曰長書。臣向以爲戰國時游士策謀，宜爲戰國策。繼春秋以後，訖楚、漢之起，二百四十五年間之事，皆定以殺青書。隋經籍志：劉向録者三十二卷，高誘撰注者二十一卷〔一〇〕。

孔衍後語　唐藝文志：孔衍春秋時國語十卷，又春秋後國語十卷。按：史通云：今行世者，唯後語存。是知新唐志特因舊史原文，非皆有其書也。

九州春秋　隋經籍志：九州春秋十卷，司馬彪撰。陳氏書録解題：彪記漢末州部之亂，司、冀、徐、兗、青、荆、揚、涼、益、幽〔一一〕，凡盜賊僭叛皆紀之。晉書：彪字紹統，高陽王睦之子，官秘書郎。

魏都許洛　三國魏志：建安元年，洛陽殘破，董昭等勸太祖都許。二十五年至洛陽〔一二〕。文帝黄初元年營洛陽宫。按：時言曹魏者，通謂之許、洛，如吳志朱桓言「進取壽春，以規許、洛」是也。

晉宅江淮　晉元帝紀：帝，瑯琊恭王覲之子，嗣位瑯琊。永嘉初，鎮建鄴。愍帝即位，西都不守。建武元年，依魏、晉故事爲晉王，立宗廟社稷於建康。按：是爲東晉之始。建康即建鄴，吳大帝始都此，江、淮其界也，亦吳之通稱。如吳志，周魴本陽羨人，而言「生長江、淮」是也。

史記家者，釋：此是紀傳家之祖，而劉氏以史記通古爲體，故別爲一家。其先出於司馬遷。自五經間行，百家競列，事迹錯糅，通作「揉」。前後乖舛。釋：此四句伏下遼遠難稽病源。至遷乃鳩集國史，採訪家人，或作「家乘」，恐非。上起黃帝，下窮漢武，紀傳以統君臣，書表以譜年爵，合百三十卷。因魯史舊名，目一本「目」字在上。之曰一無「曰」字。史記。自是漢世史官所續，皆以史記爲名。迄乎東京著書，猶稱漢記。一作「紀」。釋：數語遞下。

至梁武帝，又敕其羣臣，上自太初，下終齊室，撰成通史六百二十卷。其書自秦以上，皆以史記爲本，而別採他說，以廣異聞；至兩漢已還，則全錄當時紀傳，而上下通達，臭味相依；又吳、蜀二主皆入世家，五胡及拓拔氏列於夷狄傳。大抵其體皆如史記，其所爲異者，唯無表而已。釋：自此節起，連述後代之擬史記者。○本節述通史也。梁武貪慕史記之爲，敕撰遼闊之編也。其後元魏濟陰王暉業，撰人誤，辯詳後注。又著科錄二百七十卷，其斷限亦起自上古，而終於宋年。其編次多依放通史，而取其行事尤相似者，共爲一科，故以科錄爲號。釋：此節述科錄也。元暉貪慕史記之爲，亦著此遼闊之編也。皇家顯慶中，符璽郎隴西李延壽抄撮近代諸史，南起自宋，終於陳，北始自魏，卒於隋，合一百八十篇，號曰南、北史。其君臣流例，恐當作

「別」。紀傳羣分，皆以類相一無「相」字。從，各附於本國。釋：此節述南、北史，亦綜數代爲一書者。凡此諸作，皆史記之流也。釋：已上三節是述案，已下出議。

尋史記疆宇遼闊，年月遐長，而分以紀傳，散以書表。每論家國一政，而胡、越相懸；敍君臣一時，而參、商是隔。此其爲體之失者也。兼其所載，多聚舊記，一作「紀」。○原注：謂採國語、世本、國策等。按：此注舊在「雜言」下，非。時採一作「插」。雜言，故「故」字俗本誤作細書，綴於小注末。使覽之者事罕異聞，而語饒重出。此撰録之煩者也。釋：凡此諸病，皆由世代懸隔，載記龐雜所致。蓋是誡辭，非貶辭也。況通史以降，蕪累尤深，遂使學者寧習本書，而怠窺新録。且撰次無幾，而殘缺遽或作「遂」。多，可謂勞而無功，述者所宜深誡也。釋：結言規模史記者，無其筆力，貪其博遠，非蕪即缺，病所必致，此通古一家所以當誡。欲令作史者於紀傳家以斷代爲正，下章漢書家是已。

**按**：此章乃是著述家深識利病之言。聞人通患，率在誇多，代遠文龐，荒誕滋熾。「無田甫田」，詩人所以誡也。史通蓋爲通史、科録蕪編紛出，濫觴實由司馬，故重誡之。其別家於班，正復爲此。評者不察，認是詆諆遷史，誤矣。

南、北史之爲體也，析置紀傳，越代粘連，而一姓數傳，多繫家不繫國，於畫代爲紊例。設若八朝各立限斷，如承祚國志之式，則子玄不以入史記家，延壽亦不受此訶矣。至歐陽五代史，年祚太促，不得以此例繩之。

嘗謂昔人所以甄綜古近，通爲一書者，爲其時未有彙刊羣史定本故耳。識者鑒此，乃有十七史之刻，嗣是而爲廿一，爲廿二，循代接編，各還原帙，既無篹合之勞，亦免離散之患，實自斯言發之，劉氏豈非史部功臣！

採訪家人　此句又見採撰及正史篇，言巴西譙周以太史遷書周、秦以上，或採家人諸子，不專據正經，於是作古史考云云。是知改「人」爲「乘」者，非。

魯史舊名史記　語見春秋家。

通史　梁吴均傳：均免職，尋召撰通史，起三皇，迄齊代。均草本紀、世家功畢，列傳未就，卒。又武帝紀：太清三年〔一三〕，通史成，躬製贊序，凡六百卷。天情睿敏，下筆成章。

科録　北史魏宗室傳：常山王遵曾孫暉，雅好文學，招集儒士崔鴻等，撰録百家要事，以類相從，名爲科録，凡二百七十卷。上起伏羲，下迄於晉，凡十四代。表上之。按：本文誤以撰人爲濟陰王元暉業，郭延年辯之，謂暉業所撰乃辨宗録，非科録也。史通既誤，王伯厚玉海再誤云。

斷限　亦曰「限斷」。二字所始，見斷限篇注。

南北史　舊唐書李延壽傳：延壽，貞觀中補崇賢館學士。嘗删補宋、齊、梁、陳及魏、齊、周、隋八代史，謂之南、北史，凡一百八十卷。讀書志：延壽父大師，嘗謂宋、齊逮周、隋，分隔南北，南謂北爲「索虜」，北謂南爲「島夷」，欲改正爲編年，未就而卒。延壽究悉舊事，更依馬遷體，總序八代，北二百四十二年〔一四〕，南百七十年，爲二史。通志藝文略别立通史一門，以延壽書與梁通史同列，良是。

胡越　漢書：鄒陽獄中上梁孝王書云：「意合則胡、越爲兄弟，」「不合則骨肉爲仇敵。」

參商　左傳昭元年：子産曰：「昔高辛氏有二子，伯曰閼伯，季曰實沈，居於曠林〔一五〕，不相能也。后帝遷閼伯於商丘，主辰〔一六〕，商人是因，故辰爲商星；遷實沈於大夏，主參，唐人是因，以服事夏、商〔一七〕，故參爲晉星。」

漢書家者，釋：此爲紀傳正家，斷代爲書始於此。其先出於班固。馬遷撰史記，終於今上。謂孝武帝，依太史公語也。自太初已下，闕而不録。班彪因之，演成後記，以續前編。釋：彪書初稿，猶非全代。至子固，乃斷自高祖，盡於王莽，釋：漢書全舉西京。此二句爲本章主句，是斷限正式。爲十二紀、十志、八表、七十列傳，勒成一史，目爲漢書。釋：點題畢。昔虞、夏之典，商、周之誥，孔氏所撰，皆謂之「書」。夫以「書」爲名，亦稽古之偉稱。尋其創造，皆準子長，但不爲「世家」，改「書」曰「志」而已。釋：此釋「書」字名目及體製所由。自東漢以後，作者相仍，皆襲其名號，無所變革，唯東觀曰「記」，三國曰「志」。然稱謂雖別，而體制皆同。釋：自首至此，總言紀傳爲體，皆準子長，但起高盡莽，後史皆仍其斷代之式耳。可悟前章致戒，非貶辭也。

歷觀自古，史之所載也，尚書記周事，終秦穆，春秋述魯文，一作「史」。止哀公，舊誤作「定公」。紀年即竹書紀年。不一作「下」，非。逮於魏亡，史記唯論於漢始。釋：「歷觀」以下，皆論斷之辭。○此先推言前史，或累代連舉，或一代不完，從無斷限全代者。如漢書者，究西都之首末，窮劉氏之廢興，包舉一代，撰成一書。一作「家」。釋：唯漢書爲斷代正體。言皆精練，事甚該密，故學者尋討，易爲其功。**釋**：此之易，對史記之難。自爾一作「邇」，一作「古」。迄今，無改斯道。**釋**：章末總從斷代處下贊。○舊連下結尾，今分出。

**按**：紀傳家自隋、唐以來，經籍、藝文諸志，皆列史部首科，謂之正史。先馬次班，此定例也。劉氏以時近者易爲功，代遠者難爲力，有鑒於通史、科録之蕪累，故特標舉「斷限」，借史、漢二家以示適從云爾。夾漈持論，有意矯枉，其言既悖，至評者認此爲乙馬甲班，直不曉文義矣。

自孟堅有斷代之書，自知幾有無改班書之論，向後諸史，靡弗由之。言出而爲定式，夫豈孟浪之言！

彪固　漢書敍傳：班彪字叔皮，年二十，遭王莽敗。世祖即位於冀州，天下雲擾，著王命論。有子曰固。固以爲漢紹堯運，以建帝業，至於六世，史官乃追述功德，私作本紀，編於百王之末，厠於秦、項之列。太初已後，闕而不録。故探篹前記，綴緝所聞，以述漢書。起元高祖，終於孝平王莽之誅，十有二世，二百三十年。綜其行事，旁貫五經，上下洽通，爲紀、表、志、傳，凡百篇。按：敍傳竟不及父彪續史事，欺所生，欺萬世，糾班史者當以是爲首款。後漢書本傳：彪斷採前史遺事，傍貫異聞，作後傳數十篇。

東觀曰記　書録解題：東觀漢記，漢謁者僕射劉珍、校書郎劉騊駼等撰。初，班固在顯宗朝，嘗撰世祖本紀、功臣列傳、載紀二十八篇。至永初中，珍、騊駼等著作東觀，撰集漢記。其後盧植、蔡邕、馬日磾等皆嘗補續。按：外篇正史篇詳述其書，宜參看。

三國曰志　晉書陳壽傳：壽字承祚，仕蜀，爲館閣令史。及蜀平，司空張華愛其才，舉爲孝廉，除著作，撰魏、吴、蜀三國志，凡六十五篇。

紀年不逮魏亡　謂竹書紀年年未盡魏哀而止，正與漢書全代對照。或訛「不」爲「下」，失之。

於是考兹六家，商榷千載，蓋史之流品，亦窮之於此矣。而朴散淳銷，時移世異，尚書等四家，尚書、春秋、國語、史記。其體久廢，所可祖述者，唯左氏及漢書二家而已。釋：此六家總結也。以配篇序，故應另條單立。舊連漢書家章末者，非是。

按：是篇如弈者開枰布子，通領全局，以該史家之體，即以辨史體之家。該體故備陳，辨家在協用，就於篇尾，預作轉樞。記言尚書，而不著歲序也；記事春秋經，而不詳顛末也；國別國語，而不歸典式也；非編年，非紀傳。代遠史記，而不立限斷也。此所謂四家體廢者也。若乃經年緯月，敍時事則銓次分明，左傳；紀、志、表、傳，舉一朝則起訖完具，漢書。此則所謂祖述惟有二家者矣。即結本篇「六」字，即提下篇「二」字，脈理連絡。史通通部爲全局，即此可見。

## 校勘記

〔一〕固哉言也　初印本作「是則固而鮮通者矣」，後印本删節此句，增加夾注「劉説蓋本堯典孔疏」。

〔二〕忠生武武生延年及安國　原作「忠生延年及安國」，據史記孔子世家改。

〔三〕含神務也　「務」輯佚本皆作「霧」。

〔四〕王化雖弛　「化」原作「紀」，據逸周書序改。

〔五〕辯十二氣之應　「十二氣」，逸周書均作「二十四氣」，非僅困學記聞引作「二十四氣」。

〔六〕晉韓宣子來聘　「宣」原作「獻」，據左傳改。

〔七〕史記集解序索隱　「集解序」原作「本傳」，據史記改。

〔八〕吴均字叔庠　「庠」原作「祥」，據梁書改。

〔九〕自發正者三百十事　「十」原作「七」，據崇文總目改。

〔一〇〕高誘撰注者二十一卷　「二十一」原作「二十二」，據隋書改。

〔一一〕司冀徐兖青荆揚涼益幽　「涼」，直齋書録解題原誤作「梁」，通釋改正爲「涼」。

〔一二〕二十五年至洛陽　「二十五」原作「三十五」，據三國志改。

〔一三〕太清三年　「三」原作「二」，據梁書改。

〔一四〕北二百四十二年　「二百四十二」原作「二百四十」，據郡齋讀書志改。

〔一五〕居於曠林　「曠」原作「廣」，據左傳改。

〔一六〕主辰　「辰」原作「唐」，據左傳改。

〔一七〕以服事夏商　「夏商」原作「虞夏」，據左傳改。

# 史通通釋卷二

## 内篇

### 二體第二

二體者，一編年，一紀傳也。

三、五之代，書有典、墳，悠哉邈矣，不可得而詳。自唐、虞以下迄於周，是爲古文尚書。然世猶淳質，文從簡略，求諸備體，固以一作「已」。闕如。釋：篇首揭過非編年、非紀傳者。既而丘明傳春秋，編年之祖。子長著史記，紀傳之祖。載筆之體，於斯備矣。釋：「既而」四語，通幅全提。後來繼作，相與因循，假有改張，變其名目，區域有限，孰能踰此！蓋荀悦、張璠，丘明之黨也；班固、華嶠，子長之流也。釋：已上總爲二體標出原委大意。言自得左、馬分創，史家千古宗之。惟此舊脱「此」字。二家，各相矜尚。必辨其利害，可得而言之。釋：四語又一提。下分編年、紀傳兩扇，各言其利害。

夫春秋者，謂左傳也。此一扇論編年。繫日月而爲次，列時歲以相續，中國外夷，同年共世，莫不備載其事，形於目前。理盡一言，語無重出。此其所以爲長也。釋：長即利也，謂其勝紀傳也。其所以勝，本編年之體自所應有也。至於賢士貞女，高才儁德，事當衝要者，其人有關國政。必盱衡而備言；迹在沈冥者，其人無預國事。不枉道而詳説。如絳縣之老，杞梁之妻，或以酬晉卿而獲記，或以對齊君而見録。衝要故也。其有賢如柳惠，仁若顔回，終不得彰其名氏，顯其言行。沈冥故也。故論其細也，則纖芥無遺；語其粗也，則丘山是棄。此其所以爲短也。釋：短即害也，是其不及紀傳處也。其所以不及，亦編年之體自所不免也。

史記者，舉史該漢。此一扇論紀傳。紀以包舉大端，傳以委曲細事，表以譜列一作「序其」。年爵，志以總括遺漏，逮於天文、地理、國典、朝章，顯隱必該，洪纖靡失。此其所以爲長也。釋：此其勝編年處，故長而利也，亦紀傳之體自應有也。若乃同爲一事，分在數篇，斷續相離，前後屢出，於高紀涉及項事。則云語在項傳，高主項賓故。於項傳涉及高祖。則云事具高紀。項主高賓故。又編次同類，如屈、賈，曹、荆。不求年月，謂時代。後生而擢居首帙，先輩而抑歸末章，遂使漢之賈誼將楚屈原同列，魯之曹沫與燕荆軻並編。此其所以爲短也。釋：此其不及編年處，故短而害也，亦紀傳之體自不免也。○兩扇利害，皆對較而出。

考茲勝負，互有得失。而晉世干寶著書，乃盛譽丘明而深抑子長，其義云：能以三十卷之約，括囊二百四十年之事，靡有遺也。尋其此說，可謂勁挺之詞乎？**釋**：前幅分扇立論，此借寶語一詰，詰起二體合勘。案春秋時事，入於左氏所書者，蓋三分得其一耳。丘明自知其略也，故爲國語以廣之。然國語之外，尚多亡逸，安得言其括囊靡遺者哉？**釋**：此八句只就寶語一駁，以下申窮之。○駁左單駁編年，文若偏訶，意實互勘也。向使丘明世爲史官，一作「而」，非。皆仿左傳也，至於前漢之嚴君平、鄭子真，後漢之郭林宗、黄叔度，身隱位卑者。晁古作「鼂」。錯、董生之對策，劉向、谷永之上書，文煩事博者。斯並德冠人倫，名馳海内，識洞幽顯，言窮軍國。或以身隱位卑，不預朝政，嚴、鄭、郭、黄。或以文煩事博，難爲次序。晁、董、劉、谷。皆略而不書，斯則可也。此是掉句。必情有所吝，不加刊削，則漢氏之志傳百卷，併列於十二紀中，一作「事」，非。將恐碎瑣多蕪，闌單失力者矣。**釋**：至此一勒。言設使左爲漢史，仍用編年，則如上所云，不載既不安，載之又費力，有不得不變爲紀傳者矣。故班固以固例遷。知其若此，設紀傳以區分，使其歷然可觀，綱紀有別。**釋**：四句勒過，變爲紀傳。荀悦厭其迂闊，又依左氏成書，翦截班史，篇才三十，歷代褒舊作「保」，恐誤。之，有逾本恐當作「紀」。傳。**釋**：此數語抵前駁干寶一長段。言世又有厭迂闊而褒翦截者，則又轉而效編年焉。由是觀之，改來改去，總不出此二體也。○互勘之文止此。

然則班、荀二體，角力爭先，欲廢其一，固亦難矣。後來作者，不出二途。故晉史有王、虞，紀傳。而副以干紀；編年。宋書有徐、沈，紀傳。而分爲裴略。編年。各有其美，並行於世。**釋**：結尾平收。異夫令升之言，唯守一家而已。**釋**：繳應借詰之詞。

**按**：此篇與六家頂接。六家舉史體之大全，二體定史家之正用。先分論其得失，不以有失而不行，後合勘其兩行，不得偏任而廢一。以「左、荀」等字當「編年」字觀，以「班、馬」等字當「紀傳」字觀，會此替身，乃得縣解。自後秘省敕撰，唯此二途，藝文史部，必先二類。知幾是篇，誠百代之質的也。

或問：替身云云，何謂也？曰：錯舉多書，總歸二體。蓋揭二體之兩行，非評諸書之優劣也。其利害短長，體中應有，亦不妨兩有，非此利彼害之謂，更非利優害劣之謂。但謂二體既立，一以詮歲時，一以管事行，國史乃無偏缺耳。舊評不會作替身字看，遂皆拋體而議書，體兩書煩，臆揣都錯。

干寶一節，能因單得互，才是善讀書人。

二體兩字，貫徹全書，綱維羣史。

人言自袁機仲樞紀事本末出，史體參而三矣。余曰：亦從二體出，非別出也。且降史書爲類書，法不參立。故其書不由史館，不奉敕亦編。

荀悅張璠　見左傳家，皆編年體。

華嶠　晉書華表傳：表子嶠，字叔駿。元康初，爲內臺中書、散騎、著作，門下撰集皆典統之。初，嶠以漢紀煩穢，慨然有改作之意。會爲臺郎，典官制事，得遍觀秘籍，遂就其緒，爲紀、典、傳、譜，凡九十七卷，改名漢後書。文質事核〔二〕，有遷、固之規。

絳縣老　左傳襄三十：晉悼夫人食輿人之城杞者，絳縣人或年長矣，無子而往，與於食。有與疑年，使之年。曰：「臣生之歲正月甲子朔，四百有四十五甲子矣。」吏走問之朝。師曠曰：「七十三年矣。」趙孟召之而謝過焉，曰：「使吾子辱在泥途久矣，武之罪也。」與之田，使爲君復陶。

杞梁妻　左傳襄二十三：齊侯襲莒，杞殖載甲宿於莒郊。莒子親鼓之，獲杞梁。齊侯歸，遇杞梁之妻於郊，使弔之。辭曰：「殖之有罪，何辱命焉。若免於罪，猶有先人之敝廬在，下妾不得與郊弔。」齊侯弔諸其室。杜注：杞梁即杞殖。

柳惠不彰　左傳僖二十六：齊孝公伐我北鄙。公使展喜犒師，使受命於展禽。杜注：柳下惠也。按：惠見左傳，有此明文。今云不彰不顯，與顏子並説，是史通疏處。

賈誼屈原　史記屈原賈生列傳第二十四：原，楚懷王時人。誼，漢文帝時人。

曹沫荆軻　史記刺客列傳第二十六：沫，魯莊公時人。軻，衞人，游燕，在燕王喜時。按：曹沫，左氏、穀梁並作曹劌。

前漢嚴鄭　王貢龔鮑傳敍：谷口有鄭子真，蜀有嚴君平，皆修身自保。成帝時，元舅大將軍王鳳以禮聘子真，子真不詘。君平卜筮於成都市，人有邪惡非正之問，各因勢導之以善。日閲數人，得百錢足自養，則閉肆下簾而授老子。揚雄著書，稱此二人。

後漢郭黄　郭太傳：太字林宗，家世貧賤。游於洛陽，見河南尹李膺。後歸鄉里，與膺同舟而濟，衆賓以爲神仙焉。舉有道，不應。黄憲傳：憲字叔度，父爲牛醫。潁川荀淑遇憲於逆旅，與語移日。既而至袁閎所，曰：「子國有顏子，寧識之乎？」閎曰：「見吾叔度耶！」太守王龔不能屈。郭林宗少過袁閎不宿，從憲累日方還。或問之，林宗曰：「奉高之器，譬之氿濫，清而易挹。叔度汪汪，若千頃陂，澄之不清，淆之不濁，不可量也。」按：林宗此語，本傳亦載，故史通二人合舉。

鼂董對策　漢書鼂錯傳：錯爲人陗直刻深。孝文時，拜太子家令，號爲智囊。後詔舉賢良文學士，錯在選中。上親策之，以明國體、通人事、能直言三道之要對策，惟錯爲高第。董仲舒傳：仲舒，廣川人。少治春秋，孝景時，爲博士。下帷講誦，三年不窺園。武帝即位，舉賢良文學，凡三問，仲舒三對。天子以爲江都相。

向永上書　漢書楚元王傳：向字子政，本名更生。元帝初，爲宗正，外戚許、史放縱，宦官弘恭、石顯弄權，乃上封事諫。成帝即位，顯等服辜，更生更名向。召拜中郎，數奏封事，遷光禄大夫。時上無繼嗣，政由王氏，上封事極諫。天子召見，歎息，以爲中壘校尉。谷永傳：永字子雲，博學經書。爲太常丞，數上疏言得失。後爲刺史，奏事京師。時有黑龍見，天子問所欲言，永對切諫。永自知有内應，展意無所依違。

闒單　未詳。大抵是當日方言，涣散不振攝之意。盧照鄰釋疾文云：「草木扶疏兮如此〔二〕，予獨蘭驒兮不自勝。」疑即此二字之别寫也。集韻：驒，他干切。按：今俗亦有「闒闒灘灘」之語。

王虞　晋書王隱傳：隱字處叔。父銓有著述之志，每私録晋事及功臣行狀，未就而卒。元帝召隱爲著作郎，令撰晋史。時著作郎虞預私撰晋書，數訪於隱，所聞漸廣。虞預傳：預字叔寧。唐藝文志：王隱晋書八十九卷。虞預晋書五十八卷。

干紀　即干寶晉紀，見左傳家。

徐沈　徐爰傳，見正史篇注。書録解題：宋書，本何承天、山謙之、蘇寶生所撰，至徐爰勒爲一史，起義熙，迄大明。自永光以來，闕而不録〔三〕。梁書沈約傳：約字休文，吳興人。高祖勛業既就，約嘗叩其端，曰：今不可以淳風期萬物。攀龍附鳳者莫不云明公其人也。高祖受禪，爲尚書僕射，卒，謚曰隱。著宋書百卷，其目詳外篇正史篇。

裴略　即裴子野宋略，見左傳家。

## 載言第三　此篇以下，皆就紀傳一體中分條著論。

古者言爲尚書，事爲春秋，左右二史，分尸其職。蓋桓、文作霸，糺「糾」通。合同盟，春秋之時，事之大者也，而尚書闕紀。載也。一作「記」。秦師敗績，繆公誡誓，尚書之中，言之大者也，而春秋靡録。此則言、事有別，斷可知矣。泥古太甚，於尚書家已論之。釋：首節推原記事、記言，古體本不相合，以引下文。

逮左氏爲書，不遵古法，言之與事，同在傳中。然而言、事相兼，煩省合理，故使讀者尋繹不倦，覽諷忘疲。釋：至左氏，則言、事兩收矣。然非傳體，無隔越之患，其勢自可兼行也。此上下轉遞之文。

至於史、漢則不然，凡所包舉，務存恢博，文辭入或訛作「之」。記，繁富爲多。是以賈誼、晁錯、董仲舒、東方朔等傳，唯上「尚」通，或作「止」。録言，罕逢載事。釋：自此歸到紀傳，約舉專載文辭之篇，以發論端。夫方述一事，得其紀綱，一作「綱紀」。而隔以大篇，分其次序。一作「序次」。遂令披閱之者，有所懵然。後史相承，不改其轍，交錯分一作「紛」。擾，古今是同。釋：承上，言以長篇夾入敍事中，閱者苦之，逼起本指。

案遷、固列君臣於紀傳，統遺逸於表志，雖篇名甚廣而一作「唯」。言無獨「無獨」舊作「獨無」，誤。録。愚謂凡爲史者，宜於表志之外，更立一書。釋：數語揭本指。若人主之制册、誥令，羣臣之章表、移檄，收之謂收出之。紀傳，悉入書部，題爲「制册」、當有「書」字。「章表書」，以類區别。他皆放此。亦猶志之有「禮樂志」、「刑法志」者也。「者也」二字，於文勢當有，對下段亦當有，舊脱。釋：此段制册、章表等，皆朝典頒奏之言。又詩人之什，自成一家。故風、雅、比、興，非三傳所取。自六義不作，文章生焉。若韋孟諷諫之詩，揚雄出師之頌，馬卿之書封禪，賈誼之論過秦，諸如此文，皆施紀傳。竊謂宜從古詩例，斷入書中。據前例，亦當有「題爲某書」之文，疑脱。亦猶舜典列元首之歌，夏書包五子之詠者也。釋：此段詩、頌、書、論等，是詞人著述之言。夫能使一無「使」字。史體如是，庶幾春秋、尚書之道備矣。釋：以上二項爲一節。意謂當於書志帙中，加立「載言」一條也。

昔一作「晉」，誤。干寶議撰晉史，以爲宜準一多「左」字。丘明，其臣下委曲，仍爲譜注。於時議者，莫不宗之。故前史之所未安，後史之所宜革。釋：此借寶言，以見酌更舊體，成例可援。是用敢同有識，爰立兹篇，庶世之作者，覩其利害。如謂不然，請俟來哲。

按：上二篇標列史體已備，自此而下，别出己議也。彼編年一體，緒無雜出，而紀傳則名類多門，商榷宜審。是篇蓋就列傳而言，方銓事狀，忽夾長篇，未免文氣隔越，故設此論。嘗竊計之，就如賈生、董傳、方朔、馬卿未作要官，無他政蹟，其生平不朽，正在陳書、對策、詩頌、論著等文，設檢去之，以何擔重？且使此册果立，幾與摯虞流别同科。即劉於載文篇，亦言非復史書，更成文集，不且自矛乎？況乎後世，著述如林，彌滋轇轕矣。此論不可行。

韋孟諷諫　漢書韋賢傳：韋賢，鄒人也。其先韋孟，家本彭城，爲楚元王傅。及孫王戊，荒淫不遵道〔四〕，孟作詩諷諫。後遂去位，徙家於鄒，又作一篇。其詩，或曰子孫好事，述先人之志而作也。

揚雄出師　按：漢書揚雄傳載河東、長楊等賦，反離騷、解嘲等詞，太玄、法言等序，而無出師頌。郭注引文選注云：成帝時，西羌有警，上思將帥之臣，追美趙充國，乃召雄，即充國圖頌之。文選充國頌後，編有出師頌，則史孝山作，豈史通誤以爲雄耶？

馬卿封禪　漢書：司馬相如字長卿，見上好仙，遂奏大人賦。天子大悦，飄飄有凌雲氣游天地之間意。病免，家居茂陵〔五〕。天子使取其書，使所忠往，而相如已死。問其妻，對曰：「長卿未死時，爲一卷書，曰：『有使來求書，奏之。』」其遺札書，言封禪事，所忠奏焉。

賈誼過秦　按：漢書賈誼傳不載過秦論，於陳勝項籍傳贊取史記褚少孫所述之文録之，止三篇之一。又按：史通所舉韋、揚、馬、賈諸篇，或置傳首，或出他書，或入傳中，或附贊内，舉非一例，其意秪取有關勸戒，傳頌藝林，法當採入史中者，用示擇言之例耳。

## 本紀第四

昔汲冢竹書是曰紀年，呂氏春秋肇立紀號。其書有十二紀。蓋紀者，綱紀庶品，網羅萬物。考篇目之大者，其莫過於此乎？**釋**：首原「紀」字來歷。及司馬遷之著史記也，又列天子行事，以本紀名篇。後世因之，守而勿失。譬夫行夏時之正朔，服孔門之教義者，二句喻言本紀，法立而分定。雖地遷陵谷，時變質文，而此道常行，終莫之能易也。**釋**：自「及司馬」至此，贊其創立紀名，專歸天子，至當不易，無容混冒。

然遷之以天子爲本紀，諸侯爲世家，斯誠讜矣。但區域猶言門類。既定，而疆理猶言界畫。不分，遂令後之學者罕詳其義。**釋**：數語轉意。案姬自后稷至於西伯，嬴自伯翳至於莊襄，「襄」舊作「王」，下同。爵乃諸侯，而名隸本紀。**釋**：此下言自名之而自亂之，摘周、秦起案。若以西伯、莊襄以上，別作周、秦世家，持殷紂以對遞代之義。武王，拔秦始以承周赧，使帝王傳授，昭然有別，豈不善乎？**釋**：先設平論。必以西伯以前，其事簡約，別加一目，不足成篇。其書不過兩番。則伯翳之至莊襄，其書先成一卷，甚不簡矣。而不共世家等列，輒與本紀同編，此尤可怪也。釋：此正駁之，而文義側注周之先事，少卷促耳。秦未帝前，卷長另立，何亦混稱乎？項羽僭盜而死，未得成君，大業未就。求之於古，則齊無知、衞州吁之類也。未成君也。安得諱其名字，呼之曰王者乎？二句言豈等於諱名而奉尊稱者。春秋吳、楚僭擬，書如列國。假使羽竊帝名，正可抑同羣盜，羣盜即勝、廣輩，漢書勝、廣、項籍同傳，句蓋準以爲言。況其名曰西楚，號止霸王者乎？霸王者，即當時諸侯。即如彭、韓之類，謂其號正同也。諸侯而稱本紀，求名責實，再三乖謬。釋：前節就帝王上世亂例駁之，此節就身未成帝亂例駁之。

蓋紀之爲體，猶春秋之經，繫日月以成歲時，書君上以顯國統。釋：二句正透出命名的旨。上無壓制，自得紀年，方許題爲本紀，名義相符。曹武雖曰人臣，實同王者，以未登帝位，國不建元。陳志權假漢年，編作魏紀，亦猶兩漢書首列秦、莽之正朔也。連莽舉例，據光武紀。後來作者，宜準於斯。而陸機晉書，列紀三祖，直序其事，竟不編年。年既不編，何紀之有？釋：此與下節皆摘後史之不符紀例者。○本節就開代言。夫位終北面，一概人臣，儻追加大號，止入傳限，是以弘嗣韋曜。吳史，不紀孫和，緬求故實，非無往例。即下文戾園也。逮伯起魏收。之次魏書，一脫「書」字。乃編景穆於本紀，以戾園諸本訛作「國」。虛謚，間厠武、昭，欲使百一作「下」。世之中，若爲魚貫。釋：此節摘繼體追尊爲言。○已上總就「本」字、「紀」字名義發揮。

又紀者，既以編年爲主，唯敍天子一人。有大事可書者，則見之於年月；其書事委曲，付之列傳。此「此」郭本作「則」。其義也。如近代述者魏著作、李安平之徒，其撰魏、齊二史，**舊注：**魏彥淵撰後魏書，李百藥撰北齊書。按：「淵」爲唐諱，恐非原注，下同。於諸帝篇，或雜載臣下，或兼言他事，巨細畢書，洪纖備録。**舊注：**如彥淵帝紀載沙苑之捷，百藥帝紀述淮南之敗是也。全爲傳體，有異紀文，迷而不悟，無乃太甚。世之讀者，幸爲詳焉。**釋：**末節乃從紀體立論，體似春秋之經，事止提綱，書其大者，雜載他兼則褻矣，可謂搜義無窮。

**按：**史記索隱釋本紀曰：「本其事而記之，故曰本紀。」若是，則凡紀人事皆可通稱，不已泛乎？史通則曰：「繫日月以成歲時，書君上以顯國統。」其於列傳篇又曰：「紀者，編年」；「編年者，歷帝王之歲月。」蓋言用其紀元，紀其時事也。似此析義，則凡混假是名，如項羽前附秦年，後附漢年，全與本身無與，不待辯而其非灼然矣。裴世期論史目云：「天子稱本紀，諸侯曰世家〔六〕。」繫其本系，故曰本。是則劉説之所因歟？儕項於州吁、無知，初看似過。細按其意，特以未成君等之耳，非以逆例也。或曰：魏武權假漢年，紀是乎？曰：帝魏爲文者，勢所必然，猶晉三祖也，尊創業也。非是，則唐高、宋太之先世矣。莫謊於元魏，稱謂篇斥之。孫和、元晃一條，斷制嚴明，濮議、興獻議，聚訟可息。

自此至題目篇，條疏抽論，皆是紀傳體中之體例。

后稷至西伯　按：史記周本紀，后稷以下，曰不窋，曰鞠，曰公劉，曰慶節，曰皇僕，曰差弗〔七〕，曰毀隃，曰公非，曰高圉，曰亞圉，曰公叔祖類，曰古公亶父，曰公季，曰西伯。凡十五世，文幅甚簡。附按：羅氏路史云：夏十七世，商三十世，蓋四十七世而後有周文王。此敍止十五世，疏脱甚矣。

伯翳至莊襄　按：史記秦本紀，伯翳本名大費，與禹平水土。傳至非子，當周孝王時，始封爲附庸，邑之秦。至襄公，平王封爲諸侯，賜之岐以西之地，於是始國。至繆公，開地千里，遂霸西戎。至孝公，天子致伯。子惠文，始稱王，以至莊襄。通爲紀一卷，編始皇紀之前。

無知州吁　左傳莊八：齊公孫無知有寵於僖公，襄公絀之。公田而反，賊入，弑之，立無知。九年，雍廩殺無知。又隱四：衞州吁弑桓公而立，衞人使右宰醜莅殺州吁於濮。

權假漢年　魏志武帝紀：紀年起漢獻帝初平元年，盡建安二十五年。

陸機晉紀　晉書本傳：機字士衡，吴郡人。祖遜，父抗。太康末，與弟雲俱入洛。成都王穎勞謙下士，機委身焉。宦人孟玖譖機於穎，遂遇害。所著文章二百餘篇。按：傳不言作晉紀，而隋、唐二志，鄭、馬二通並有陸機晉紀四卷，並入編年門。今史通云「歷紀三祖，直敍其事」，以爲不合本紀之體。得毋機書之以紀名，原是荀、袁漢紀之「紀」，而非本紀之「紀」歟？識以存疑。三祖，謂所追尊宣帝懿、景帝師、文帝昭也。

弘嗣吴史　弘嗣，韋曜字，即韋昭也。見國語家。吴志曜傳：孫晧即位，欲爲父和作紀，曜執以和不登帝位，宜名爲傳，如是者非一。晧積嫌憤，遂誅曜。按：今吴志孫和傳在五子之列，殆因曜之舊歟？

伯起魏書　北史：魏收字伯起，小字佛助。與温子昇、邢子才齊譽，世號三才。齊天保元年，除中書令，兼著作郎。二年，詔撰魏史。魏書紀：恭宗景穆皇帝諱晃，太武皇帝長子也。薨於東宮，即柩謚曰景穆。高帝即位，追尊皇帝廟號。史臣曰：「恭宗明德令聞，夙世殂夭，其戾園之悼歟？」按：此紀繼太武紀下，是僭紀也。當附太武紀末，不合分篇。

戾園　漢宣帝紀武帝戾太子納史良娣，產子史皇孫。皇孫生帝。巫蠱事起，太子亡至湖，遇害。武五子傳：宣帝初即位，詔曰：「故皇太子在湖，未有號謚、歲時祠，其議謚，置園邑。」有司奏請，謚曰戾，置奉邑二百家，湖閿鄉邪里聚爲戾園〔八〕。後又益戾園滿三百家。

魏著作　北史魏季景傳：季景子澹，字彦深，仕齊殿中郎、中書舍人。入隋〔九〕，遷著作郎。帝以魏收所撰後魏書褒貶失實，詔澹別成魏史。義例與魏收多所不同。按：澹本字彦淵，唐諱爲「深」。

李安平　唐書：李百藥字重規，定州安平人，隋内史令德林子也。幼多病，祖母趙以「百藥」名之。七歲能屬文，號奇童。貞觀元年，拜中書舍人，封安平縣男。所撰齊史行於世。

## 世家第五

自有王者，便置諸侯，列以五等，疏爲萬國。當一無「當」字。周之東遷，王室大壞，於是禮樂征伐自諸侯出。迄乎秦世，分爲七雄。司馬遷之記諸國也，其編次之體，與本紀不殊。各國自用其年。蓋欲抑彼諸侯，異乎天子，故假以他稱，名爲世家。**釋**：首標世家創設名義之故，已下皆即遷史搜駁。

案世家之一無此四字，易一「其」字。爲義也，豈不以開國承家，世代相續？至如一作「於」。陳勝起自羣盜，稱王六月而死，子孫不嗣，社稷靡聞，無世可傳，無家可宅，而以世家爲稱，豈當然乎？夫史之篇目，皆遷所創，豈以自我作故，一作「古」，集内屢見此語，並作「故」。而名實無準。**釋**：既立世家一門，陳勝最難安放，故作第一駁。

且諸侯、大夫，家國本別。三晉之與田氏，自未爲君而前，齒列陪臣，屈身藩后，而前後一統，俱歸世家。使君臣相雜，升降失序，何以責季孫之八佾舞庭，管氏之三歸反坫？三晉、田齊之先，猶帝紀之上世也。又當有「田齊」二字。列號東帝，抗衡西秦，地方千里，高視六國，而没其本號，唯以田完制名，**原注**：謂田完世家也。求之人情，孰謂其可？**釋**：第二駁，本是三晉、田齊總駁，而田完題上獨缺「齊」字，故多一層。

當漢氏之有天下也，其諸侯與古不同。夫古者諸侯，皆即位建元，專制一國，綿綿瓜瓞，卜世長久。至於漢代則不然。其宗子稱王者，皆受制京邑，自同州郡；異姓封侯者，必從宦一作「官」。天朝，不臨方域。漢初不盡然。或傳國唯止一身，或襲爵才經數世，雖名班一多「爵」字，非。胙土，而禮異人君，必編世家，實同列傳。而馬遷强加别録，以類相從，雖得畫一之宜，詎識隨時之義？**釋**：第三駁，專舉漢封爲言。〇「隨時」二字，具有通識。

蓋班漢知其若是，釐革前非。至如蕭、曹茅土之封，荆、楚葭莩之屬，并一概稱傳，無復世家，事勢當然，非矯枉也。**釋：**落到班史，廢去世家，事勢當然，正是爲時所轉。自茲已降，年將四百。及魏有中夏，而揚、吴。益蜀。不賓，終亦受屈中朝，見稱僞主。爲史者必題之以紀，則上通帝王；榜之以傳，則下同臣妾。梁主敕撰通史，定爲吴、蜀世家。持彼僭君，比諸列國，去太去甚，其得折中之規乎！此論於蜀未允。次有子顯齊書，北編魏虜；牛弘周史，南記蕭詧。考其傳體，宜曰世家。**釋：**自漢而後，代多分據，宜若可用，然亦不爲決詞也。但近或作「今」，誤。古著書，通無此稱。用使馬遷之目，或訛作「册」。湮没不行；班固之名，相傳靡易者矣。**釋：**末以舍馬從班結之。

**按：**由周而來，五等相仍。當子長時，漢封猶在，故立此名目，以處夫臣人而亦君人者。自茲以降，去古益遠，藩微封耗，史無世家，時爲之也。「隨時之義」四字，乃持論主句。

三國、南北朝，體勢相埒，各爲一史，理事當然。宋之遼、金，亦猶是也。晉十六國，載記統之；唐之藩鎮，是不一姓。凡此諸朝，都無置世家處。獨唐末五代，十國擅世，盧陵遠法龍門，繼列兹體，比於揚、益、魏虜之云，似較㬎當，亦時之適逢也。然設以十國擬諸載記，亦殊妥協。

帝魏則傳蜀，帝蜀則紀漢，蜀不得與吴例，故獨不可世家。

位孔子以世家，先儒非之。愚謂史記乃從其世及而世家之也，故敍後系獨長，至十一傳安國，而與己同時，繼以子卬孫驩而止。厥後褒成、褒亭、宗聖、奉聖、崇聖、恭聖、紹聖、褒聖、衍聖之封，與世無極焉。乃悟「世家」二字，千古唯孔氏顛撲不破。史通糾史，於孔子無綴詞，其亦有會於斯歟？宋史襲歐，諸國世家，夾置傳內，名類雜糅。

三晉　史記趙世家：叔帶去周如晉，事晉文侯，始建趙氏於晉國。五世，晉獻公賜趙夙耿。晉悼公立，趙武續趙宗。晉頃公年，趙簡子出，有人當道，曰：「主君之子，且必有代。」晉懿公年，趙襄子與韓、魏滅知氏，於是北有代，南有知氏。襄子卒，獻侯立；卒，子烈侯籍立。韓、魏、趙皆相立爲諸侯。魏世家：畢萬事晉獻公，獻公以魏封萬。卜偃曰：「萬，滿數也；魏，大名也。以是始賞，天開之矣。」晉文公令武子襲魏氏。晉悼公任魏絳政。其後魏桓子與韓康子、趙襄子共伐滅知伯，分其地。桓子之孫曰文侯都，與趙、韓列爲諸侯。注：世本曰：「都，斯也。」韓世家：韓之先與周同姓，其後事晉，得封於韓原，曰韓武子。後三世有韓厥，從封姓爲韓氏。晉作六卿，而韓厥在一卿之位，號爲獻子。子宣子徙居州。子貞子徙居平陽。至康子，與趙襄子、魏桓子共敗知伯，分其地，地益大。子武子，武子子景侯虔，與趙、魏俱得立爲諸侯。

田氏　田敬仲完世家：陳完者，陳厲公佗之子也。奔齊，齊桓公使爲工正。完卒，謚爲敬仲。敬仲之如齊，以陳字爲田氏〔一〇〕。按：完之後九世爲太公和，遷齊康公於海上。與魏文侯會濁澤，求爲諸侯。魏使使言周天子，天子許之。田和立爲齊侯，列於諸侯。

葭莩　漢書：中山靖王勝對曰：「羣臣非有葭莩之親，鴻毛之重。」注：莩者，葭莆中白皮，至薄，喻薄〔一一〕。

去太去甚　老子無爲章：聖人去甚、去奢、去泰。

子顯編魏虜　梁書蕭子恪傳：子恪弟子顯，字景陽，啓撰齊史。書成，表奏之。子顯齊書列傳第三十八，題爲魏虜。

牛弘周史　隋書本傳：弘字里仁。開皇初，授秘書監。拜禮部尚書，敕修撰五禮，勒成百卷。有文集十三卷。按：弘撰周史，本傳缺書。隋經籍志：周史十八卷，未成，牛弘撰。亦見外篇正史篇。讀書志：蘇綽秉政，軍國詞令，多準尚書。牛弘爲史，尤務清言。

蕭詧　後周書：蕭詧字理孫，梁武帝之孫，昭明太子之第三子。昭明卒，武帝舍詧兄弟而立簡文。大同元年，除持節，都督雍、梁、隨諸軍事。詧以襄陽梁武創基之所，志存綏養。侯景作亂，梁元帝時鎮江陵，詧與搆隙，恐，乃稱藩於魏。江陵平，太祖立詧爲梁主，資以江陵一州之地。詧遂稱帝於其國，在位八載，薨。又命其太子巋嗣位。巋字仁遠，有文學，善撫御，在位二十三載，薨。又命其太子琮嗣位。琮字温文，倜儻善弓馬。二年，隋徵入朝，廢梁國。自詧初即位，至是歲三十有三年矣。按：詧於後周，若題以世家，實爲宜稱。

## 列傳第六

夫紀傳之興，肇於史、漢。蓋紀者，編年也；傳者，列事也。編年者，歷帝王之歲月，猶春秋之經；列事者，録人臣之行狀，猶春秋之傳。春秋則傳以解經，史、漢則傳以釋紀。

**釋**：此篇論列傳也。其以本紀並提者何？蓋紀傳之爲書，其中有表有志，而言者皆約舉兩端以名之，故並提以析其義也。一則紀以配經，傳以配左，以明詳略之攸分，如本節所云也；一則傳無他體淆訛，偏與本紀出入，宜審義例之各當，如下文所辯也。

尋兹例草創，始自子長，而樸略猶存，區分未盡。如項王宜舊訛作「立」。傳，而以本紀爲名，非惟羽之僭盜，不可同於天子；且推其序事，一脱「事」字。皆作傳言，年從秦、漢，便是傳體。求謂之紀，不可得也。或曰：遷紀五帝、夏、殷，亦皆列事而已。史記此三紀皆無年。子曾不之怪，何獨尤於項紀哉？對曰：不然。夫五帝之與夏、殷舊作「殷、夏」。也，正朔相承，子孫遞及，雖無年可著，紀亦何傷！如項羽者，事起秦餘，身終漢始，殊夏氏之后羿，羿世無君。似黄帝之蚩尤。譬諸閏位，容可列紀；謂羿。方之騈拇，難以成編。謂蚩尤。且夏、殷之紀，不引他事。紀體尊嚴。夷、齊諫周，實當紂日，而㭊古「析」字。爲列傳，不入殷篇。項紀則上下同載，君臣交雜，多端時事，盡入篇中。紀名傳體，所以成嗤。一作「媸」。釋：此段所言，本紀篇先已論過，似乎複出而非也。在紀言紀，惟譏僭置。此乃詳研紀文，實皆傳體，去名存實，定合收還。蓋彼篇雖有書君顯國之言，而於論項之處未暢斯旨，留此盡之也。

夫紀傳一作「傳紀」。之不同，猶詩賦之有別，而後來繼作，亦多所未詳。案范曄漢書記或作「紀」。后妃六宫，其實傳也，從君之年。而謂之爲紀；陳壽國志載孫、劉二帝，其實紀也，用其國年。而呼之曰傳。考數家之所作，其未達紀傳之情乎？苟上智猶且若斯，則中庸故可知矣。釋：已上兩層皆是借紀剔傳，先糾史記，次及范、陳。年託他人者，反不入傳；年由我紀者，反以傳名，皆失實也。論傳例之失，至是止。

又傳之爲體，大抵相同，而述者多方，有時而異。舊有「耳」字。如二人行事，首尾相隨，則有一傳兼書，包括令盡。若陳餘、張耳合體成篇，陳勝、吴廣相參並録是也。亦有事迹雖寡，名行可崇，寄在他篇，爲其標冠。若商一作「南」。山四皓，事列王陽之首；廬江毛義，名在劉平之上是也。**釋：**單行傳體，可以不論。合傳、寄傳，變體也，故抽論之。合傳謂二人合事，非儒林、循吏之類；寄傳謂别列傳頭，非召平、沮授之類。

自茲已後，史氏相承，述作雖多，斯道都一作「多」。廢。其同於古者，唯有附出而已。

**釋：**附出，謂附見傳中，因合、寄二項觸類及之。尋附出之爲義，攀列傳以垂名，若紀季之入齊，顓臾之事魯，皆附庸自托，得厠舊有「於」字。朋流。然世之求名者，咸以附出爲小。蓋以其因人成事，不足稱多故也。竊以書名竹素，豈限詳略，但問其事竟如何耳。借如召平、紀信、沮授、陳容，或運一異謀，樹一奇節，並能傳之不朽，人到於今稱之。豈假編名作傳，然後播其遺烈也！**釋：**假附出之可傳，引濫登之可鄙。嗟乎！自班、馬以來，獲書於國史者多矣。其間則有生無令聞，一作「問」。死無異一作「遺」。迹，用使游談者靡徵其事，講習者罕記其名，而虚班史傳，妄占篇目。若斯人者，可勝紀哉！古人以没而不朽爲難，蓋爲此也。**釋：**自「自茲以後」至末，寓情尤遠。果可片端不朽，奚須揚厲滋多。儆後波靡，屹然砥柱。

**按**：初謂列傳宜無紊例之患，又疑史通何多牽涉之辭，久而後知其解也。拈出本紀，連爲互文，透頂直指，曰：紀者，紀年也。年仰他人者，雖紀實傳；年得自主者，雖傳實紀。片言折獄，紀法定而後傳例清焉。迨乎文勝益流，甚者騰聲穢史，縱謗書其或免，寧實録之靡慚。篇後發藥，又是傳者通病。子長之倡傳首也，曰：非附青雲，烏施後世。子玄之嚴傳例也，曰：生無令聞，虚占篇目。舉意故殊，贈言彌遠，國史體尊，可使夷於家乘哉！

后羿　見書五子之歌，又見左傳襄四年、哀元年。

蚩尤　史記五帝紀：軒轅之時，神農氏世衰，諸侯相侵伐。於是軒轅乃習用干戈，以征不享，而蚩尤最爲暴。索隱：蚩尤，蓋諸侯號也。

范后妃紀　范曄後漢書以皇后紀列帝紀之後，其敍曰：「考列行迹，以爲皇后本紀。雖成敗事異，而同居正號者，並列於篇。」「親屬別事，各依列傳。」

陳志孫劉　陳壽吳志：權曰吳主傳，改元五，曰黄武、黄龍、嘉禾、赤烏、太元。亮、休、晧曰三嗣主傳，亮改元二，曰建興、五鳳、太平，休改元曰永安，晧元八，元興、甘露、寶鼎、建衡、鳳皇、天册、天璽、天紀。蜀志：先主曰先主傳。傳略曰：魏文帝稱尊號〔一二〕，改元黄初。傳聞漢帝見害，先主乃發喪制服。議郎陽泉侯劉豹等上言，宜即帝位，以纂二祖，謹上尊號。即皇帝位於成都武擔山之南。爲文曰：「惟建安二十六年四月丙午，皇帝備敢用玄牡，昭告皇天后土。漢有天下，曆數無疆。曩者王莽篡盗，光武皇帝震怒致誅，社稷復存。今曹操阻兵安忍，戮殺主后。」「操子丕載其凶逆，竊居神器。羣臣將士以爲社稷隳廢，備宜修之，嗣武二祖，龔行天罰。」「率土式望，在備一人。」

「謹擇元日，與百寮登壇，受皇帝璽綬。」建元章武。後主傳：元四，建興、延熙、景耀、炎興。按：二國主傳皆不用魏年，實紀體也。

餘耳勝廣　史記、漢書並兩人合一傳。

四皓列王陽之首　漢書王吉等傳，傳首有敍，敍内云：漢興有園公、綺里季、夏黄公、甪里先生。此四人者，當秦之世，避而入商山。自高祖聞而召之，不至。呂氏用留侯計，使皇太子卑辭安車，迎而致之。四人從太子見，高祖客而敬待之。太子得以爲重，遂用自安。王吉本傳：吉字子陽，與貢禹爲友。世稱「王陽在位，貢公彈冠」。

毛義在劉平之上　後漢劉平等傳，傳首亦有敍，敍内云：中興，廬江毛義少節家貧，以孝行稱。南陽張奉慕其名，往候之，而府檄適至，以義守令。義奉檄而入，喜動顔色，奉心賤之。及義母死，去官行服。後舉賢良，公車徵，遂不至。張奉歎曰：「賢者固不可測。往日之喜，乃爲親屈也。」劉平本傳：平字公子，本名曠，顯宗後改爲平。

紀季入齊　左傳莊三經〔一三〕：紀季以酅入於齊。杜注：酅，紀邑。季以邑入齊爲附庸，先祀不廢。按：史通與魯附庸顓臾並舉，皆以喻傳之附出者。

召平紀信　漢書：召平附見蕭何傳，紀信附見項籍傳。

沮授　後漢袁紹傳：紹領冀州牧，引沮授爲别駕。授進曰：將軍忠義奮發，威陵河、朔，迎大駕於長安，復宗廟於洛邑，號令天下，其功不難。興平二年，車駕爲李傕等所追，沮授曰：「西迎大駕，即宫鄴都，挾天子而臨諸侯，蓄士馬以討不庭，誰能禦之？」「若不早定，必有先之者。」紹不從。紹攻許，沮授爲操軍所執，大呼曰：「授不降也，爲所執耳！」操曰：「國家未定，方當與君圖之。」授曰：「速死爲福。」乃誅之。章懷注：獻帝傳曰：「沮授，廣平人。」存研樓集：近宜興儲會元大文撰有沮授補傳。

陳容　魏志臧洪傳：洪領東郡，袁紹興兵殺之。洪邑人陳容，少爲書生，親慕洪，隨洪爲東郡丞。見洪當死，謂紹曰：「將軍欲爲天下除暴，而專先誅忠義，豈合天意？」紹使人牽出，謂曰：「汝非臧洪儔，空爾爲！」容顧曰：「仁義豈有常，蹈之則君子，背之則小人。今日寧與臧洪同日而死，不與將軍同日而生。」復見殺。在紹坐者無不歎息，竊相謂曰：「如何一日殺二烈士！」

## 校勘記

〔一〕　文質事核　「核」原作「實」，據晉書改。

〔二〕　草木扶疏兮如此　「如」原作「若」，據幽憂子集改。

〔三〕　闕而不録　「録」原作「補」，據直齋書録解題改。

〔四〕　及孫王戊荒淫不遵道　「道」原作「法」，據漢書改。

〔五〕　家居茂陵　「陵」原作「林」，據漢書改。

〔六〕諸侯曰世家　「曰」原作「稱」，據史記正義改。

〔七〕曰差弗　「差」原作「羌」，據史記改。

〔八〕湖閿鄉邪里聚爲戾園　「邪」原作「祁」，據漢書改。

〔九〕入隋　「隋」原作「周」，據北史改。

〔一〇〕以陳字爲田氏　「字」原作「氏」，據史記改。

〔一一〕喻薄　「薄」原作「著」，據漢書景祐本改。

〔一二〕魏文帝稱尊號　「文」原作「武」，據三國志改。

〔一三〕左傳莊三經　「莊」原作「昭」，據左傳改。

# 史通通釋卷三

## 內篇

### 表曆第七　表以世系、年月爲行次，故曰曆。

蓋譜之建名，起於周代，一作「氏」。表之所作，因譜象形。故桓君山有云：「太史公三代世表旁行邪通「斜」。上，並效周譜。」此其證歟？釋：首原表所由起與其格式。

夫以表爲文，用述時事，施彼譜牒，舊本作「曆」。容或可取，載諸史傳，未見其宜。何則？易以六爻窮變化，經春秋。以一字成褒貶，傳包五始，詩含六義。故知文尚簡要，語惡煩蕪，何必款曲重沓，方稱周備。釋：此節泛提史家不必有表。

觀一作「睹」。馬遷史記則不然矣。一作「夫」，屬下句。天子有本紀，諸侯有世家，公卿以下有列傳，至於祖孫昭穆，年月職官，各在其篇，具有其說，用相考覈，居然可知。而重列之以表，成其煩費，豈非謬乎？釋：此層貼到遷史，申說上意。且表次在篇第，編諸卷軸，得之不爲益，失之不爲損。用使讀者莫不先看本紀，越至世家，表在一有「乎」字。其間，緘而不視，語其無用，可勝道哉！釋：此層就編次言，嫌其夾置本紀、世家之間，觀者往往越過。

既而班、東二史，**原注**：東謂東觀漢記。各相祖述，迷而不悟，無異逐狂。釋：遞到後史效之，勒住。○已下疏論。必曲爲銓擇，强加引進，則列國年表或可存焉。何者？當春秋、戰國之時，天下無主，羣雄錯峙，各自年世。若申之於表以統其時，則諸國分年，一時盡見。如兩漢御曆，四海成家，公卿既爲臣子，王侯才比郡縣，何用表其年數以別於天子者哉！釋：此節疏言史記所綜，在列國時代則可用之，至一統之世則不必有。

又有甚於斯者。異哉，班氏之人表也！區別九品，網羅千載，論世則異時，語姓則他族。自可方以類聚，物以羣分，使善惡相從，先後爲次，何藉而爲表乎？且其書上自庖犧，下窮嬴氏，不言漢事，而編入漢書，鳩居鵲巢，蔦施松上，附生疣贅，不知翦截，何斷而爲限乎？一脱「乎」字。釋：此又摘出班史中人表加一駁，真屬可怪。

至法盛書載中興，改表爲注，名目雖巧，蕪累亦多。釋：言他史改其名目亦無謂。當晉氏播遷，南據揚、越，魏宗勃起，北雄燕、代，其間諸僞，十有六家，不附正朔，自相君長。一作「臣」。崔鴻著表，頗有甄明，比於史、漢羣篇，其要爲切者矣。釋：此推到東晉五胡，國分土裂，宜用之。然則唐修晉書不爲十六國立表，亦闕典也。

若諸子小說，編年雜記，如韋昭洞紀、陶弘景帝代年曆，舊作「帝王曆」。皆因表而作，用成其書。既非國史之流，故存而不述。釋：末以表代單行之書結之。

按：表自三國而下，暨乎南北朝，皆無之。後漢書初亦無表，宋熊方補入。今本既有，故斷自三國言之。劉氏謂分國時可有，一統時不必有，故是酌分寸、刊枝葉之言，然亦難以概後世矣。揆之史法，參以時宜，親若宗房，貴如宰執，傳有所不登，名未可竟没，胥以表括之，亦嚴密得中之一道哉！歸安吴提學大受言，國史有表似煩文，實省文。

外篇雜說云：觀太史公之創表也，燕、越萬里，而徑寸之内犬牙可接；昭穆九代，而方尺之中雁行有序。使讀者舉目可詳。郭評據此以駁茲篇，良是。大抵内、外篇非出一時，互有未定之說，兩存參取，折衷用之，不爲無助。

近時四明萬季野氏補作歷代史表六十卷，論者推爲史氏功臣云。

桓君山　後漢桓譚傳：譚字君山，沛國相人。世祖即位，徵待詔。會議靈臺所處，帝曰：「吾欲讖決之。」譚極言讖之非經。帝怒，出爲六安郡丞。初，譚著書二十九篇，號曰新論。

周譜　史記十二諸侯年表敘云：「太史公讀春秋曆譜牒。」梁書劉杳傳：王僧孺被敕撰譜〔一〕，訪杳血脈所因。杳云：「桓譚新論云：『三代世表旁行邪上，並效周譜。』以此而推，當起周代。」按：歐陽五代諸世家名譜，本此。

六義五始　六義，見子夏詩序。五始，公羊隱元注：即位者，一國之始。政莫大於正始〔二〕，故先言正月而後言即位，先言王而後言正月，先言春而後言王，先言元而後言春。五者同日並見，乃天人之大本。疏：大正始，是以春秋作五始。

法盛　唐藝文志：何法盛晉中興書八十卷。

諸僞十六家　詳見外篇正史篇崔鴻十六國春秋條。

韋昭洞紀　韋昭即韋曜。吴志曜傳：孫晧收曜付獄，曜因獄吏上辭曰：「愚情僂僂，竊有所懷，貪令上聞。昔見世間有古曆注，其所紀載既多虛無，在書籍者亦復錯見。因尋按傳紀，考合異同，採摭耳目所及，以作洞紀。起自庖犧，至於秦、漢，凡爲三卷。當起黄武以來，別作一卷，事尚未成。」

帝代年曆　南史隱逸傳：陶弘景字通明，秣陵人。明五行、星算、地理、醫術。著帝代年曆，推知漢熹平三年丁丑冬至加時在日中[三]，而天實以乙亥冬至加時在夜半，凡差三十八刻，是漢曆後天二日十二刻也。卒，謚貞白先生。通志略：作帝王年曆。

## 書志第八

序論　論天文　論藝文　論五行　後論〇五項舊注未協，本非原文，今刊正。

夫刑法、禮樂、風土、山川，求諸文籍，出於三禮。及班、馬著史，別裁書志。考其所記，多效禮經。且紀一訛「記」。傳之外，有所不盡，隻字片文，於斯備録。語其通博，信作者之淵海也。釋：統提書志之該博以發端。

原夫司馬遷曰書，班固曰志，蔡邕曰意，舊作「東觀曰記」，非。華嶠曰典，張勃曰録，何法盛曰説。按：歐陽五代史記又曰考。名目雖異，體統不殊。亦猶楚謂之一無「之」字。「檮杌」，晉謂之「乘」，魯謂之「春秋」，其義一也。釋：一層。書志名色，更改不一。

於其編目，舊作「次」，非。則有前曰平準，史記中名。後云食貨；漢書改名。古號河渠，史記中名。今稱溝洫；漢書改名。析郊祀漢書中名。爲宗廟，後漢有此篇名，然非總類名。分禮樂漢書中名。爲威儀；隋志之禮名禮儀。懸象魏書作天象。出於天文，漢書中初名。郡國後漢改名。生於地理。漢書中初名。如斯變革，不可勝計，或名非而物是，或小異而大同。但作者愛奇，恥於仍舊，必尋源討本，其歸一揆也。釋：一層。志中條目，同事而異名。

若乃五行、藝文，班補子長之闕；八書中無此也。百官、輿服，謝謝承。拾孟堅之遺。班有百官，無輿服也。王隱後來，加以瑞異；隱書無考，新晉書删去。宋書有符瑞。魏收晚進，弘以釋老。魏志末篇。斯則自我作故，出乎胸臆，求諸歷代，不過一二者焉。釋：一層。後來志目漸有增加。○已上三層爲一大節。蓋緣諸史中，獨書志一門，命名條目析補日多，故特數而出之。

大抵志之爲篇，其流十五六家而已。釋：二句轉遞。其間則有妄入編次，虚張部帙，而積習已久，不悟其非。釋：四語籠起中幅三條。亦有事應可書，宜別標一有「篇」字。題，而古來作者，曾未覺察。釋：四語籠起後尾一條。今略陳其義，列於下云。此下或注「已上總序」，或注「書志序」，皆非原文，可刪也。中後同。

**按：** 此爲序論。序中含議，推美該備之意居多。後乃籠下之辭也。

曰書曰志六句　按：此六句，鄭氏通志略兩引之。一在總序，則「東觀」句作「蔡邕曰意」；一在起卷之首，則「蔡邕」句又作「東觀曰記」。緣知迪功家所藏史通有二本，兩時採用，隨手檢録，遂異其文也。但東觀漢記一書總名，而此論書志，乃一門之名，不得以總名混之，畢竟作「蔡邕」句爲是。今用總序篇文刊正之。

夫兩曜百星，麗於玄象，非如九州萬國，廢置無恆。故海田可變，而景緯無易。古之天猶今之天也，今之天即古之天也，必欲刊之國史，施於何代不可也？**釋：** 首節函舉大意。天字，指體度星象言。

但史記包括所及，區域指世代言。綿長，故書有天官，讀者竟忘其誤，權而爲論，未見其宜。班固因循，復以天文作志，志無漢事而隸入漢書，尋篇考限，覩其乖越者矣。降及有晉，迄於隋氏，或地止一隅，或年才二世，而彼蒼列志，其篇倍多，流宕忘歸，不知紀極。方於漢史，又孟堅之罪人也。**釋：** 此節言史記之作，該代甚廣，故首列天體星象之文。班史不應襲書而越限。而小朝促祚，尤無取鋪張也。

竊以國史所書，宜述當時之事。必爲志而論天象也，但載其時彗孛氛祲，薄食晦明，禆竈、梓愼之所占，京房、李郃之所候。至如一作「於」。熒惑退舍，宋公延齡，中台告坼，晉相速禍，星集潁川而賢人聚，月犯少微而處士亡，如斯之類，志之可也。釋：此言天變代異，乃可斷限志之。若乃體分濛澒，色著青蒼，丹曦、日也。素魄月也。之躔次，黃道、日行之道。紫宮紫微宮垣。之分野，既不預於人事，輒編之於策書，故曰刊之國史，施於何代不可也。釋：繳應複陳體象之非。其間唯有袁山松、著後漢書。沈約、著宋書。蕭子顯、著南齊書。魏收著魏書。等數家，頗覺其非，不遵舊例。凡所記録，多合事宜。寸有所長，賢於班、馬遠矣。釋：四人皆專志本朝象變者。

**按**：此條就書志中抽出天文論之。所論非謂曆數也，謂日月列星之象也。日之黃道，月之九行，千古不變。三垣之鼎立，四七之棋布，亦千古不變。見之一史足矣，何必凡史悉陳？但當取其變者志之。劉氏之意如此。然曆術屢更，而宮度改移，宮名革易，亦未可不約舉其目。

蓋爲晉、隋二志而發。二志成於李淳風，標著懸象，最爲精整。然所列天體、經星、七曜諸條，二書兩載。修既並時，複由一手，以此蒙誚也。顧此事愈推而愈精，近法推尊郭術矣。至西法起，而體象俱爲改觀，西術言三垣、四七間諸星，有古今、多少、有無之異，則恆星亦有變時矣。詳見明史天文志。見端於晚明，而大闡於昭代，乃爲千古立極。是其發端表象，有不可不特書者。

禆竈梓愼　注見下五行條。

京房　漢書：京房字君明。治易，事焦延壽贛。其説長於災變，分六十四卦，更直日用事，以風雨寒温爲候，各有占驗，房用之尤精。以孝廉爲郎。

李郃　後漢方術傳：李郃字孟節，南鄭人。縣召署幕門候吏。和帝分遣使者微服單行，各至州縣觀採風謠。使者二人當到益部，投郃候舍。時夏夕露坐，郃因仰觀，問曰：「二君發京師時，寧知朝廷遣二使邪？」二人驚相視，曰：「何以知之？」郃指星示云：「有二使星向益州分野，故知之耳。」

熒惑退舍　呂氏春秋季夏紀：宋景公時，熒惑在心，公召子韋問焉。子韋曰：禍當君。雖然，可移於相。公曰：相所與治國家也。曰：可移於民。公曰：民死，寡人將誰爲君！曰：可移於歲。公曰：歲害則民必死，誰以我爲君乎？子韋曰：君有至德之言三，天必三賞君，熒惑其徙三舍。舍行七星，星當一年，君延年二十一矣。熒惑果徙三舍。

中台告坼　晉書張華傳：華字茂先。惠帝即位，爲太子少傅。初，趙王倫諂事賈后，求録尚書事，華執不可，由是致怨。華少子韙以中台星坼，勸華遜位。華曰：「天道玄遠，惟修德以應之耳。」及倫將廢賈后，華遂被收。

星集潁川　世説德行篇：陳太丘詣荀朗陵，使元方將車，季方持杖，長文尚小，載著車中。既至，荀亦使叔慈應門，慈明行酒，餘六龍下食。文若亦小，坐著膝前。注：於時德星聚，太史奏：「五百里賢人聚。」

月犯少微　世説棲逸注：續晉陽秋曰：會稽謝敷入太平山中，徵博士，不就。初，月犯少微星。時戴逵先敷著名，時人憂之。俄而敷死，會稽人士嘲之曰：吴中高士，求死不得。晉天文志：少微四星在太微西〔四〕，一名處士星。

伏羲已降，文籍始備。逮於戰國，其書五車，傳之無窮，是曰不朽。夫古之所制，我有何力，而班漢定其流别，編爲藝文志。論其妄載，事等上篇。**釋**：藝文之志，始自班史，故首言之。續漢已還，祖述不暇。夫前志已録，而後志仍書，篇目如舊，頻煩互出，何異以水濟水，誰能飲之者乎？**釋**：遞到後史，函下隋書。

且漢書之志天文、藝文也，蓋欲廣列篇名，示存書體而已。文字既少，披閲易周，故雖乖節文，而未甚穢累。既而後來繼述，其流日廣。天文則星占、月會、渾圖、渾天。周髀蓋天。之流，藝文則四部、七録、中經、秘閣之輩，莫不各逾三篋，自成一家。史臣所書，宜其輟簡。而近世有著隋書者，乃廣包衆作，勒成二志，騁其繁富，百倍前修。非唯循覆車而重軌，亦復加闊眉以半額者矣。**釋**：此言書益增多，史益汗漫，用天文陪説。

但自史之立志，非復一門，其理有不安，多從沿革。唯藝文一體，古今是同，詳求厥義，未見其可。愚謂凡撰志者，宜除此篇。**釋**：此節單折到除藝文。必不能去，當變其體。近者宋孝王關東風俗傳亦有墳籍志，其所録皆鄴下文儒之士，讎校之司。所列書名，唯取當時撰者。習兹楷則，庶免譏嫌。語曰：「雖有絲麻，無棄菅蒯。」於宋生得之矣。**釋**：結到單録近籍爲是。

**按**：此條抽論藝文也，爲文史日多而發。與天文同旨，故雙舉言之。蓋藝文之志，始自漢班，硎谷灰燼，藜照叢殘，有幸心焉。陳、范以還，斯志中絶。唐初敕撰隋書，于、李、顔、孔分編史志，復有經籍之目。故篇内所指，唯此兩家。其言有砥瀾之功，亦有懲噎之弊。

書有五厄，里仁牛氏三致志焉。宋崇文、秘省諸目，仍登國史。而明史則祇載一朝撰述，毋亦儀監於史通，抑煩不勝叢録乎？自邇學士、購藏家，往往私爲目録，繼軌晁、陳，藉是以當史補。續通考者所宜亟收也。

五車　莊子天下篇：惠施多方，其書五車。

四部　隋經籍志：魏氏代漢，採摭遺亡，藏在秘書中外三閣。鄭默始著中經。荀勖又因中經更著新簿，分爲四部：一曰甲部，六藝、小學等書；二曰乙部，諸子、兵書、術數；三曰丙部〔五〕，史記、舊事、皇覽簿、雜事；四曰丁部，詩賦、圖讚、汲冢書。

七録　梁書處士傳：阮孝緒字士宗。所著七録等書行於世。隋經籍志：孝緒博採宋、齊以來王公之家，凡有書記，參校官簿，更爲七録：一經典録，二記傳録，三子兵録，四文集録，五技術録，六佛録，七道録。

闊眉半額　後漢書：馬援子廖，上疏長樂宮，述長安語曰：「城中好高髻，四方高一尺；城中好廣眉，四方且半額；城中好大袖，四方全匹帛。」章懷注：當時諺也。

宋孝王　北史宋隱傳：族裔世景從孫孝王，爲北平王文學。非毀朝士，撰朝士別録二十卷。會周武滅齊，改爲關東風俗傳，更廣見聞，成三十卷。

雖有絲麻二句　見左傳成九年。

夫災祥之作，以表吉凶。此理昭昭，不易誣也。然則麒麟鬬而日月蝕，鯨鯢死而彗星出，河變應於千年，山崩由於朽壤。又語曰：「太歲在酉，舊作「丑」，誤。乞漿得酒；太歲在巳，販妻鬻子。」皆貼氣數説。則知吉凶遞代，如盈縮循環，此乃關諸天道，不復繫乎人事。釋：首節領起天人不相雜糅之意。

且周王決疑，龜焦蓍折，宋皇誓衆，竿壞幡亡，梟止涼一作「梁」，一作「京」，並非。師之營，鵩集賈生之舍。斯皆妖災著象，而福禄來鍾，愚智不能知，晦明莫之測也。然而古之國史，聞異則書，未必皆審其休咎，詳其美惡也。故諸侯相赴，有異不爲災，見於春秋，其事非一。釋：此節申舉休咎不相符應之證。

洎漢興，儒者乃考洪範以釋陰陽。釋：三句提起後文，蓋指董、劉等書，即五行志所本也。其事也如江璧傳於鄭客，一作「谷」，誤。遠應始皇；臥柳植於上林，近符宣帝。門樞白髮，元后之祥；桂樹一作「梓柱」。黄雀，新都之讖。舉夫一二，良有可稱。釋：欲奪之，先予之，是開筆。至於蜚蜮蝝螽，震食崩坼，隕霜雨雹，大水無冰，其所證明，實皆迂闊。釋：數語急轉，是正奪之。故當春秋之世，其在於魯也，如有旱雩舛候，螟蟦傷苗之屬，是時或秦人歸禭，或毛伯賜命，或滕、邾入朝，或晉、楚來聘。皆持此恆事，應彼咎徵，昊或作「旻」。穹垂謫，厥罰安在？探賾索隱，其可略諸。**釋**：此以咎徵無應證明所奪之指。「其可略諸」者，不必附會深求也。

且史之記載，難以周悉。近者宋氏，年唯五紀，地止江、淮，書滿百篇，號爲繁富。作者猶廣之以拾遺，加之以語録。況彼春秋之所記也，二百四十年行事，夷夏之國盡書，而經傳集解杜預注本。卷才三十。則知其言一無「言」字。所略，蓋亦多矣。而漢代儒者，羅災眚於二百年外，討符會於三十卷中，安知事有不應於人，應而人舊作「人而」。失其事？何得苟有變而必知其兆者哉！**釋**：借劉宋近書與左相衡，見狹者繁而闊者簡。舒、向輩執簡本以窮天變，考證於漏略之中，勢有難於悉協者。○自「其事也」至此，皆約舉五行家大致統折之。已下拈條摘駁。

若乃採前文而改易其説，謂王札子之作亂，在彼成年；**原注**：春秋成公元年二月，無冰。董仲舒以爲其時王札子殺召伯、毛伯。案今春秋經，札子殺毛伯事在宣十五年，非成公時。○在志中下，又見五行雜駁。夏徵舒之構逆，當夫昭代；**原注**：春秋昭公九年，陳災。董仲舒以爲楚嚴王爲陳討夏徵舒，因滅陳，陳之臣子毒恨，故致火災。案楚嚴王之滅陳，在宣十一年，如昭九年所滅者，乃楚靈王時。且莊王卒，恭王立；恭王卒，康王立；康王卒，郟敖立；郟敖卒，靈王立。相去凡五世。○在志之上，亦見五行雜駁。楚嚴作霸，荆國始僭稱王；**原注**：春秋桓公三年，日有食之，既。京房易傳以爲後楚嚴稱王，兼地千里。案自武王始僭號，歷文、成、穆三王，始至於嚴。然則楚之稱王已四世矣，何得言嚴始稱哉！又魯桓薨後，世歷嚴、閔、釐、文、宣，凡五君而楚嚴作霸，安有桓三年日食而應之邪？○在志下下，亦見五行雜駁。高宗諒陰，亳都實生桑穀。**原注：**書序曰：「伊陟相太戊，亳有桑穀共生。」劉向以爲殷道衰，高宗承弊而起，盡諒陰之哀，天下應之。既獲顯榮，怠於政事，而國將危亡，故桑穀之異見。案太戊崩，其後嗣有仲丁、河亶甲、祖乙、盤庚，凡歷五世，始至武丁，即高宗是也。桑穀自太戊時生，非高宗事。高宗又本不都於亳。○在志中下。「書序曰」舊作「尚書」，脱「序」字，今照志改。晉悼臨國，六卿專政，以君事臣；**原注：**董仲舒以爲成公十七年六月甲戌朔，日有食之，時宿在畢，晉國象也。晉厲公誅四大夫，四大夫欲殺厲公。後莫敢責大夫，六卿遂相與比周專晉，國君還事之。案春秋成公十二月丁巳朔，日食，非是六月。○在志下下，亦見五行雜駁。但此一占，志作昭公，注作成公，誤在注。而晉厲事本在成世，不在昭世，誤實在班。至案中所糾，只糾月舛，不糾占舛，則更因誤入誤矣。留在雜駁篇並詳之。魯僖末年，三桓世官，殺嫡立庶。**原注：**春秋釐公三十三年十二月，隕霜，不殺草。劉向以爲是時公子遂專權，三桓始世官。向又曰：嗣君微，失秉事之象也。又釐公二十九年秋，大雨雹。劉向以爲釐公末年信用公子遂，專權自恣，至於殺君，故陰脅陽之象見。釐公不悟，遂終專權。後二年，殺子赤，立宣公。案此事乃文公末世，不是釐公時也。遂即東門襄仲。赤，文公太子，即惡也。○在志中下。斯皆不憑章句，直取胸懷，或以前爲後，以虛爲實。移的就箭，曲取相諧；掩耳盜鐘，自云無覺。詎知後生可畏，來者難誣者邪！**釋：**此段駁其任意遷就。

又品藻羣流，題目庶類，謂莒爲大國，菽爲強草，鶖著青一作「素」。色，疑脱偶句四字。負蠜非中國之虫，**原注：**春秋嚴公二十九年，有蜚。劉歆以爲蜚，負蠜也。劉向以爲非中國所有。南越盛暑，男女同川浴，淫風所生。是時嚴公取齊淫女爲夫人，既入，淫於兩叔，故蜚至。案負蠜，中國所生，不獨出南越。○在志中下。鸜鵒爲夷狄之鳥。**原注**：春秋昭公二十五年，鸜鵒來巢。劉向以爲夷狄之禽。案鸜鵒，中國皆有，唯不逾濟水耳。事見周官。○在志中下。如斯詭妄，不可殫論。而班固就加纂次，曾靡銓擇，因以五行編而爲志，不亦惑乎？**釋**：此段駁其狀物不實。

且每有敍一災，推一怪，董、京之説，前後相反；向、歆之解，父子不同。**原注**：桓公三年，日有食之。董仲舒、劉向以爲魯、宋殺君，易許田。劉歆以爲晉曲沃莊伯殺晉侯。京房以爲後楚嚴稱王，兼地千里也。又：嚴公七年，夜中星隕如雨。劉向以爲夜中者，即中國也。劉歆以爲晝象中國，夜象夷狄。劉向又以爲蜮生南越。劉歆以爲盛暑蜮所生，非自越來也。○按：「桓公三年」一條，舊本在「董、京相反」之下。今詳條内亦有向、歆不同之語，故移而并之。又按：「劉向又以」之上，當有「嚴公十七年秋有蜮」八字。今補此。遂乃雙載其文，兩存厥理。言無準的，事益煩費，豈所謂撮其機要，收彼菁華者哉！**釋**：此段駁其占論歧迕。○統上三段，皆是正斥五行志之不足泥。

自漢中興已還，迄於宋、齊，其間司馬彪、續漢書。臧榮緒、晉書。沈約、宋書。蕭子顯齊書。相承載筆，競志五行。雖未能盡善，而大較多實。何者？如彪之徒，皆自以名慚漢儒，才劣班史，凡所辯論，務守常途。既動遵繩墨，故理絶河漢。兼以古書從略，求徵應者難該；近史尚繁，考祥符者易洽。此昔人所以言有乖越，後進所以事反一訛作「不」。精審也。**釋**：後史之志五行，差少穿鑿，此以寬後史者甚班志也。

然則天道遼遠，裨竈焉知？日蝕不常，文伯所對。至如梓慎之占星象，趙達之明風角，單颺識魏祚於黃龍，董養徵晉亂於蒼鳥，一作「鵝」。斯皆肇彰先覺，取驗將來，言必有中，語無虛發。苟誌之竹帛，其誰曰不然。若乃前事已往，後來追證，課彼虛説，成此游詞，多見其老生常談，徒煩翰墨者矣。**釋**：此節數人皆非作史者，蓋以前事先見之明，剔彼後來強附之術，仍是以寬爲甚之詞。

子曰：「蓋有不知而作之者，我無是也。」又曰：「君子於其所不知，蓋闕如也。」又曰：「知之爲知之，不知爲不知，是知或作「智」。也。」嗚呼！世之作者，其鑒之哉！談何容易，駟不及舌，無爲強著一書，一作「言」。受嗤千載也。**釋**：作誡辭結。

**按**：此條抽論班志五行也。漢自廣川董氏，湛深經術，頗雜緯書。伏勝、更生，後起應和，牽取春秋、洪範，影附粘連，其流益蕃矣。世祖中興，喜徵符讖，孟堅撰史，特志五行，亦會逢其適歟？其文博而奥，其説臆而謬，蓋史部之奇文，而經學之死句也。劉論明通，與歐史司天合契，可作外篇錯誤題辭。

杜岐公通典無天文、五行門〔六〕，遼史不志天文。

麟鬬鯨死　二語見淮南子天文訓。

河變　拾遺記：丹丘千年一燒，黃河千年一清。

山崩　左傳成五：梁山崩。絳人曰：「山有朽壤而崩。」

太歲在酉四句　馬總意林：袁準正書曰〔七〕：「太歲在酉，乞漿得酒；太歲在巳，販妻鬻子。」知災有自然之理。

周王決疑　説苑權謀篇：武王伐紂，至於有戎之隧，大雨，卜而龜熸。散宜生曰：「此其妖歟？」武王曰：「不利禱祀，利以擊衆，是熸之已。」武王順天地犯妖而禽紂，其所獨見者精也。按：其事亦見齊太公世家。書泰誓正義引之，云周本紀太公曰：「枯骨朽蓍，不逾人矣。」誤以齊世家爲周本紀也〔八〕。

宋皇誓衆　宋武紀上：公征盧循，至左里，公所執麾竿折，折旛沈水。衆懼，公歡笑曰：「往年覆舟之戰，旛竿亦折。今者復然，賊必破矣。」即攻栅而進，循單舸走。

梟止涼營　晉前涼張軌傳：重華以謝艾爲中堅將軍，配步騎五千擊麻秋。引師出振武，夜有二梟鳴於牙中。艾曰：「六博得梟者勝，尅敵之兆。」於是進戰，大破之。

鵩集賈舍　漢書：賈誼爲長沙傅三年，有鵩飛入誼舍。鵩似鴞，不祥鳥也，乃爲賦以自廣。後歲餘，文帝思誼，徵之。

江璧　漢五行志中上：史記秦始皇三十六年，鄭客從關東來，至華陰，望見素車白馬從華山上下，持璧與客曰：「爲我遺滈池君。」「今年祖龍死。」忽不見。鄭客奉璧，即始皇二十八年過江所湛璧也。

柳植　荀悦漢紀：昭帝元鳳三年，上林苑中枯柳斷而自起，復生。有蟲食其葉成文，曰「公孫病已當立」。符節令眭弘上書，言「當有匹庶興」。坐妖言誅。及宣帝起民間立，以弘子爲郎。按：宣帝初名病已。

門樞白髮　漢五行志下上：哀帝建平四年，京師、郡國民聚會里巷仟佰，博具，歌舞祠西王母。又傳書曰：母告百姓，佩此書者不死。不信，視門樞下，當有白髮。杜鄴曰：外家丁、傅並侍帷幄，指象以覺聖朝。一曰此異乃王太后、莽之應。

桂樹黃雀　成帝時謠：「邪徑敗良田，讒口亂善人。桂樹華不實，黃雀巢其顛。故爲人所羨，今爲人所憐。」郭茂倩注：桂，赤色，漢家象；王莽自謂黃也。見五行志。

春秋恆事應咎徵　秦人歸禭在文九〔九〕，毛伯錫命在文元，滕朝魯者五，郳七，晉聘魯十一、楚三，皆所謂恆事也。其間災咎不絕書。

宋氏百篇　沈約宋書，凡一百卷。

拾遺語録　隋志：宋拾遺十卷，梁少府卿謝綽撰。鄭樵藝文略：宋齊語録十卷，孔思尚撰。

移的盜鐘　「移的」句未詳所本。淮南説山：范氏之敗，有竊其鐘負而走者，鎗然有聲。懼人聞之，遽掩其耳。憎人聞之可也，自掩其耳悖矣。

後生可畏二句　見魏文帝與吳質書。

裨竈　左傳昭十七：有星孛於大辰。鄭裨竈曰：「宋、衛、陳、鄭將同日火。若我用瓘斝玉瓚，鄭必不火。」子產弗與。十八年夏，宋、衛、陳、鄭皆火。裨竈曰：「不用吾言，鄭又將火。」子產曰：「天道遠，人道邇，竈焉知天道！」遂不與，亦不復火。

文伯　左傳昭七：夏四月，日有食之。士文伯曰：魯、衛惡之，衛大魯小。其大咎其衛君乎？魯將上卿。八月，衛襄公卒。十一月，季武子卒。晉侯曰：「日食從矣，可常乎？」對曰：「同始異終，何可常也。」

梓慎　左傳昭十七：冬，有星孛於大辰，西及漢。申須曰：「諸侯其有火災乎？」梓慎曰：「火出而見。今茲火出而章，必火入而伏。其居火也久矣。火出於夏爲三月，於商爲四月，於周爲五月，夏數得天。若火作，其四國當之，在宋、衛、陳、鄭乎？」

趙達　吴志：趙達，河南人，渡江。治九宫一算之術。此術微妙，頭乘尾除。常笑諸星氣風術者曰：「當迴算帷幕，不出户牖以知天道，而反晝夜暴露以望氣祥，不亦難乎！」

單颺　後漢方術傳：單颺字武宣。善明天官、算術。熹平末，黄龍見譙。橋玄問：「何祥？」颺曰：「其國當有王者興。不及五十年，龍當復見。」魏郡人殷登密記之。至建安二十五年春，黄龍復見譙。其冬，魏受禪。

董養　晉隱逸傳：董養字仲道。到洛下，楊后廢，因游太學，升堂歎曰：建斯堂也何爲乎？人理滅，大亂作矣。永嘉中，洛城東北步廣里地陷，有二鵝出。其蒼者飛去，白者不能飛。養聞歎曰：昔周時盟狄泉地也。蒼者胡象，白者國家之象，其可盡言乎！乃與妻荷擔入蜀，莫知所終。哀江南賦：出狄泉之蒼鳥。

或以爲天文、藝文，雖非漢書所宜取，而可一作「有」。廣聞見，難爲删削也。對曰：苟事非其限，而越理成舊訛作「來」。「來」、「成」二字，行草相類也。書，自可觸類而長，於何不録？又有要於此者，今可得而言焉。**釋**：借前二項衍出後二項，皆非質言也。解在後。夫圓首方足，一作「趾」。含靈受氣，吉凶形於相皃，古「貌」字。貴賤彰於骨法，生人之所欲知也。四支六府，痼瘵所纏，苟詳其孔穴，則砭灼無誤，此養生之尤急也。且身名並列，身謂人形，名謂天象。親疏自明，豈可近昧形骸，而遠求辰象！既天文有志，何不爲人形志乎？**釋**：因天衍人是一項，然技流豈反大於曆象乎？　茫茫九州，言語各異，大漢依班史所稱。輶軒之使，譯導而通，足以驗風俗之不同，示皇威之廣被。且事當炎運，尤相關涉，爾雅釋物，非無往例。既藝文有志，何不爲方言志乎？**釋**：因文衍言是一項，然鄙語豈反重於經籍乎？　但班固綴孫卿之詞以序刑法，探孟軻之語用裁食貨，五行出劉向洪範，藝文取劉歆七略，因人成事，其目遂多。至若許負相經、揚雄方言，並當時所重，見傳流俗。若加以二志，幸有其書，何獨舍諸？深所未曉。

**釋**：此節是輕綽之文，蓋言彼二項當志，則此二項亦可志矣。

歷觀衆史，諸志列名，或前略而後詳，或古無而今有。雖遞補所闕，各自以爲工，權而論之，皆未得其最。**釋**：此節乃繳落前文，轉入下文，謂前所云云，日增日多，實皆不必也。唯下三項，或可酌補耳。

蓋可以爲志者，其道有三焉：一曰都邑志，二曰氏族志，三曰方物志。**釋**：三項提綱。何者？京邑翼翼，四方是則。千門萬户，長安。兆庶仰其威神；虎踞龍蟠，建鄴。帝王表其尊極。兼復土階卑室，好約者所以安人；阿房、未央，窮奢者由其敗國。此則其惡可以誡世，其善可以勸後者也。且宫闕制度，朝廷軌儀，前王所爲，後王取則。故齊府高齊。肇建，誦魏都以立宫；代國元魏初，國號代。初遷，寫吴京而樹闕。故知經始之義，卜揆之功，經百王而不易，無一日而可廢也。至如一作「於」。兩漢之都咸、洛，咸陽、洛陽。晉、宋之宅金陵，魏徙伊、瀍，齊居漳、滏，鄴都。隋氏二世，分置兩都，此並規模宏遠，名號非一。凡爲國史者，宜各撰都邑志，列於輿服之上。**釋**：此節議補都邑志，與輿服類列。

金石、草木、縞紵、絲枲之流，鳥獸、蟲魚、齒革、羽毛之類，或百蠻攸稅，或萬國是供，夏書則編於禹貢，周書則託於王會。亦有圖形九牧之鼎，左宣三年。列狀四荒之經。山海經。觀之者擅其博聞，學此二字一本倒刊。之者騁其多識。自漢氏拓境，無國不賓，則有邛竹傳節，蒟醬流味，大宛獻一作「輸」。其善馬，條支致其巨雀。爰及魏、晉，迄於周、隋，咸亦遐邇來王，任土作貢。異物歸於計吏，奇名顯於職方。凡爲國史者，宜各撰方物志，列於食貨之首。**釋**：此節議補方物志，與食貨類列。

帝王苗裔，公侯子孫，餘慶所鍾，百世無絶。能言吾祖，郯子見師於孔公；不識其先，籍談取誚於姬后。故周撰世本，式辨諸宗；楚置三閭，實掌王族。逮乎晚葉，譜學尤煩。

用之於官，可以品藻士庶；施之於國，可以甄別華夷。自劉、曹受命，雍、豫爲宅，世冑相承，子孫蕃衍。及永嘉東渡，流寓揚、越；代氏南遷，革夷從夏。於是中朝江左，一作「右」。南北混淆；華壤邊民，虜漢相雜。隋有天下，文軌大同，江外、南兼陳氏。山東，東并高齊。人物殷湊。其間高門素一作「貴」。族，非復一家；郡正州曹，舊作「都」。世掌其任。凡爲國史者，宜各撰氏族志，列於百官之下。釋：此節議補氏族志，與百官類列。

蓋自都邑以降，氏族而往，實爲志者所宜先，而諸史竟無其録。如休文宋籍，廣以符瑞；伯起魏篇，加之釋老。徒以不急爲務，曾何足云。惟此數條，粗加商略，得失利害，從可知矣。庶夫後來作者，擇其善而行之。釋：此總結三項之當補。○此下舊本另條，非。

或問曰：子以都邑、氏族、方物宜各纂一作「纘」。次，以志名篇。夫史之有志，多憑舊説，苟世無其録，則闕而不編，此都邑之流所以不果列志也。釋：此總上三項設問，見考證之難。對曰：案帝王建國，本無恆所，作者記事，亦在相時。遠則漢有三輔典，近則隋有東都記。並記一統之都。於南則有宋南徐州記、晉宮闕名，記南朝。於北則有洛陽伽藍記、鄴都故事。記北朝。蓋都邑之事，盡在是矣。釋：答言都邑有考。譜牒之作，盛於中古。漢有趙岐三輔決録，晉有摯虞族姓舊作「姓族」。記。記一統世族。江左有兩王百家譜，記南族。中原有方司殿疑當作「選」。格。記北族。蓋氏族之事，盡在是矣。釋：答言氏族有考。自沈瑩著臨海水土，周處撰陽羡風土，舊作「土風」。○二者舉其始作。厥類衆夥，諒非一族。是以地理爲書，陸澄集而難盡；水經加注，酈元編而不窮。總括續撰。蓋方物之事，盡在是矣。**釋**：答言方物有考。凡此諸書，代不乏作，必聚而爲志，奚患無文？譬夫涉海求魚，登山採木，至於鱗介修短，柯條巨細，蓋在擇之而已。苟爲魚人、匠者，何慮山海之貧罄哉？**釋**：結言有考則取材不難，但當擇而用之耳。

**按**：此爲篇後餘論。人形、方言二項是設辭，特假設以決天文、藝文之當除耳。四者相衡，洪纖雅俗，學究能辨之，知幾顧爲此戲論乎？其後三説，乃是商語。然嘗考之，都邑則略具於地理，非同輿服之無附。方物則雜出於外域，豈比食貨之有經。至如氏族一門，自是魏、晉相沿，四姓尚官之習，而任子積輕，後世尤不可通行。獨魏書官氏志兼及氏族。知幾議論，大率偏於枯菀，不圖此處忽生葛藤。所言雖不行於史家，然後來漁仲、貴與諸人，已被他爬動癢處。

爾雅釋物　按：爾雅無釋物篇，即謂釋草、釋木、釋蟲、魚、鳥、獸等篇也。

綴孫卿探孟軻　此四句宋書志序之文。

劉向洪範　王訓故：漢書云：劉向集上古以來，歷春秋、六國至秦、漢符瑞、災異之記，推迹行事，著其占驗，比類相從，各有條目。凡十一篇，號曰洪範五行傳論。

七略　漢藝文志：成帝時，劉向校諸書，輒條其篇目，撮其指意，奏之。向卒，子歆卒父業。於是總而奏其七略，故有輯略、六藝略、諸子略、詩賦略、兵略、術數略、方技略。

許負相經　舊注：孔衍漢春秋：許負，温縣婦人。裴松之云，今東人呼母爲負，衍以許負爲婦人，如有據。藝文類聚方術部〔一〇〕：陶弘景、劉孝標俱有許負相經序。

揚雄方言　讀書志：方言十三卷。雄齎油素問上計孝廉異語，悉集之，題其首曰輶軒使者絶代語釋別國方言〔一一〕。

齊頌魏都　北齊文宣紀：天保九年，營三臺於鄴下。因其舊基而高博之，大起宫室。改銅爵曰金鳳，金獸曰聖應，冰井曰崇光。帝登三臺，朝宴羣臣，並命賦詩。

代寫吴京　後魏孝文紀：太和十七年，幸洛陽，定遷都之計，詔司空經始洛邑。南史崔祖思傳：齊武帝時，魏使蔣少游至，祖思從弟元祖曰：「少游有班、倕之巧，今來必令模寫宫掖〔一二〕。」少游果圖畫而歸。

王會　逸周書序：周室既寧，八方會同，各以職來獻。欲垂法厥後，作王會。

邛竹蒟醬宛馬巨雀　並見史記大宛及漢書西域二傳。

郯子　左傳昭十七：郯子來朝，公與之宴。昭子問焉，曰：「少皞氏鳥名官，何故也？」郯子曰：「吾祖也，我知之。」「我高祖少皞摯之立也，鳳鳥適至，故紀於鳥，爲鳥師，而鳥名」云云。仲尼聞之，見於郯子而學之。

籍談　左傳昭十五：晉荀躒如周，籍談爲介。王曰：「諸侯皆有以鎮撫王室，晉獨無有，何也？」籍談對曰：「晉居深山，戎狄之與鄰，而遠於王室。拜戎不暇，其何以獻器？」王曰：「叔氏，而忘諸乎？唐叔，成王之母弟也，其反無分乎？且昔而高祖孫伯黶司晉之典籍，故曰籍氏。及辛有之二子董之，晉於是乎有董史。女，司典之後也，何故忘之！籍談不能對。賓出，王曰：「籍父其無後乎？數典而忘其祖。」

世本　後漢班彪傳：唐、虞、三代，世有史官，以司典籍。有記録黄帝以來至春秋時帝王公侯卿大夫，號曰世本，一十五篇。

三閭　王逸離騷注：屈原與楚同姓，仕於懷王，爲三閭大夫。三閭之職，掌王族三姓，曰昭、屈、景，屈原序其譜屬，以厲國士。

符瑞釋老　沈約宋書：志四十卷，其五行志之前有符瑞志三卷。魏收魏書：志二十卷，其末曰釋老志。

漢三輔典　按：隋、唐二志俱無「三輔典」之名，疑即謂三輔黄圖也。漢人撰，亡撰人名。其書所載，皆都城、宫苑、辟廱、明堂、宗廟、郊社、庫廐、橋陵之屬，與所引正合。

隋東都記　隋、唐二志皆不載。通志略載有東都記三十卷，鄧世隆撰，未審即是否〔一三〕？

宋南徐州記　唐志地理類：山謙之南徐州記二卷〔一四〕。

晉宫闕名　按：此指東晉者，隋、唐二志亦不載。

洛陽伽藍記　讀書志：記三卷，元魏羊衒之撰。魏遷都洛陽，一時王公大人多造佛寺，或舍其私第爲之，故僧舍多爲天下最。衒之載其本末及事迹甚備。書録解題：以爾朱之亂，城廓丘墟，追述斯記。

鄴都故事　無考。黄補注：唐志有馬温鄴都故事二卷。按：注云：「肅、代時人。」其書後出，非劉所云。

三輔決録　後漢趙岐傳：岐字邠卿，初名嘉，字臺卿。拜太常，著三輔決録。自序云：三輔，本雍州地。世世徙公卿吏二千石及高貲者以陪諸陵，五方雜會，非一國之風。其士貴於名行，其俗失則趨勢進權。余嘗夢黄髪之士姓玄名明，字子真，與余寤言，善惡之間無所依違，命操筆者書之。從建武至於斯，玉石朱紫由此定矣，故謂之決録矣。

摯虞族姓　晉書摯虞傳：虞字仲洽，太子舍人。以漢末喪亂，譜傳多亡失，雖其子孫不能言其先祖，撰族姓昭穆十卷，上疏進之，以爲足以備物致用，廣多聞之益。

兩王譜　隋志譜系類：百家集譜十卷，王儉撰。百家譜三十卷，百家譜集鈔十五卷，並王僧孺撰。

方司選格　唐志譜牒類：後魏方司格一卷。又柳沖傳：魏太和時，詔諸郡中正，各列本土姓族次第爲舉選格，名曰方司格。

臨海水土　唐志地理類：沈瑩臨海水土異物志一卷。按：志曰夷州在臨海東南，去郡二千里。地無霜雪，草木不死，四面山谿，人皆髡髮穿耳，女人不穿耳。地有銅鐵，唯摩礪青石以作弓矢。

陽羨風土　晉書周處傳：處字子隱，陽羨人。少孤，馳騁恣肆，州曲患之，曰：「三害未除。」處曰：「何爲也？」曰：「南山白額獸，長橋下蛟，并子爲三矣。」曰：「吾能除之。」乃入山殺猛獸，投水殺蛟，而入吴尋二陸學。入洛，以身殉國，贈平西將軍。著默語及風土記，並撰集吴書。隋志：風土記三卷。

地理書　南齊陸澄傳：澄字彦深。王儉戲之曰：「陸公，書廚也。」撰地理書，死後乃出。隋志：地理書一百四十九卷，録一卷，陸澄合山海經以來一百六十家以爲此書。

水經注　讀書志：水經，漢桑欽撰，成帝時人，水經三卷。後魏酈道元歷覽奇書，注水經。魏書本傳：道元字善長，范陽人，御史中尉、關右大使。

## 校勘記

〔一〕王僧孺被敕撰譜　「孺」原作「儒」，據梁書改。

〔二〕政莫大於正始　「大」原作「先」，據春秋公羊傳注改。

〔三〕推知漢熹平三年丁丑冬至加時在日中　「加時」原作「時加」，據南史改。

〔四〕在太微西　「西」原作「東」，據晉書改。

〔五〕三曰丙部　「丙」原避唐諱作「景」，據隋書改。

〔六〕杜岐公通典無天文五行門　「天」原作「二」，按文意當作「天」，清光緒中汪氏重刻本正作「天」，今據改。

〔七〕袁準正書曰　「準」原作「雅」，據隋書經籍志改。意林作「准」。

〔八〕 誤以齊世家爲周本紀也　按浦説誤。齊世家無「太公曰」等十一字，乃通釋將太公六韜誤引作周本紀。

〔九〕 在文九　「九」原作「十二」，據左傳改。

〔一〇〕 藝文類聚方術部　「聚」原作「序」，「方術部」原作「相術篇」，均據藝文類聚改。

〔一一〕 輶軒使者絶代語釋别國方言　「别」原作「列」，據郡齋讀書志改。

〔一二〕 少游有班倕之巧今來必令模寫宫掖　「巧」南史作「功」。「令」字據南史補。「掖」原作「様」，據南史改。

〔一三〕 未審即是否　隋東都記，浦云「隋、唐二志皆不載」。按浦説誤。通志略著録之鄧世隆東都記三十卷，即見於新唐志。舊唐書鄧世隆傳：「採隋代舊事，撰爲東都記三十卷。」又新、舊唐志均載鄧行儼東都記三十卷。行儼即世隆。此外，尚有隋宇文愷之東都圖記二十卷，見隋書本傳。劉知幾所云，或指是書。

〔一四〕 山謙之南徐州記二卷　按此書隋志已著録。

# 史通通釋卷四

## 内篇

### 論贊第九

論謂篇末論辭，贊謂論後韻語。

春秋左氏傳每有發論，假君子以稱之。二傳云公羊子、穀梁子，史記云太史公。既而班固曰贊，舊作「讚」。荀悅曰論，東觀曰序，謝承曰詮，陳壽曰評，王隱曰議，何法盛曰述，揚雄曰譔，句未的，詳注中。劉昞曰奏，袁宏、裴子野自顯姓名，皇甫謐、葛洪列其所號。玄晏先生、抱朴子。史官所撰，通稱史臣。其名萬殊，其義一揆。必取便於時者，則總歸論贊舊訛作「著」。焉。一脱「贊」字，一無「焉」字。**釋**：首撮史傳之論贊異名，爲發議總案。

夫論者一失此三字。**釋**：此下先言史論。所以辯疑惑，釋凝滯。若愚智共了，固無俟商榷。丘明「君子曰」者，其義實在於斯。謂非每傳皆有。司馬遷始或訛作「殆」。限以篇終，各書一論。必理有非要，則強生其文，史論之煩，實萌於此。篇必有論，自史記始。夫擬春秋成史，持論尤當從「猶」義。宜闊略。其有本無疑事，輒設論以裁之，此皆私徇筆端，苟衒文彩，嘉辭美句，寄諸簡册，豈知史書之大體，載削之指歸者哉？**釋**：此推史論成例始自史記，非理所必需也。

必尋其得失，考其異同，子長淡泊一作「薄」。無味，承祚偄一作「懦」。緩不切，賢才間出，隔世同科。孟堅辭惟温雅，理多愜當。其尤美者，有典誥之風，翩翩奕奕，良可詠也。仲豫荀悦字。義理雖長，失在繁富。自兹以降，流宕忘返，大抵皆華多於實，理少於文，鼓其雄辭，誇其儷事。必擇其善者，則干寶、范曄、裴子野是其最也，沈約、臧榮緒、蕭子顯抑其次也，就繁儷中所取如此，非以爲準的也。孫安國都無足採，習鑿齒時有可觀。若袁彦伯宏字。之務飾玄言，謝靈運之虚張高論，玉卮無當，曾何足云！王劭志在簡直，言兼鄙野，苟得其理，遂忘其文。觀過知仁，一作「人」。斯之謂矣。大唐修晉書，作者皆當代詞人，遠棄史、班，近宗徐、庾。夫以飾彼輕薄之句，而編爲史籍之文，無異加粉黛於壯夫，服綺紈於高士者矣。

**釋**：此節就諸論品其高下。大意謂宜尚典實，無取浮靡。

史之有論也，蓋欲事無重出，謂補傳所無。文省舊作「省文」，下同。可知。謂單詞已足。如太史公曰：觀張良貌如美婦人；舊有「耳」字。項羽重瞳，豈舜苗裔。此則別加他語，以補書中，所謂事無重出者也。又如班固贊曰：石建之浣衣，此句舊作「萬石君之爲父浣衣」，非。君子非之；楊王孫裸葬，賢於秦始皇遠矣。此則片言如約，而諸義甚備，所謂文省可知者舊脱「者」

字。也。**釋**：事無重出，文省可知，是爲史論上乘。準的在此。　及後來贊語之作，多録紀傳之言，其有所異，唯加文飾而已。　至於甚者，則天子操行，具諸紀末，繼以論曰，接武前修，紀論不殊，徒爲再列。**釋**：此翻轉言失之複與支者，後史大率然也。○上言論，下言贊，此處分截。

馬遷自一無「自」字。序傳後，歷寫諸篇，各敍其意。在自序之後，文仍散體。　既而班固變爲詩體，號之曰述。在敍傳之後，文皆四言。　范曄改彼述名，呼之以贊。　尋述贊爲例，篇有一章，分綴自此始。　事多者則約之一有「以」字，下同。使少，理寡一作「小」。者則張之令大，名實多爽，詳略不同。　且欲觀人之善惡，史之褒貶，蓋無假於此也。一無「也」字。**釋**：此節遞到史贊，亦是發議之案。

然固之總述合在一篇，使其條貫有序，歷然可閲。　蔚宗後書，實同班氏，乃各附本事，書於卷末，篇目相離，斷絶失次。　而後生作者不悟其非，如蕭、子顯。李、百藥。南、北齊舊脱「齊」字。史，大唐新修晉史，皆依范書誤本，篇終有贊。　夫每卷立論，其煩已多，而嗣論以贊，爲黷彌甚。　亦猶文士制碑，序終而續以銘曰；釋氏演法，義盡而宣以偈言。　苟撰史若斯，難以議夫簡要者矣。**釋**：此節摘諸史之加贊者言之，論而又贊，尤非史家貴潔之體也。

至若與奪乖宜，是非失中，如班固之深排賈誼，范曄之虚美隗囂，陳壽謂諸葛不逮管、蕭，魏收稱爾朱可方伊、霍，或言傷其實，或擬非其倫。　必備加擊難，則五車難盡。　故略陳梗概，一言以蔽之。**釋**：更以議論乖違者作收局。

**按**：是篇不分編年、紀傳，仍是紀傳爲多。論贊二字截講：其於論也，辭嚴而不擯；於論後之贊，則辭决而加絶。自是唐後諸史，有論無贊，皆陰奉其誡。可知劉説之當理也。子長淡泊無味，蓋對限篇書論，非要强文爲言。觀「事無重出」、「文省可知」八字，三昧仍首馬次班也。又因此知紀傳跋尾當名史論，不當云贊。贊，銘類也，韻體也。人以扶風史論皆作「贊曰」，遂因之。必也正名，宜與讀此。

元史紀傳不綴論贊，其凡例述敕旨云：據事具文，善惡自見也。

謝承　吴志妃嬪傳：吴主權謝夫人弟也。隋經籍志：後漢書一百三十卷，無帝紀，吴武陵太守謝承撰。

揚雄　法言：其目云撰學行，撰吾子，撰修身，撰問道，撰問神，撰問明，撰寡見，撰五百，撰先知，撰重黎，撰淵騫，撰君子，撰孝至。按：撰自第一至第十三，其上皆有四言序，然非論贊體也。華陽國志則以「撰曰」爲論贊。揚雄當作常璩。

劉昞　北史：劉延明，敦煌人。涼武昭王徵爲儒林祭酒，著三史略記八十四卷，敦煌實録二十卷。

按：延明，昞字也。北史諱唐嫌名，以字行。

袁宏　撰後漢紀，詳見外篇正史篇。

列其所號　晉書皇甫謐傳：謐字士安，安定人。沈静寡慾，自號玄晏先生。撰帝王世紀、年曆、高士、逸士、列女等傳，玄晏春秋，並重於世。摯虞其門人也。葛洪傳：洪字稚川，句容人。從祖玄得仙，號葛仙公，洪悉得其法。干寶薦洪領著作，洪固辭。求爲句漏令，曰：「非欲爲榮，以有丹耳。」自號抱朴子，因以名書。所著神仙、良吏、集異等傳，金匱、肘後方，篇章富於班、馬。

臧榮緒　撰晉書，詳見外篇正史篇。

孫安國　晉書孫盛傳：盛字安國，太原人。十歲避難渡江。及長，善言名理。補長沙太守，遷秘書監。著魏氏春秋、晉陽秋。按：宋書州郡志，晉簡文鄭太后諱春，改「春」曰「陽」。是知凡曰陽秋，本皆春秋也。

習鑿齒　晉書：鑿齒字彦威，爲滎陽太守，在郡著漢晉春秋，起漢光武，終晉愍帝。其言謂三國時蜀以宗室爲正，魏雖受漢禪晉，尚爲篡逆。至文帝平蜀，乃爲漢亡，而晉始興焉。引世祖諱炎興爲禪受，以明天心不可以勢力強也。按：炎興，謂繼漢而興。禪受者，禪爲蜀後主諱，謂受漢禪也。

謝靈運　宋書：靈運性奢華，世稱謝康樂。太祖登祚，徵爲秘書，使撰晉氏一代書〔一〕。粗立條流，書竟不就。

玉巵無當　韓非外儲右：千金之玉巵，通而無當，不可以盛水；有瓦器而不漏，可以盛酒。

唐修晉書皆詞人　舊唐房玄齡傳：史官多文詠之士，好採碎事，競爲綺艷。詳正史篇晉史節。

浣衣裸葬　漢書萬石傳：建老白首，謁親，入子舍，竊問侍者，取親中裙廁牏，身自浣灑。贊曰：至石建之浣衣，周仁爲垢汙，君子譏之。楊王孫傳：病且終，先令其子曰：「吾欲裸葬，以反吾真，必無易吾意。」贊曰：昔仲尼稱不得中行，則思狂狷。觀楊王孫之志，賢於秦始皇遠矣。

班排賈誼　漢書本傳贊：欲改定制度，以漢爲土德，色上黄，數用五，及欲試屬國，施五餌三表以繫單于，其術固以疏矣。按：表餌之術實疏，班論非過。

范美隗囂　後漢書本傳論：若囂命會符運，敵非天力，雖坐論西伯，豈多嗤乎？贊：公孫習吏，隗王得士。

壽謂諸葛　蜀志本傳贊評曰：諸葛亮之爲相國也，可謂識治之良才，管、蕭之亞匹矣。然連年動衆，未能成功，蓋應變將略，非其所長與！

收稱爾朱　魏書爾朱榮傳史臣曰：苟非榮之尅夷大難，不知幾人稱帝，幾人稱王，功烈亦已茂乎！向使榮無奸忍之失〔二〕，修德義之風，則彭、韋、伊、霍，夫何足數〔三〕。北史魏收傳：收以高氏出自爾朱，且納榮子金，故減其惡而增其善。

## 序例第十

孔安國有云：序者，所以敍一作「序」。作者之意也。竊以書列典謨，詩含比興，若不先敍其意，難以曲得其情。故每篇有序，敷暢厥義。即書序、詩小序。降逮史、漢，以記事爲宗，至於表志雜傳，亦時復立序。文兼史體，狀若子書，然可與誥誓相參，風雅齊列矣。釋：首言序之爲道，主於序明篇指，馬、班有作，猶存經序之遺。

迨華嶠後漢，多同班氏。如劉平、江革等傳，其序先言孝道，次述一作「入」。毛義養親。

此則前漢王貢傳體，其篇以四皓爲始也。嶠言辭簡質，敍致温雅，味其宗旨，亦孟堅之亞歟？釋：班後節取一篇，以示學班之準。

爰洎范曄，始革其流，遺棄史才，矜衒文彩。後來所作，他皆若斯。於是遷、固之道忽諸，微婉之風替矣。釋：此言繁縟是尚，自范而開。若乃后妃、列女、文苑、儒林，凡此之流，范氏莫不列序。夫前史所有，而我書獨無，世之作者，以爲恥愧。故上自晉、宋，下及陳、隋，每書必序，課成其數。蓋爲史之道，以古傳今，古既有之，今何爲者？濫觴肇迹，容或可觀；累屋重架，無乃太甚。譬夫一作「如」。方朔始爲客難，續以賓戲、班固作。解嘲，揚雄作。枚乘首唱七發，加以七章、七辯。音辭雖異，旨趣皆同。此乃讀者所厭聞，老生之恆說也。釋：此言後史宗范爲課，相習成套，數見無奇矣。○已上止就篇序言。

夫史之有例，猶國之有法。國一有「之」字，下同。無法，則上下靡定；史無例，則是非莫準。釋：此下言史例。昔夫子修經，始發凡例；左氏立傳，顯其區域。科條一辨，彪炳可觀。降及戰國，迄乎有晉，年逾五百，史不乏才，雖其體屢變，而斯文終絶。釋：此言例之爲體，左後中絶。唯令升干寶字。先覺，遠述丘明，重立凡例，勒成晉紀。鄧、粲。孫、盛。已下，遂一作「遽」。躡其蹤。史例中興，於斯爲盛。若沈宋沈約宋書。之志序，蕭齊子顯齊書。之序録，雖皆以序爲名，其實例也。釋：此言例之爲體，晉後復興。必定其臧否，徵其善惡，干寶、范曄，理切而多功，鄧粲、道鸞，詞煩而寡要，子顯雖文傷蹇躓，而義甚優長。斯一二家，皆序例之美者。釋：數語括一時各見之短長，要皆自出條理者。

夫事不師古，匪説攸聞，苟模楷曩賢，理非可諱。而魏收作例，全取蔚宗，貪天之功以爲己力，異夫范依叔一作「政」，非。駿，華嶠字。班習子長。攘袂公行，不豈不也。陷穿窬之罪也？釋：至魏收竟以剽掠爲能，風斯下矣。

蓋凡例既立，當與紀傳相符。釋：此下乃按例繩文。案皇舊作「唐」，非。朝晉書例云：「凡天子廟號，唯書於卷末。」依檢孝武崩後，竟不言廟曰烈宗。釋：文不準例者一。又案百藥齊書例云：「人有本字行者，今並書其名。」依檢如高慎、斛律光之徒，多所仍舊，謂之仲密、明月。釋：文不準例又一。此並非言之難，行之難也。釋：二句束上。又一作「及」。晉、齊史例皆云：「坤道卑柔，中宮不可爲紀，今一作「令」。編同列傳，以戒牝雞之晨。」竊惟録皇后者既爲傳體，自不可加以紀名。二史之以后爲傳，雖云允愜，而解釋非理，成其偶中。所謂畫蛇而加足，反失杯中之酒也。釋：此又指出例合而序誤者，謂后從帝年，故不稱紀，序乃取義卑柔，失命名之意矣。至於題目失據，褒貶多違，斯並散在諸篇，此可得而略矣。

按：此所謂序，皆篇序，非總序。其所謂例，則兼序中附出之例，及總立發凡之例。大指謂序貴簡質，例貴嚴明也。中間雖帶引左氏，其實皆言紀傳家。

後幅皇后一條，當從前卷本紀、列傳兩篇入解，不爾不明。

劉江王貢　注見列傳篇。其處止舉傳首劉、王，不及江、貢。後漢書：江革字次翁，臨淄人。客下邳，裸跣行傭以供母，鄉里稱之曰江巨孝。建初中，拜諫議大夫。前漢書：貢禹字少翁，瑯琊人。以明經潔行著聞，徵爲博士，後爲御史大夫，數言得失。按：劉、江傳篇敍注云，以上並華嶠之詞。

濫觴　家語三恕：江始出於岷山，其源可以濫觴。王肅注：觴可以盛酒，言其微也。按：濫觴謂始出之微，後人多誤用。

七　文選七發注：猶楚辭七諫之流。按：文心雕龍自七發而下，有傅毅七激，崔駰七依，張衡七辨，崔瑗七厲，陳思七啓，仲宣七釋，桓麟七説，左思七諷，枝附影從，十有餘家。又文苑英華有七契、七勵、七召。又舊注廣列七謨、七徵、七華、七繹、七引，以及興、疑、蠲、舉諸名〔四〕，而獨無七章，俟考。又按：崔瑗傳名七蘇，非七厲。

夫子修經凡例　左傳成十四：春秋之稱微而顯，志而晦，婉而成章，盡而不汙，懲惡而勸善，非聖人誰能修之！杜氏序：爲例之情有五，是也。

鄧粲　晉書本傳：鄧粲，長沙人。以高潔著名，著元明紀十篇。按：元、明謂晉中興初中宗元帝、肅宗明帝。

道鸞　南史文學檀超傳：超叔父道鸞，字萬安，國子博士，永嘉太守，撰續晉陽秋。

不言烈宗　晉書孝武紀：太元二十年，時張貴人有寵，年幾三十，帝戲之曰：「汝以年當廢矣。」貴人潛怒。向夕，帝醉，遂暴崩。按：紀末缺書廟號。通鑑題烈宗孝武皇帝。

仲密明月　仲密，高慎字。明月，斛律光字。按：百藥齊書高慎附見兄高乾傳中。斛律光在其父斛律金傳後。二人皆無「以字行」之文，傳內亦不書字。其書字處，間於他傳有之，無甚不準例之病，史通似誤。

畫蛇　戰國策：楚有祠者，賜其舍人卮酒。舍人相謂曰：「請畫地爲蛇，先成者飲酒。」一人蛇先成，乃左手持卮，右手畫蛇，曰：足未成。一人奪其卮，曰：「蛇固無足。」遂飲其酒。

## 題目第十一　題目有二義：一謂全書統名，一謂篇帙諸名。

上古之書有三墳、五典、八索、九丘，其次有春秋、尚書、檮杌、志如「志曰喪祭從先祖」之「志」。乘。釋：前半就統名立說。○首言古自成其古名。自漢已下，其流漸繁，大抵史名多以書、記、紀、略爲主。後生祖述，各從所好，沿革相因，循環遞習。蓋區域有限，莫逾於此焉。釋：言書、記、紀、略四者，是爲後史正名。

至孫盛有魏氏春秋，孔衍有漢魏一脱「魏」字，一誤作「隋」。尚書，陳壽、王劭曰志，何之元、劉璠曰典。此又好奇厭俗，習舊捐新，雖得稽古之宜，未達從時之義。釋：擬古求異皆可不必。○已上羅列名目，得失並舉。

榷而論之，其編年月一多「日」字。者謂之紀，荀、袁漢紀之類。列紀或作「記」，非。傳者謂之書，前、後漢書之類。取順於時，斯爲最也。夫名以定體，爲實之賓，苟失其途，有乖至理。案呂、陸二氏，呂不韋、陸賈。各著一書，唯次篇章，不繫時月。此乃子書雜記，而皆號曰春秋。魚豢、姚察著魏、梁二史，巨細畢載，蕪累甚多，而俱榜之以略，考名責實，奚其爽一作「喪」。歟！**釋：**此總上言二體唯荀、班所名爲正，餘皆強名而失其實者。○自五代而後，紀傳總名爲史，編年則本名長編，錫名通鑑，就中又創綱目矣。○論統名止此。

若乃史傳雜篇，區分類聚，隨事立號，諒無恆規。**釋：**此下析言篇帙諸名。如馬遷撰皇后傳，而以外戚命章。案外戚憑皇后以得名，猶宗室因天子而顯稱，若編皇后而曰外戚傳，則書天子而曰宗室紀，可乎？**釋：**史遷篇題之失有然。班固撰人表，以古今爲目。尋其所載也，皆自秦而往，非漢之事，古誠有之，今則安在？**釋：**班史篇題之失有然。子長史記別創八書，孟堅既以漢爲書，不可更標書號，改書爲志，義在互文。而何氏中興晉中興書。易志爲記，此則貴於革舊，未見其能取新。**釋：**何法盛改易帙名，亦屬無謂。

夫戰爭方殷，雄雌未決，則有不奉正朔，自相君長。必國史爲傳，宜別立科條。至如陳、項諸雄，寄編一作「篇」。漢籍；董、袁羣賊，附列魏志。既同臣子之例，孰辨彼此之殊？唯東觀以平林、下江諸人列爲載記。顧一作「賴」，非。後來作者，莫之遵效。逮新晉晉書唐初新定，故曰新晉。始以十六國主持一作「特」。載記表名，可謂擇善而行，巧於師古者矣。釋：此言非國朝臣，當從新晉書用東觀載記之例。

觀夫舊史列傳，題卷靡恆。文少者則具出姓名，若司馬相如、東方朔是也。字煩者唯書姓氏，若毋將、蓋、陳、衛、諸葛傳是也。必人多而姓同者，則結定其數，若二袁、四張、二公孫傳是也。如此標格，足爲詳審。釋：此言列傳人少人多，題可隨之詳略，引起下文。

至范曄舉例，始全録姓名，歷短行於卷中，叢細字於標外，其子孫附出者，注於祖先之下，乃類俗之文案孔目、藥草經方，煩碎之至，孰過於此？竊一作「切」。以周易六爻，義存象内，春秋萬國，事具傳中。讀者研尋，篇終自曉，何必開帙解帶，便令昭然滿目也。釋：范史則務盡其詳矣。

自兹已降，多師蔚宗。魏收因之，則又甚矣。其有魏世鄰國編於魏史者，於其人姓名之上，又列之以邦域，申之以職官，至如江東帝主舊訛「王」。則云僭晉司馬叡、島夷劉裕，河西酋長則云私署一訛「置」。涼州牧張寔、私署涼王李暠。並見魏書目録。此皆篇中所具，又於卷首具列。必如收意，使其撰兩漢書、三國志，題諸盜賊傳，亦當云僭西楚霸王一脱此二字。項羽、僞寧朔王隗囂。自餘陳涉、張步、劉璋、袁術，其位號皆一一別作「一二」。具言，無所不盡者一無「者」字。也。釋：魏收更誇己斥鄰，多綴名目，尤可嗤也。

蓋法令滋章，古人所慎。若范、魏之裁篇目，可謂滋章之甚者乎？苟忘彼大體，好茲小數，難與議夫「婉而成章」、「一字以爲褒貶」者矣。**釋**：自「觀夫舊史列傳」至此，通爲一大節，以此數語總結之。

**按**：此亦截講格，前論統名，兼二體言；後論篇帙題名，專主紀傳體言。就中列傳名類煩多，分條抽論，尤所加意。

假號不臣，都歸載記，史通殊有理據。但陳、項輩流，於勝國爲寇，於興代則非，擬諸劉、石，未便同科。況載記例載卷終，而羣雄先事發難，爲我驅除，列之傳首，於分非越。故李密、王世充、韓林兒、徐壽輝等，唐書、明史並襲蘭臺，不宗東觀也。讀者於此宜審從違。又柳州有言：每讀古人一傳，數紙已後，再三申卷，復觀姓氏，旋又廢失。鈍器正多患此，題目加詳，宜勿深責也。自餘皆定判矣。

此上八篇，大抵多就紀傳體抽論，可以都爲一帙。後有序傳篇在第九卷，方以類聚，亦應移置於此。

何之元劉璠　何之元撰梁典，見左傳家。周書：劉璠字寶義。世宗初，掌綸誥，著梁典三十卷。

魚豢　外篇正史篇：魏時京兆魚豢私撰魏略，事止明帝。唐志雜史類：魚豢魏略五十卷。按：三國魏志無傳。

姚察　陳書：察字伯審，有至性，領著作，撰梁、陳史未畢功。隋開皇時，遣內史舍人虞世基索本，且進上。有所闕者，臨亡之時，以體例誡約子思廉博訪續撰。按：史無梁略之名，而劉氏云爾，定是察稿初名。

外戚命章　按：史記之立外戚世家，其中所載，實皆后妃氏諱及其事迹。至如魏其、武安之屬，反別立傳，不以外戚名篇，最爲非體。班史因之，易名外戚列傳，置在臣傳之後，尤爲失之。文亦應加並糾班失之語。

平林下江　後漢劉玄傳：王莽末，新市人王匡、王鳳爲渠帥，諸亡命馬武、王常、成丹等從之，藏於綠林中。地皇三年，大疫，分散。常、丹西入南郡，號下江兵。匡、鳳、武及其支黨朱鮪、張卬北入南陽，號新市兵。平林人陳牧、廖湛復聚衆，號平林兵，以應之。

## 斷限第十二

夫書之立約，其來尚矣。如尼父之定虞書也，以舜爲始，而云「粤若稽古帝堯」；丘明之傳魯史也，以隱爲先，而云「惠公元妃孟子」。此皆正其疆里，開其首端。因有沿革，遂相交互，事勢當然，非爲濫軼也。**釋**：篇首標義，言代有定限，但交關處須相涉耳。過此已往，可謂狂簡不知所裁者焉。**釋**：二句轉局。

夫一作「又」。子曰：「不在其位，不謀其政。」若漢書之立表志，班傳除沿襲史記二、三篇外，皆無越限，故單言表志。其殆侵官離局或作「扃」。者乎？**釋**：提出漢書斷限不清來。斷代自班始，故首及之。

考其濫觴所出，起於司馬氏。案馬記以史制名，班書持漢標目。史記者，載數千年之事，無所不容；漢書者，紀十二帝之時，有限斯極。固既分遷之記，判其去取，紀傳所存，唯留漢日；或作「目」，非。表志所録，乃盡犧年，舉一反三，豈宜或作「不」，誤。若是？膠柱調瑟，不亦謬歟！**釋：**東班書，引後史。但固之蹐駁，既往不諫，而後之作者，咸習其迷。一作「途」。宋史則上括魏朝，曹魏。隋書則仰包梁代。求其所書之事，得十一於千百。一成其例，莫之敢移；永言其理，可爲歎息！**釋：**此言宋、隋二志越限之非，雖所侵無幾，而例已不清矣。○當與正史篇互參。此議彼敍，此論限，彼原史也。而彼篇舉隋不舉宋，合此可知史志無缺。

當魏武乘時撥亂，電掃羣雄，鋒鏑之一無「之」字，下同。所交，網羅之所及者，蓋唯二袁、劉、劉表。呂而已。若一作「至」，舊訛作「各」。進鴆行弑，燃臍就戮，總關王室，謂漢。不涉霸圖，謂曹。而陳壽國志引居傳首。夫漢之一有「有」字，下同。董卓，猶秦之趙高，昔車令中車府令。之誅，既不列於漢史，何太師卓自爲太師。之斃，遂獨刊於魏書乎？兼復臧洪、陶謙、劉虞、孫公孫。瓚生於季末，自相吞噬。其於曹氏也，非唯理異犬牙，固亦事同風馬，漢典所具，而魏册仍編，豈非流宕忘歸，迷而不悟者也？**釋：**此下就紀傳言。董、臧諸人，魏志皆闌入傳首，是更不明斷限者也。

亦有一代之史，上下相交，若已見它記，則無宜重述。故子嬰降沛，其詳取驗於秦紀；伯符孫策字。死漢，其事斷入於吳書。沈録金行，上羈劉主；魏刊水運，下列高王。唯蜀與齊各有國史，越次而載，孰曰攸宜？釋：此指沈約、魏收二書，言晉連蜀漢，魏逮高齊，猶漢之前嬰後策耳。約書無考。如收之推隆獻、武，似作齊紀者然，雖不別立篇目，可以越限律之矣。

自五胡稱制，四海殊宅。江左既承正朔，斥彼魏胡，一作「朝」，非。胡兼五胡言也。故氐、羌有録，索虜成傳。魏本出於雜種，竊亦自號真君。魏太武元太平真君。其史黨附本朝，思欲凌駕一作「架」。前作，遂乃南籠典午，傳收東晉。北吞諸僞，匈奴、羯、徒河、氐、羌等。比於羣盜，盡入傳中。但當有晉元、明二帝。之時，中原秦、氐苻、羌姚。趙匈劉、羯石。之代，並在魏前。元氏膜拜稽首，自同臣妾，其時尚微。而反列之於傳，何厚顔之甚邪！又張、寔。李雄。諸姓，據有涼、蜀，其於魏也，校年則前後不接，論地則參商有殊，何預魏氏而横加編載？釋：此痛斥魏書越載東晉及十六國也。晚出稱尊，跨壓往代，徒增可醜。

夫尚書者，七經之冠冕，百氏之襟袖。凡學者必先精此書，次覽羣籍。譬夫行不由徑，作「路」字訓。非所聞焉。修國史者，若旁採異聞，用成博物，斯則可矣。如班書地理志，首舊有「遂」字。全寫禹貢一篇。降爲後書，持續前史。蓋以水濟水，床上施床，徒有其煩，竟無其用，豈非惑乎？昔春秋諸國，賦詩見意，左氏所載，唯録舊有「其」字。章名。如地理爲書，論自古風俗，至於夏世，宜云禹貢已詳，何必重述古文，益其辭費也？釋：復駁漢志地理全寫禹貢，此更溢出斷限外矣，故推類列後。

若夷狄本系，四字截句。舊作「係」，非。種落所興，北貊起自淳維，南蠻出於槃亦作「盤」。瓠，高句麗以鱉橋獲濟，吐谷渾因馬鬬徙居。諸如此說，一多「者」字。求之歷代，何書不有？而作之一無「之」字。者曾不知前撰已著，一多「而」字。後修宜輟，遂乃百世相傳，一字無改。蓋騈指在手，不加力於千鈞；附贅居身，非廣形於七尺。爲史之體，有若於斯，苟濫引它事，豐其部帙，以此稱博，異乎吾黨一有「之」字。所聞。**釋**：此更推到外域種系久載前史者，後史不知裁限，全録舊文，尤爲騈贅也。

陸士衡有云：「雖有愛而必捐。」語見文賦。善哉斯言，可謂達作者之致矣。夫能明彼斷限，定其折中，歷選自古，唯蕭子顯近諸。然必謂都無其累，則吾未之一無「之」字。許也。

**按**：國史紀傳爲正，紀傳斷代爲正。劉子頻頻提闡，是其截斷衆流句。故首於史記外，別立漢書家，此於條目後亟綴斷限篇也。向者極表班書，今者首糾越限，向以標法式，今爲辨封畛，有相濟，無相背也。評者云：高紀不書子嬰，魏書不序高歡，未見其可。此誤解也。班書高紀顯帶子嬰，劉非不見，劉但謂不復爲嬰立紀耳。魏收銓敍獻、武，崇飾其詞，非所施於臣子。劉氏以爲幾同齊紀，無復限制耳，豈謂上下交涉處不須及之耶？又有以董卓、臧、陶皆非與操無因，而譏劉說爲過者，亦是誤解，與前評正同。盧循傳不入宋，黃巢傳不入梁，詎曰疏脱。

傳首董卓　按：魏志本傳居臣傳之首，所敘事實，無一語與魏武相及。直至傕、汜、暹、承附傳之末，始有「太祖乃迎天子都許」之文。是卓傳於魏未有處也，宜史通訾之。

臧陶劉孫　魏志臧洪傳：洪字子源，廣陵人。太守張超請洪爲功曹。董卓圖危社稷，洪說超糾合義兵，辭氣慷慨。洪爲東郡太守，太祖圍張超於雍丘。洪徒跣，從袁紹請兵救超，紹不聽。超滅，洪怨紹，紹興兵圍之，生執洪殺之。陶謙傳：謙字恭祖，丹陽人。爲徐州刺史，刑政失和。太祖征謙，以糧少引軍還。謙病死。公孫瓚傳：瓚字伯珪，遼西人。除遼東屬國長史，遷涿令。遼西烏丸丘力居等叛，瓚不能禦。朝議以宗正劉虞爲幽州牧。丘力居等遣譯自歸。瓚害虞有功，稍相恨望。天子遣段訓增虞邑，督六州，瓚誣虞欲稱尊號，脅訓斬虞。虞從事鮮于輔等欲報瓚，袁紹又遣兵與輔合擊瓚。瓚軍數敗，乃爲塹十重，築京，爲樓其上。紹悉軍圍之，瓚自殺。按：此諸人范史自應有傳，魏志但於事有關涉處帶及數語足矣，安用傳爲？

沈録金行　梁沈約傳：著晉書百一十卷。隋志：晉史草注，梁有鄭忠晉書七卷，沈約晉書一百一十一卷，庾銑東晉新書七卷，並亡。晉五行志：白者金行，馬者國族。文選陸士衡宣猷堂詩云：「黄暉既渝，素靈承祐。」善注：魏土德曰黄，晉金行曰素。程猗說石圖曰：「金者，晉之行也。」

魏刊水運　魏謂魏收。魏書律曆志：以皇魏運水德，所上九家，共成一曆，元起壬子，律起黄鐘。壬子北方，水之正位，實符魏德。

典午　蜀志譙周傳：典午忽兮，月酉没兮。典午，謂司馬也。

膜拜　穆天子傳：膜拜而受。注：長跪拜也。又注：胡人禮佛，交手稱南謨者，即此。

校年論地　甲子會紀：晉惠帝之十一年，流人李特據廣漢，進攻成都。十三年，羅尚破李特，斬之，子雄僭號稱成。是後兄子班，班弟期，雄弟壽，壽子勢。桓温入蜀，勢降，李氏亡，實穆帝之三年。又：愍帝之二年，張軌爲涼州牧，卒時在州已十三年矣。子寔嗣，是爲前涼。嗣是寔弟茂，寔子駿，駿子重華，華子耀靈，靈伯父祚，靈弟玄靚，至靚叔天錫降於秦，前涼亡，實孝武之四年。按：張、李興滅並在魏道武未稱帝之前，而魏都平城又極東北，所謂「校年不接，論地有殊」也。

行不由徑　用列子語，注見雜説上篇。

淳維　史記匈奴傳：匈奴，其先夏后氏之苗裔也，曰淳維。漢書匈奴傳全録其文。

槃瓠　後漢南蠻傳：昔高辛氏有犬戎之寇，募能得犬戎之將吴將軍頭者，妻以少女。時有畜狗，名曰槃瓠，下令之後，槃瓠遂銜人頭造闕下，乃吴將軍首也。帝不得已，以女配槃瓠。槃瓠負而走入南山，止石室中，生子六男六女，因自相夫妻。其後滋蔓，號曰蠻夷，今長沙武陵蠻是也。南史蠻傳亦云槃瓠種落。路史發揮：伯益經云：黄帝曾孫下明生白犬，是爲蠻祖。白犬乃其子之名，而應劭、干寶、范曄枝葉其説。

鼇橋　魏書高句麗傳：先祖朱蒙，母河伯女，夫餘王閉於室中，爲日所照，孕生一卵。母置暖處，一男破殼而出。及長，字之曰朱蒙。「朱蒙」者，善射也。夫餘之臣謀殺之，朱蒙東南走，道遇大水，魚鼈並浮成橋，得渡。至紇升骨城居焉，號曰高句麗，因以爲氏。隋書高麗傳文略同。

馬鬭　魏書吐谷渾傳：遼東鮮卑涉歸，一名奕洛韓，有二子，庶長曰吐谷渾，少曰若洛廆。若洛廆別爲慕容氏。渾與廆二部，馬鬭相傷，廆怒，渾曰：馬，畜也。鬭在馬，而怒及人邪？乖別甚易，今當去汝萬里之外。按：其文亦見宋書，至唐編晉書復採用之。

斷限　晉賈充傳：朝廷議立晉書限斷，荀勖謂宜以魏正始起年，王瓚欲引嘉平以下朝臣盡入晉史，賈謐請從泰始爲斷〔五〕，事下三府議。按：限斷即斷限也，二字見史傳始此。

## 編次第十三

昔尚書記言，春秋記事，以日月爲遠近，年世爲前後，用使閱之者雁行魚貫，皎然可尋。**釋**：首借編年託起紀傳。言其體本無越次，可置勿論也。至馬遷始錯綜成篇，區分類聚。班固踵武，仍加祖述。於其間則有統體不一，名目相違，朱紫以之混淆，冠履於焉顛倒，蓋可得而言者矣。**釋**：紀傳則體例條分，編次宜求整確矣。此是總挈。

尋子長之列傳也，其所編者唯人而已矣。至於龜策異物，不類肖形，而輒與黔首同科，俱謂之傳，不其怪乎？且龜策所記，全爲志體，向若與八書齊列，而定以書名，庶幾物得其朋，同聲相應者矣。**釋**：一條，言史記龜策是志體，宜歸書例，不宜入傳例。

孟堅每一姓有傳，多附出一作「出附」。餘親。一訛作「觀」。其事迹尤異者，則分入它部。

故博陸、去病昆弟非復一篇，外戚、元后婦姑分爲二録。至如元王高祖從弟交。受封於楚，至孫戊而亡。案其行事，所載甚寡，而能獨載疑當作「成」。一卷者，實由向、歆之助耳。但交封漢始，地啓列藩；向居劉末，職才卿士。昭穆既疏，家國又別。適使分楚王子孫於高、惠之世，與荆、高祖從父兄。代當作「趙」，高祖子。並編；析劉向父子於元、成之間，與王、王吉。京京房。共列。方於諸傳，不亦類乎？**釋**：一條，言班史附向、歆於楚元王傳，代不相接，封不相襲，宜以類離立。

又自古王室雖微，天命未改，故臺名逃責，古通「債」。尚曰一作「書」。周王；君未繫頸，且云秦國。况神璽在握，火德猶存，而居攝王莽年。建年，不編平紀之末；孺子主祭，咸書莽傳之中。遂令漢餘數歲，湮没無睹，求之正朔，不亦厚誣？**釋**：一條，言莽元宜革，而班史莽傳竟紀莽年，其失甚矣。

當漢氏之中興也，更始升壇改元，寒暑三易。世祖稱臣北面，誠節不虧。既而兵敗長安，祚歸高邑，兄亡亡謂失位。弟及，歷數相承。作者乃抑聖公於傳内，登文叔於紀首，事等躋僖，位先不窋。夫東觀秉筆，容或諂於當時，後來所修，理當刊革者也。**釋**：一條，言後漢中興，更始先建位號，宜紀不宜傳，范史因仍不改。

蓋逐兔爭捷，瞻烏靡定，羣雄僭盜，爲我驅除。是以史傳所分，真僞有別，陳勝、項籍見編於高祖之後，隗囂、孫公孫。述不列於光武之前。而陳壽蜀書首標二牧，謂益州牧，即焉、璋也。次列先主，以繼焉、璋。豈以蜀是僞朝，遂乃不遵恆例。但鵬、鷃一也，何大小之異哉？**釋：**一條，言蜀志宜首紀先主，而陳壽乃先以二牧比高、光，爲違例矣。

春秋嗣子諒闇，未逾年而廢者，既不成君，故不別加篇目。是以魯公十二，惡、視不預其流。及秦之子嬰，漢之昌邑，咸亦因胡亥而得記，附孝昭而獲聞。而吳均齊春秋乃以鬱林爲紀，事不師古，何滋章之甚與！**釋：**一條，言嗣代之不君者不紀，吳均紀鬱林可議。

觀梁、唐二朝，撰齊、隋兩史，東昏齊廢帝。猶在，而遽列和年；煬帝未終，而已編恭紀。原其意旨，豈不以和爲梁主所立，恭乃唐氏所承，所以黜永元東昏元。而尊中興，和帝元。顯義寧恭帝元。而隱大業。煬帝元。苟欲取悅當代，遂乃輕侮前朝。行之一時，庶叶權道；播之千載，寧一作「未」。爲格言！**釋：**一條，言齊、隋二史阿徇興朝，於前代末造，私擁立而沒舊君，紀不以實也。

○此下或分章另起，非。

尋夫本紀所書，資傳乃顯；一作「列傳仍顯」。表志異體，不必一誤作「必不」。相涉。舊史以表志之帙介於紀傳之間，降及蔚宗，肇加釐革，沈、魏繼作，相與因循。今止魏書志編傳後，范、沈二書，後人易置矣。既而子顯齊書、穎達隋史，不依范例，重遵班法。蓋擇善而行，何有遠近；聞義不徙，是吾憂也。**釋：**一條，言紀傳相接，翻閱爲便，表志不妨次後，史多不然。○已上分糾失宜，凡八條。

若乃先黄、老而後六經，史記。後外戚而先夷狄，漢書。老子與韓非並列，史記。賈詡將荀彧同編，魏志。孫弘公孫弘。傳讚，宜居武、宣舊作「宣武」，不合。紀末，宗廟迭毁，枉入玄成傳終。一作「中」。○並漢書。如斯舛謬，不可勝紀。今略其尤甚者耳，故不復一一而詳之。

**釋**：末復撮舉，以概未盡者。

**按**：錯舉紀傳表志中離合收除諸義例，比而論之。苟非大段創通，那能有此即事分撥。

鬱林固昌邑之續，蕭鸞非博陸之倫，而改元易歲，亦與不盈月者有别，斥之紀外，論似未安。若更始之於光武，其直鈞入關先王，上軼重瞳，建號書年，下殊二牧。升傳作紀，非瞽説也。其説漢已有之，張平子曰：「更始居位，光武爲其部將，然後即真，宜以更始之號建於光武之初也。」

陳氏書録解題謂范曄後漢書志，借舊志注補之，其後紀傳孤行，至本朝孫奭始議合之。今觀蔚宗釐革之語，知唐時舊本尚自合行，但附置紀傳後耳，不知何時析去。再觀外篇正史篇云，曄十志未成而死，則此云蔚宗釐革者，祇就現行范本指其位置如此，勿泥作范自手定也。陳氏説詳正史篇注。

篇尾公孫、玄成傳議太板。

逃責　帝王世紀：赧王雖天子，爲諸侯所役逼，負責於民，無以得歸，乃上臺避之，故周人名曰逃責臺。

祚歸高邑　光武帝紀：光武北擊尤來、大搶〔六〕、五幡於元氏，進至安次。諸將議上尊號。行至鄗，彊華自關中奉赤伏符，曰「劉秀發兵捕不道，四夷雲集龍鬭野，四七之際火爲主。」羣臣因復奏受命之符。光武於是設壇場於鄗南，即皇帝位，建元爲建武，改鄗爲高邑。

躋僖　左文二年：秋，大事於太廟，躋僖公，逆祀也。君子以爲失禮。子雖齊聖，不先父食，故禹不先鯀，湯不先契，文、武不先不窋。

惡視　左文十八：文公二妃敬嬴生宣公。敬嬴嬖而私事襄仲，襄仲欲立之，叔仲不可。仲殺惡及視而立宣公，書曰「子卒」。諱之也。夫人姜氏歸於齊，大歸也。將行，哭而過市，曰：「天乎！仲爲不道，殺嫡立庶。」杜注：惡，太子。視，其母弟。夫人姜氏，惡、視之母，出姜也。

鬱林爲紀　南齊書紀：鬱林王，世祖武帝皇太孫也。即位改元隆昌，期年之間〔七〕，恣意淫亂。鎮軍蕭鸞定謀，使蕭諶等領兵入宮，輿接出西弄，殺之。鸞即明帝。

穎達隋史　通志略：唐貞觀中，詔諸臣分修五代史，顏師古、孔穎達撰次隋事。

孫弘傳讚　按：公孫弘傳讚：是時，漢興六十餘載，海内艾安，羣士嚮慕，漢之得人，於兹爲盛。因歷舉公孫、董、兒等二十七人。又云：孝宣承統，纂修洪業，亦講論六藝，招選茂異。下復歷舉蕭、梁丘、夏侯等二十四人。一讚之中，盛稱二世人才，故曰「宜居武、宣紀末」。

玄成傳終　韋賢傳：本始三年，代蔡義爲丞相。子玄成，字少翁，永光中，代于定國爲丞相。封侯故國，榮當世焉。按：本傳既畢，歷述諸郡國所立太祖、太宗、世宗等廟罷毁詔議，其文皆列侯、中二千石、博士等共議。例當收載禮志中，故曰枉入玄成傳終。又按：新唐書韋縚傳羅列一時朝士祭器、喪服等議，正仿玄成傳法也。

# 稱謂第十四

孔子曰：「唯名不可以假人。」又曰：「名不正則言不順，」一衍「云云」二字。「必也正名乎！」是知名之折中，君子所急。況復列之篇籍，傳之不朽者邪！昔夫子修春秋，吴、楚稱王而仍舊曰子。此則褒貶之大體，爲前修之楷式也。**釋**：首引聖經爲慎重名稱之證。

馬遷撰史記，項羽僭盜而紀之曰王，此則真僞莫分，爲後來所惑者也。自兹已降，訛謬相因，名諱所施，輕重莫等。至如更始中興漢室，光武所臣，雖事業不成，而曆數終在。班、范二史皆以劉玄爲目，不其慢乎？**釋**：類舉二事皆旋起旋滅者，其文從略。

古者二國争盟，晉、楚並稱侯伯；七雄力戰，齊、秦俱曰帝王。其間雖勝負有殊，大小不類，未聞勢窮者即爲匹庶，力屈者乃成寇賊也。一脱「也」字。至於近古則不然，當漢氏云亡，天下鼎峙，論王道則曹逆而劉順，語國祚則魏促而吴長。但以地處函夏，人傳正朔，度長絜短，魏實居多。二方之於上國，或作「若方之於七國」，非。亦猶秦繆、楚莊，與文、襄比魏於晉、宋。而並霸。**原注**：蜀昭烈主可比秦繆公，吴大帝可比楚莊王。按：以中原西東所據之地爲比。逮作者之書事也，乃没吴、蜀號謚，呼權、備姓名，**原注**：謂魚豢、孫盛等。方於魏邦，懸隔頓爾，懲惡勸善，其義安歸。**釋**：此論三國舊史之稱謂，憑地勢而蔑統祚，最爲顛倒。

續以金行版蕩，戎、羯稱制，統言五胡。各有國家，實同王者。晉世臣子黨附君親，嫉彼亂華，比諸羣盜。此皆苟徇私忿，忘夫至公。自非坦懷愛憎，無以定其得失。至蕭方等始存諸國名謚，僭帝者皆稱之以王。此則趙猶人君，武靈王。加以主一作「王」，非。號；杞用夷禮，貶同子爵。變通其理，事在合宜，小道可觀，見於蕭氏者矣。**釋**：此論晉淪中夏，諸戎迭興，作史者準胡服用夷之趙、杞，存其國謚可也，而竟等萑苻，亦非得實。

古者天子廟號，祖有功而宗有德，始自三代，迄於兩漢，名實相允，今古共傳。降及曹氏，祖名多濫，必無慚德，猶言必欲加之。其唯武王。謂廟號止可及操。故陳壽國志獨呼武曰祖，至於文、明，但稱帝而已。自晉已還，竊號者非一。如成、舊作「康」，非。穆兩帝，劉、蕭二明，或作「朝」，誤。梁簡文兄弟，**原注**：兼言孝元帝也。齊北齊。武成昆季，**原注**：兼文宣、孝昭也。斯或承家之僻王，或亡國之庸主，不謚靈繆，爲幸已多，猶曰祖宗，孰云其可？而史臣載削，曾無辨明，每有所書，必存廟號，何以申勸沮之義，杜渝一作「偷」。濫之源者乎？**釋**：此論「祖宗」二字，最爲隆號，相仍嗣世，古不虛尊，魏、晉而下，渝濫已極，持論不磨。

又位乃人臣，迹參王者，如周之亶父、季歷，晉之仲達、師、昭，追尊建名，比諸天子，可也。必若當塗曹魏。所出，宦官攜養，帝號徒加，人望不愜。故國志所録，無異匹夫，應書其人，直云皇之祖考而已。至如元氏，元魏。起於邊一作「沙」。朔，其君乃一部之酋長耳。

道武追崇所及，凡二十八君。自開闢已來，未之有也。而魏書序紀，首卷篇名。襲其虛號，生則一少「則」字，下同。謂之帝，死則謂之崩，何異沐猴而冠，腐鼠稱璞者矣！釋：此論開國追尊號謚，世數有紀，世類必稽，無若二魏之妄而過制者，法在必斥。○前節以廟號言，此節以謚號言，勿混。

夫歷觀自古，稱謂不同，緣情而作，本無定準。至若諸侯無謚者，戰國已上謂之今王；天子見黜者，漢、魏已後謂之少帝。周衰有共和之相，楚弑舊作「煞」。有郟敖之主，趙佗而曰尉佗，英布而曰黥布，豪傑則平林、新市，寇賊則黃巾、鉅鹿張角。赤眉，琅邪樊崇等。園、綺友朋，共云四皓，奮、建父子，都稱萬石。凡此諸名，今本失此四字。皆出舊多「於」字。當代，史臣編録，無復張弛。蓋取叶隨時，不藉稽古。及後來作者，一作「所作」。頗慕一作「纂」。斯流，亦時採新名，列一作「務」。成篇題。原注：音第。若王晉王隱晉書。之十士、寒儁，沈宋沈約宋書。之二凶、索虜，即其事也。唯魏收遠不師古，近非因俗，自我作故，無所憲章。其撰魏一脱「魏」字。書也，乃以平陽王爲出帝，魏孝武西入關，依宇文故。司馬氏爲僭晉，桓、劉已下，通曰島夷。夫其諂齊則輕抑關右，宇文。黨魏則深誣江外，即晉、宋。愛憎出於方寸，與奪由其筆端，語必不經，名惟駭物。昔漢世原涉大修墳墓，乃開道立表，署曰南陽阡，欲以繼迹京兆，齊聲曹尹，一誤作「伊」。而人莫之肯從，但云原氏阡而已。故知事非允當，難以遵行。如收之苟立詭名，不依故實，雖一訛作「難」。復刊諸竹帛，終罕一作「靡」。傳於諷誦也。釋：此論前史雜出名稱，皆本當時口語，筆之史乘，正復多姿。若北魏之指斥矯誣，真成惡札矣。

抑又聞之，帝王受命，曆數相承，雖舊君已没，而致敬無改，豈可等之凡庶，便書之以名者乎？近代文章，實同兒戲。有天子而稱諱者，若姬滿、劉莊漢明帝。之類是也。有匹夫而不名者，若步兵、彭澤之類是也。史論立言，理當雅正。如班述班史名贊爲述。之敍聖卿董賢。也，而曰董公惟亮；范贊之言季孟隗囂。也，至一訛「止」，一脱去。曰隗王得士。習談漢主，則謂昭烈爲玄德。**原注**：習氏漢晉春秋以蜀爲正統，其編目敍事皆謂蜀先主爲昭烈皇帝，至於論中語則呼爲玄德。裴引魏室，則目文帝爲曹丕。夫以淫董賢。亂隗囂。之臣，忽一作「總」。隱其諱；正朔之后，反一作「乃」。呼其名。意好奇而輒爲，文逐韻而便作，**原注**：班固哀紀述曰：「宛變董公，惟亮天功。」隗囂公孫述傳贊曰：「公孫習吏，隗王得士。」按：公、功，吏、士，皆逐韻也。用捨之道，其例無恒。但近代爲史，通多此失。上才猶且一作「其」。若是，而况中庸者乎？今略舉一隅，以存標格云爾。**釋**：末言諱名、書名，尊卑分定，作文作史，寬嚴法殊，因約舉混稱，用垂標準。

○此條附及。

**按**：篇内所詳凡五項，一斥魚、孫三國名備名權也，一辯志十六國直書爲盜也，一議晉後嗣世概加廟號也，一譏二魏開國追尊可笑也，一鄙收書題目創名駭見也，其前後二條乃帶及之。承祚志蜀，實用紀體，二主皆不書名；志吴，則堅、策以後仍書名。斟酌權宜，愈於魚豢輩遠矣。

傳曰：至敬無文，至文尚質。禮，祖有功而宗有德，古之制也。漢不虚尊，晉加彌廣，由唐而來，廟冠謚前，遂爲世典。禮時爲上，毋亦質文之流於既溢者歟？稱祖稱宗一節，可作廟謚議，懸之册府。

蕭方等　隋、唐二志：蕭方三十國春秋三十卷〔八〕。按：二志誤削「等」字，辯詳雜説中篇。

趙君主號　甲子會記：周顯王之季，韓、燕皆稱王，趙武靈獨不肯，令人謂己曰君。赧王時，趙武靈胡服招騎射，尋廢其太子章而傳位少子，自號主父。

杞夷子爵　事在左傳僖二十七年，注見惑經篇。

成穆兩帝　晉成帝紀：成皇帝諱衍，明帝長子也，廟號顯宗。史臣曰：成帝政出渭陽，聲乖威服，凶徒既縱，神器阽危。穆帝紀：穆皇帝諱聃，康帝子也，廟號孝宗。史臣曰：孝宗因襁抱之姿，用母氏之化，中外無事，十有餘年。按：康帝史無廟號，故舊本作「康穆」者，非。

劉蕭二明　南史宋明帝紀：太祖明皇帝諱彧，文帝第十一子也。末年好鬼神，多忌諱，殿内埋錢以爲私藏，天下騷然。宋氏之業，自此衰矣。齊明帝紀：高宗明皇帝諱鸞，始安王道生之子也。性猜忌，亟行誅戮，簡於出入，將南則詭言北，皆不以實，竟不南郊。

當塗　史記建元以來侯者年表：當塗魏不害以捕淮陽反者侯。後漢袁術傳：讖書言「代漢者當塗高」。又：獻帝時，李雲言許昌氣見於當塗高，象魏者兩闕也。當塗而高者魏，魏當代漢。

宦官攜養　袁紹討曹檄：司空曹操，祖父騰，故中常侍，與左悺、徐璜並作妖孽。父嵩，乞匄攜養，輸貨權門，竊盜鼎司，傾覆重器。操贅閹遺醜〔九〕，本無令德，僄狡鋒俠，好亂樂禍。

腐鼠稱璞　戰國秦策：應侯曰：鄭人謂玉未理者璞，周人謂鼠未腊者樸。周人懷樸過鄭賈，曰：欲買樸乎？鄭賈曰：欲之。出其樸，乃鼠也。

共和　史記周本紀：厲王出奔於彘，周公、召公二相行政，號曰「共和」。注正義：共音巨用反。漢書人表：共伯和。師古注：共，國名也。伯，爵也。和，共伯之名也。共音恭。按：是說本之汲冢紀年。

郟敖　左昭元年：楚公子圍將聘於鄭，未出竟，聞王有疾而還。入問王疾，縊而弑之。葬王於郟，謂之郟敖。杜注：郟敖，楚子麇。按：「麇」，史記楚世家作「員」，音雲。

十士寒儁　按：文與二凶、索虜對舉，亦列傳中之篇名也。王隱晉書已亡，無可考證。

平陽王　魏書帝紀：出帝諱脩，封平陽王，齊獻武奉王即帝位。三年，帝爲斛斯椿等諂佞間阻，貳於齊，託討蕭衍，盛暑徵發，天下怪惡之。七月，遂出於長安。十二月，爲宇文黑獺所害。周文帝紀：魏孝武帝將圖齊神武，詔太祖爲大都督，深仗太祖。七月丁未，遂從洛陽率輕騎入關，太祖奉迎，謁見東陽驛。按：以孝武爲出帝，魏收目之云爾。

原氏阡　漢游俠傳：原涉字巨先。涉父哀帝時爲南陽太守。父死，行喪冢廬。初，京兆尹曹氏葬茂陵，民謂其道爲京兆仟。涉慕之，乃買地開道，立表署曰南陽仟，人不肯從，謂之原氏仟。按：「仟」通「阡」。

# 校勘記

〔一〕使撰晉氏一代書　初印本原作「使整理秘閣書，補足闕文。以晉氏一代自始至終竟無一家之史，令靈運撰晉書」。後印本因增加「玉巵無當」一注而删節。

〔二〕向使榮無奸忍之失　「奸」原作「堅」，據魏書改。

〔三〕則彭韋伊霍夫何足數　「彭韋」原作「韓彭」，據魏書改。

〔四〕又舊注廣列七謨七徵七華七繹七引以及興疑蠲舉諸名　「徵」原作「證」，據陸士衡文集卷八改。「款」原作「疑」，據藝文類聚卷六引李尤七款改。

〔五〕賈謐請從泰始爲斷　「始」原作「初」，據晉書改。

〔六〕光武北擊尤來大搶　「搶」原作「槍」，據後漢書改。

〔七〕期年之間　「年」原作「月」，據南齊書改。

〔八〕三十國春秋三十卷　「三十卷」隋書經籍志作「三十一卷」。

〔九〕操贅閹遺醜　「贅」原作「奸」，據三國志裴注改。

# 史通通釋卷五

## 内篇

### 採撰第十五

子曰：「吾猶及史之闕文。」是知史文有闕，其來尚矣。自非博雅君子，何以補其遺逸者哉？**釋**：首引闕文不補之義，領起採撰宜慎之旨。蓋珍裘以衆腋成温，廣廈以羣材合構。自古探穴藏山之士，懷鉛握槧之客，何嘗不徵求異説，採摭羣言，然後能成一家，傳諸不朽。觀夫丘明受舊作「授」，誤。經立傳，廣包諸國，蓋當時有周志、晉乘、鄭書、楚杌等篇，遂乃聚而編之，混成一録。向使專憑魯策，獨詢孔氏，何以能殫見洽聞，若斯之博也？馬遷史記，採世本、國語、戰國策、楚漢春秋。至班固漢書，則全同太史。自太初已後，又雜引劉氏新序、説苑、七略之辭。此並當代雅言，事無邪僻，故能取信一時，擅名千載。**釋**：此節提出丘明、馬、班諸史，非不博徵，必求雅正，所以可貴也。

但中世作者，其流日煩，雖國有冊書，殺青不暇，而百家諸子，私存撰録，寸有所長，實廣聞見。其失之者，則有苟出異端，虚益新事，至如禹生啓石，伊産空桑，海客乘槎以登漢，姮娥竊藥以奔月。如斯踳駮，不可殫論，固難以汙南、董之片簡，霑班、華一作「曄」，非。之寸札。而嵇康高士傳，好聚七國寓言，玄晏皇甫謐。帝王紀，多採六經圖讖，引書之誤，其萌一多「始」字。於此矣。**釋**：此節言後來雜撰益多，人情好怪，史體所必禁，而其萌自此不可遏矣。

至范曄增損東漢一代，自謂無慚良直，而王喬鳧履，出於風俗通，應劭撰。左慈羊鳴，傳於抱朴子。葛洪撰。朱紫不别，穢莫大焉。沈氏著書，好誣先代，於晉則故造奇説，在宋則多出謗言，前史所載，已譏其謬矣。而魏收黨附北朝，尤苦南國，尤苦，謂汙衊之。承其詭妄，重以加諸。一作「重加誣語」。遂云一多「司」字。馬叡出於牛金，**原注**：王劭曰：沈約晉書造奇説云，瑯琊國姓牛者，與夏侯妃私通，生中宗，因遠敍宣帝以毒酒殺牛金，符證其狀。收承此言，乃云：司馬叡，晉將牛金子也。宋孝王曰：收以叡爲金子，計其年，全不相干。案前史尚如此誤，况後史編録者耶？劉駿上淫路氏。**原注**：沈約宋書曰：孝武於路太后處寢息，時人多有異議。魏書因云駿烝其母路氏，醜聲播於甌、越也。可謂助桀爲虐，幸人之災。尋其生絶胤嗣，死遭剖斲，一訛作「割斷」。蓋亦陰過之一無「之」字。所致也。**釋**：此節言范書既猥，沈書多誣。至魏之穢史，借詞汙衊，身受殃僇，所深惡在此也。

晉世雜書，諒非一族，若語林、裴榮撰。世説、幽明録、劉義慶撰。搜神記干寶撰。之徒，其所載或詼諧小辯，或神鬼怪物。其事非聖，揚雄所不觀；其言亂神，宣尼所不語。皇舊作「唐」。朝新或作「所」。撰晉史，多採以爲書。夫以干寶、鄧粲之所糞除，王隱、虞預之所糠粃，持一作「以」。爲逸史，用補前傳，此何異魏朝之撰皇覽，梁世之修徧略，務多爲美，聚博爲功，雖取説於一無「於」字，下同。小人，終見嗤於君子矣。釋：此節言國朝敕修前史，擇亦不精，所規在此也。

○下皆散摘。

夫郡國之記，譜諜之書，務欲矜其州里，誇其氏族。讀之者安可不練其得失，明其真僞者乎？至如江東「五俊」，始自會稽典録，郡國記也。潁川「八龍」，出於荀氏家傳，譜諜書也。而修晉、漢史者，皆徵彼虚譽，定爲實録。苟不别加研覈，何以詳其是非？釋：此層言偏狹之志乘宜擇。

又訛言難信，傳聞多失，至如曾參殺人，不疑盜嫂，翟義不死，諸葛猶存，此皆得之於行路，傳之於衆口，儻無明白，其誰曰王本注：疑脱「不」字。然。故蜀相薨於渭濱，晉書稱嘔血而死；魏君崩於馬圈，齊史云中矢而亡；沈炯駡一作「罵」。書，河北以爲王偉；魏收草檄，關西謂之邢邵。夫同説一事，而分爲兩家，蓋言之者彼此有殊，故書之者是非無定。釋：此層言一時之訛傳宜擇。

況古今路阻，視聽壤隔，而談者或以前爲後，或以有爲無，涇、渭一亂，莫之能辨。而後來穿鑿，喜出異同，不憑國史，别訊流俗。及其記事也，則有師曠將軒轅並世，公明與方朔同時；承前後言。堯有八眉，夔唯一足；烏白馬角，救燕丹而免禍；犬吠雞鳴，逐劉安以高蹈。承有無言。此之乖濫，往往有旃。**釋**：此層言舊説之舛訛宜擇。

故作者惡道聽塗説之違理，街談巷議之損實。觀夫子長之撰史記也，殷、周已往，採彼家人；安國孫盛。之述陽秋也，梁、益舊事，訪諸故老。夫以芻蕘鄙説，刊爲竹帛正言，而輒欲與五經方駕，三志競爽，斯亦難矣。嗚呼！逝者不作，冥漠九泉；毁譽所加，遠誣千載。異辭疑事，學者宜善思之。**釋**：末節繳上三層，爲採撰者致誡。

**按**：此篇持論正大方嚴，劉子嘗言作史三難，首尚學識，即此可以證其本領。

殺青　後漢吴祐傳：父恢，爲南海太守，欲殺青簡以寫經書。注：以火炙簡，令汗，去其青，易書，復不蠹，謂之殺青，亦曰汗簡。字已見國語篇、戰國策注中。

禹生啓石　路史餘論：夏后氏生而母化爲石，説見世紀。蓋原禹母獲月精石，吞之而生禹也。淮南修務云：「禹生於石。」而今登封廟有一石，號「啓母石」。漢元封元年，武帝幸緱氏，制曰：朕至中岳，見啓母石。云化石啓生，地在嵩北。按：韻府言禹通轘轅，謂塗山氏：欲餉，聞鼓乃來。禹跳石，誤中鼓，塗山忽至，見禹方作熊，慚而去，至嵩山下化爲石。禹曰：「歸我子。」石破北方，生啓云云。謂是淮南之文，淮南實無其文，亦編書家不根之一徵也。

伊產空桑　列子天瑞：后稷生乎巨迹，伊尹生乎空桑。呂覽本味：有侁氏女得嬰兒於空桑，察其所以，曰：其母居伊水之上，孕，夢神告曰：「臼若出水，而東走。」明日，視臼出水，東走十里，顧其邑盡爲水，身因化爲空桑，故命之曰伊尹。

海客　博物志：天河與海通，近世有人居海渚者，年年八月有浮槎去來，不失期。此人乘槎而去，至一處，屋舍甚嚴，遥望宫中多織婦，見一丈夫，牽牛渚次飲之。後至蜀，問嚴君平。曰：「某年月日，有客星犯牽牛宿也。」

姮娥　後漢天文志注：張衡靈憲曰：「羿請無死之藥於西王母，姮娥竊之以奔月。將往，枚筮之，曰『翩翩歸妹，獨將西行』，『毋驚毋恐，後其大昌』。遂托身於月，是爲蟾蠩。」

王喬左慈　後漢方術傳：王喬，顯宗時爲葉令，每月朔望，自縣詣臺朝。帝怪其來數，密令太史伺望。言其臨至，輒有雙鳧從東南飛來。於是擧羅張之，但得一雙舄。詔尚方診視，則四年中所賜尚書官屬履也。又：左慈字元放，少有神道。曹操欲收殺之，慈却入壁中，霍然不知所在。後又逢慈於陽城山頭，因復逐之，入走羊羣。操乃令就羊中告之曰：「不復相殺，欲試君術耳。」忽有一老羝，屈前兩膝，人立而言，曰：「遽如許。」即競往赴之，而羣羊數百，皆變爲羝，並屈前膝人立，云：「遽如許。」

非聖不觀　漢書揚雄傳：雄自有大度，非聖哲之書不好也。按：語本法言。

皇覽　魏志劉劭傳：劭字孔才，黄初中，爲散騎侍郎，受詔集五經羣書，以類相從，作皇覽。舊注：魏略云：常侍王象，受詔撰皇覽，藏於秘府，合四十餘部，部有數十卷。

徧略　梁文學傳：何思澄字元静。天監十五年舉學士，入華林，撰徧略。徐勉舉思澄等五人應選。又劉杳傳〔一〕：徐勉舉杳及顧協等五人撰徧略。又鍾嶸傳：弟嶼亦預。按：諸傳錯舉，止及四人，其一人無考。南史劉峻傳：梁安成王給其書籍，使撰類苑一百二十卷。帝命諸學士撰華林徧略以高之。舊注：徧略七百卷〔二〕。

五儁　晉書薛兼傳：兼字令長，丹陽人。清素有器宇，少與同郡紀瞻、廣陵閔鴻、吴郡顧榮、會稽賀循齊名，號爲「五儁」。初入洛，司空張華見而奇之，曰：「皆南金也。」

八龍　後漢荀淑傳：淑字季和，潁川人，有子八人：儉、緄、靖、燾、汪、爽、肅、旉，並有名稱，時人謂之「八龍」，潁陰令苑康改其里曰高陽里。

曾參殺人　戰國秦策：有與曾子同名族者而殺人，人告曾子母，母織自若。有頃又告，尚織自若。頃之又告，母懼，投杼而走。

不疑盜嫂　漢書直不疑傳：人或毁不疑曰：「不疑狀貌甚美，然毋奈其善盜嫂何也？」不疑聞，曰：「我乃無兄。」然終不自明也。

翟義不死　漢書翟方進傳：少子義，字文仲，爲東郡守。王莽居攝，義移檄討莽，軍破而亡。後漢王昌傳：昌一名郎，莽篡位，郎詐稱成帝子，檄州郡曰：天命佑漢，使東郡太守翟義，擁兵征討。郎以百姓思漢，多言翟義不死，故詐稱之。

諸葛猶存　蜀志魏延傳：亮出北谷口，病。延密與楊儀、姜維作身歿之後退軍節度。亮適卒，秘不發喪。亮傳注：楊儀等整軍而出，宣王追焉。姜維令反旗鳴鼓。宣王退，不敢逼。百姓爲之諺曰：「死諸葛走生仲達。」宣王曰：「吾能料生，不便料死也。」按：「諸葛猶存」似是成語，俟再詳之。

嘔血　蜀志諸葛傳注：魏書曰：「亮糧盡勢窮，憂恚嘔血。一夕燒營遁走，入谷道，發病卒。」臣松之以爲亮在渭濱，魏人躡迹，勝負之形，未可測量。而云嘔血，蓋因亮亡而自誇大也。夫以孔明之略，豈爲仲達嘔血乎？

馬圈　魏書高祖紀：蕭寶卷遣太尉陳顯達寇荆州，攻陷馬圈戍。車駕南伐，至馬圈，破之。帝疾甚，北次穀塘，崩於行宫。按：今蕭子顯齊書無中矢之文。寶卷，齊廢帝東昏諱也。

沈炯罵書　史通云：沈炯罵書，河北以爲王偉。按：陳書炯傳：炯，武康人。梁侯景之難，王僧辯購得炯。羽檄軍書，皆出於炯。梁書侯景傳：景圍守宫闕，抗表言陛下貪臣汝、潁，絶好河北，檄詈高澄。南史賊臣傳：王偉，魏行臺郎。高澄以書招景，偉爲景報書。澄問誰作，左右稱是偉文。據此，則炯爲僧辯檄，乃檄侯景，非檄河北也。梁武詈澄，是受愚於景，決不假手於偉也。至北人之稱偉文，本是偉作，非炯作也。史通似誤。

魏收草檄　史通云：魏收草檄，關西謂之邢邵。按：北史魏收傳：侯景叛入梁，文襄令收爲檄，五十餘紙，不日而就。周書獨孤信傳：東魏侯景之南奔也，魏收爲檄梁文，矯稱無關西之憂，欲以威梁也。北史邢邵傳：邵字子才，人稱北間第一才子。鉅鹿魏收，年事在後，稱邢、魏焉。歷考魏、齊、周諸史，其言草檄及收、邵並稱處，大略如此，皆無收檄邵作，出自關西人語之文。史通或別有據耶？

師曠軒轅並世　列子湯問：焦螟集於蚊睫，師曠俯耳，弗聞其聲。唯黄帝與容成子居空峒之上，砰然聞之若雷霆。又齊民要術：師曠占曰：黄帝問曰：「吾欲占藥善一心可知否？」對曰：歲欲雨，雨草先生，藕；欲旱，旱草先生，蒺藜；欲荒，荒草先生，蓬；欲病，病草先生，艾。史記：黄帝，少典之子，名軒轅。

公明方朔同時　公明，魏管輅字。其語未詳。

堯八眉　淮南修務訓：堯眉八采。高誘注：堯母慶都出觀于河，有赤龍負圖而至，奄然陰雲。堯生，眉有八采之色。尚書大傳：堯八眉，舜四瞳子。

夔一足　王訓故：韓子：哀公問於孔子曰：「吾聞夔一足，信乎？」曰：夔無他異，獨通於聲。堯曰：「夔一而足矣〔三〕。」使爲樂正，非一足也。按：此事所見非一，呂氏春秋、風俗通皆有之。

烏白馬角　語見史記刺客傳贊。博物志：燕丹質於秦，欲歸。秦王謬言曰：「烏頭白，馬生角，乃可。」丹仰而歎，烏即頭白；俯而嗟，馬亦生角。秦王不得已而遣之。

犬吠鷄鳴　葛洪神仙傳：漢淮南王劉安者，高帝之孫也。好儒學方術，有八公詣門，皆鬚眉皓白，門吏白王，八公皆變爲童子。王迎，燒百和香，八童子復爲老人，授王丹經。藥成，雷被、伍被共誣安謀反。八公謂安曰：「可以去矣。」安登山，白日昇天。人傳，去時餘藥器，鷄犬舐啄之，盡得昇天。故雞鳴天上，犬吠雲中也。

## 載文第十六

夫觀乎人文，以化成天下；觀乎國風，以察興亡。是知文之爲用，遠矣大矣。若乃宣、僖善政，其美載於周詩；懷、襄不道，其惡存乎楚賦。讀者不以吉甫、奚斯爲諂，屈平、宋玉爲謗者，何也？蓋不虛美，不隱惡故也。**釋**：以文之不載於史者引起。是則文之將史，其流一焉，固可以方駕南、董，俱稱良直者矣。**釋**：四語牽文搭史。○已上爲載文起因。

爰洎中葉，文體大變，樹理者多以詭妄爲本，飾辭者務以淫麗爲宗。一多「故作者」三字。譬如一作「以」。女工之有綺縠，音樂之有鄭、衛。**釋**：數語仍從文引入，下乃遞及史之所載。蓋語曰：不作無益害有益。至如史氏所書，固當以正爲主。是以虞帝思理，夏后失御，尚書載其元首、禽荒之歌；鄭莊至孝，二字謬許。晉獻不明，春秋録其大隧、狐裘之什。其理讜而切，其文簡而要，足以懲惡勸善，觀風察俗者矣。若馬卿之子虛、上林，揚雄之甘泉、羽獵，班固兩都，馬融廣成，喻過其體，詞没其義，繁華而一無「而」字，下同。失實，流宕而忘返，無裨勸獎，有長奸詐，而前後史、漢皆書諸一脱「諸」字。列傳，不其謬乎！釋：已上是發凡，一正一反，爲載文表式。

且漢代詞賦，雖云虛矯，自餘它文，大抵猶實。至於魏、晉已下，則訛謬雷同。榷而論之，其失有五：一曰虛設，二曰厚顔，三曰假手，四曰自戾，五曰一概。釋：揭出五失之綱，「失」字貼載者說。

何者？昔一無「昔」字。大道爲公，以能而授，故堯咨爾舜，舜以命禹。自曹、馬已降，其取之也則不然。若乃上出禪書，下陳讓表，其間勸進殷勤，敦諭重沓，迹實同於莽、卓，言乃類於虞、夏。且始自納陛，迄於登壇。彤弓盧矢，新君膺九命之錫；白馬侯服，舊主蒙一作「加」。三恪之禮。徒有其文，竟無其事。此一脱「此」字。所謂虛設也。釋：其一，舉得國而言。魏、晉、南、北，無非攘竊，乃以禪讓錫恪之文載之史策，豈非虛設？

古者兩軍爲敵，二國争雄，自相稱述，言無所隱。何者？國之得喪，句，以兵形勝負言。如日月之蝕焉，非由飾辭矯説所能掩蔽也。逮於近古則不然。一有「至如」二字。曹公歎蜀主之英略，曰「劉備吾儔」；周帝美齊宣之強盛，云「高歡不死」。或移都以避其鋒，或斵一作「斷」。冰以防其渡。及其申誥誓，降移檄，便稱其智昏菽麥，識昧玄黄，列宅建都若鷦鷯之巢葦，臨戎賈勇猶螳螂之拒轍。並當時誥檄中語。此所謂厚顔也。釋：其二，舉當敵而言。忌勝則歎彼英強，張詞則侈爲誥檄，以此諸篇載入史中，豈非厚顔？

古者國有一脱此二字。詔命，皆人主所爲，故漢光武時，第五倫爲督鑄錢掾，見詔書而歎曰：「此聖主也，一見決矣。」至於近古則不然。凡有詔敕，皆責成羣下，但使朝多文士，國富辭人，肆其筆端，何事不録。是以每發璽誥，下綸言，申惻隱之渥恩，敍憂勤之至意。其君雖有反道敗德，唯頑與暴。觀其政令，則辛、癸不如；讀其詔誥，則勳、華再出。此所謂假手也。**釋**：其三，舉書詔而言。恭主多遜辭，諛臣飾恩意。近史所載，盡出文人，是假手也。

蓋一無「蓋」字。天子無戲言，苟言之有失，則取尤天下。故漢光武謂龐萌「可以託六尺之孤」，及聞其叛也，乃謝百官曰：「諸君得無笑朕乎？」是知褒貶之言，哲王所慎。至於近古則不然。凡百具寮，王公卿士，始有褒崇，則謂其珪璋特達，善無可加；旋有貶黜，則比諸舊脱「諸」字。斗筲下一作「不」。才，罪不容責。夫同爲一士之行，同取一君之言，愚智生於倏忽，是非變於俄頃，帝心不一，皇鑒無恒。此所謂自戾也。**釋**：其四，舉馭下而言。鑒識靡定，前後相違，史並載之，非自戾而何？

夫國有否泰，世有污隆，作者形言，本無定準。故觀「猗與」之頌，而驗有殷方興；覩魚藻之刺，而知宗周將殞。至於近代一作「古」。則不然。夫談主上之聖明，則君盡「三五」；述宰相之英偉，則人皆二八。國止方隅，而言併吞六合；一作「國」，非。福不盈眥，或訛作「昔」。

而稱感致百靈。雖人事屢改，而文理無易，故善之與惡，其説不殊，欲令觀者，疇爲準的？此所謂一概也。**釋**：其五，舉頌上而言。時有隆污，詞無進退，史等載之，非一概而何？

於是考兹五失，以尋文義，雖事皆形似，而言必憑虚。夫鏤冰爲璧，不可得而一無此二字，下同。用也；畫地爲餅，不可得而食也。是以行之於世，則上下相蒙；傳之於後，則示一作「世」。人不信。而世之作者，恒一作「復」。不之一作「知」。察，聚彼虚説，編而次之，創自起居，起居注。成於國史，連章疏一作「畢」。録，一字無廢，非復史書，更成文集。**釋**：此節總括五失，如上所載，則史也而集矣。史體嚴，集家備也。

若乃歷一作「類」。選衆作，求其穢累，王沈、魚豢，是其甚焉；裴子野、何之元，抑其次也。陳壽、干寶，頗從簡約，猶時載浮訛，罔一作「本」。盡機要。唯王劭撰齊、隋二史，其所取也，文皆詣一作「諂」。實，理多可信，至於悠悠飾詞，皆不之取。此實得去邪從正之理，捐華摭實之義也。**釋**：前皆統論所載之失，此節拈出諸史，約指其優劣以實之。

蓋山有木，工則度之。況舉世文章，豈無其選，但苦作者書之不恐當有「皆可」二字。讀耳。至如詩有韋孟諷諫，賦有趙壹嫉邪，篇上中下分篇，故曰「篇」。則賈誼過秦，論則班彪王命，張華述箴於女史，張載題銘於劍閣，諸葛表主以出師，王昶書字舊作「家」，誤。以誡子，劉向、谷永之上疏，晁錯、李固之對策，荀伯子之彈文，此所取未允，其人好訐沽直。山巨源之啓事，此皆言成軌則，爲世龜鏡。求諸歷代，往往而有。苟書之竹帛，持以一作「之」。不刊，則其文可與三代同風，其事可與五經齊列。古猶今也，何遠近之有哉？**釋**：此節又約舉舊文，以示準的。言文必似此，自當登載耳。

昔夫子修春秋，別是非，申黜陟，而賊臣逆子懼。凡今之一無「之」字。爲史而載文也，苟能撥浮華，採貞一作「真」。實，亦可使夫雕蟲小技者，聞義而知徙矣。此乃禁淫之隄防，持雅之管轄，凡爲載削者，可不務乎？**釋**：末仍繳歸載者，轉借載者以警作者。

**按**：前之載言，欲掣出篇文；此之載文，就擇言著論。五失大半皆篡亂褊小時文字，標而出之，信「禁淫之隄防，持雅之管轄」也。其於賈、班諸人之作，不復以隔越敘事爲言，足可彌縫前語之隙。著書家參互相救，視諸此矣。

唐置中書省，宋設內外制，大抵王言胥歸官掌，「假手」一條不可泥。然讀此亦足當訓詞爾雅之箴。

余讀五失而恧然也，間嘗泛濫史材，凡九錫禪代之文，檄詰颺言之作，撮其豔句，用備荒穀，以爲不虛度矣。而此種學問，古人鄙之，謂之流宕。伊川玩物喪志之訶，亦爲讀史不知擇言者戒與！

綺縠鄭衛　王訓故：漢宣帝曰：「辭賦，大者與古詩同義，小者辨麗可喜。辟如女工有綺縠，音樂有鄭、衛。」

兩都　後漢班固傳：建初中，京師修宮室，而關中耆老猶望西顧。固感前世文辭諷勸，乃上兩都賦，盛稱洛邑制度，以折西賓之論。

廣成　後漢馬融傳：融字季長。鄧太后臨朝，世士以爲文德可興，武功宜廢。馬融以爲文、武之道，聖賢不墜，五材之用，無或可廢，上廣成頌以諷諫。注：廣成，苑名。

劉備吾儔　魏武紀注：山陽公載記曰：曹公船艦爲備所燒，引軍從華容道步歸，死者甚衆。既而出，謂諸將曰：「劉備吾儔也。但得計少晚，向使早放火，吾徒無類矣。」

高歡不死　北齊文宣紀：周文帝率衆出陝城，分騎北渡至建州。帝親戎出次。周文帝聞帝軍容嚴盛，歎曰：「高歡不死矣。」遂退師。

移都　蜀志關羽傳：羽攻曹仁於樊，威震華夏，曹公議徙都許，以避其鋭。

斲冰　北史齊文宣紀：周人常懼齊兵西渡，恒以冬月中河椎冰。

智昏菽麥　曹魏檄吴文：孫權小子，未辨菽麥。按：語本左氏，謂晉悼公兄。劉則借曹之誚吴以例誚蜀也。再按：「識昧玄黄」，定是宇文誚高語，未覩其文，俟補。

古詔命　厚齋紀聞：漢詔令，人主自親其文，光武詔曰：「司徒，堯也。赤眉，桀也。」明帝詔曰：「方今上無天子，下無方伯。」豈代言者所爲哉？按：此可證不假手之説。

第五倫讀詔　後漢書：倫字伯魚，爲督鑄錢掾，領長安市，每讀詔書，常歎息曰：「此聖主也，一見決矣。」

龐萌　後漢劉永傳：龐萌爲人遜順，甚見信愛，帝嘗稱曰：「可以託六尺之孤，寄百里之命者，龐萌是也。」拜平狄將軍。擊董憲而萌反，帝聞之，大怒。與諸將書曰：「吾嘗以龐萌社稷之臣，將軍得無笑其言乎？」

猗與之頌　商頌首篇〔四〕。那小序：那，祀成湯也。

魚藻之刺　小序：魚藻，刺幽王也。言萬物失其性，王居鎬京，將不能以自樂，故君子思古之武王焉。

起居　荀悦申鑒：先帝故事，有起居注，動静之節必書焉。書録解題：起居注，自漢明德馬皇后始，漢、魏以來因之。唐藝文志：凡實録、詔令等，並入起居注類。西京雜記：葛洪家有漢武禁中起居注一卷。

諷諫嫉邪　韋孟諷諫詩，見載言篇。後漢文苑傳：趙壹字元叔，作刺世疾邪賦，上計到京師，司徒袁逢受計，執其手，延置上坐，謂坐中曰：「此人漢陽趙元叔也，」「吾請爲諸君分坐。」

過秦王命　賈誼過秦論，見載言篇。漢書敍傳：彪遭王莽敗，光武即位於冀州。時隗囂據隴，輯英俊。囂曰：往者周亡，戰國並争，天下分裂，抑者縱横之事復起於今乎？彪愍狂狡之不息，乃著王命論以救時難。

張華箴女史　晉書：華懼后族之盛，作女史箴以諷。按：今晉書本傳不載。文選注引曹嘉之晉紀爲徵，蓋曹紀載之也。

張載銘劍閣　文選善注：臧榮緒晉書曰：「張載父收，爲蜀郡太守，載隨父入蜀，作劍閣銘。益州刺史張敏見而奇之，乃表上其文。世祖遣使鐫石記焉。」按：載字孟陽，銘見晉書本傳。

諸葛表　按：蜀志：建興五年，亮率諸軍北駐漢中，臨發上疏，即此表也。又六年裴注：漢晉春秋曰：亮聞魏兵東下，關中虛弱，十一月上言云云，於是有散關之役。此表亮集所無，出張儼默記。

王昶誡　魏志：王昶字文舒，爲兄子及子作名字，皆依謙實。兄子默，字處靜，沈字處道，其子渾，字玄冲，深字道冲。遂書戒之曰：欲使汝曹遵儒者之教，履道家之言，顧名思義，不敢違越也。諺曰：「救寒莫如重裘，止謗莫如自修。」斯言信矣。

劉谷晁李　劉向、谷永、晁錯，並見二體篇。後漢李固傳：固字子堅。陽嘉二年，有地動、山崩、火災之異，公卿舉固對策。詔又特問當世之敝，爲政所宜。固對云云。

荀伯子彈文　宋書：伯子官御史中丞，莅職勤恪，有匪躬之稱。立朝正色，外内憚之。凡所奏劾，莫不深相訶毀，或延及祖禰，示其切直。

山巨源啓事　晉書：山濤字巨源。武帝受禪，爲吏部尚書，前後選舉，並得其才。所奏甄拔人物，各爲題目，時稱山公啓事。

雕蟲　法言吾子：或問：吾子好賦？曰：「童子雕蟲篆刻。」俄而曰：「壯夫不爲也。」

## 補注第十七

昔詩、書既成，而毛、孔立傳　傳之時義，以訓詁爲主，亦猶春秋之傳，配經而行也。

降及中古，始名傳曰注。蓋傳者轉也，轉授於無窮；注者流也，流通而靡絶。進一作「惟」。此二名，其歸一揆。釋：首原訓詁之體，名殊義一。如韓、戴、服、鄭，鑽仰六經，裴、李、應、晉，訓解三史，開導後學，發明先義，古今傳授，是曰儒宗。釋：此節舉注經之家，陪注史之家。○儒宗者，即訓詁爲主之意，是注家正體也。

既而史傳小書，人物雜記，若摯虞一作「趙岐」。之三輔決録，陳壽之季漢輔臣，周處之陽羨風土，舊二字倒。常璩之華陽士女，文言美辭列於章句，委曲敘事存於細書。此之注釋，異夫儒士者矣。釋：此節入史注類，異夫儒士者，於本文外增補事緒，是注家之變體。○已上標舉領局。

次有好事之子，思廣異聞，而才短力微，不能自達，庶憑驥尾，千里絶羣，遂乃掇衆史之異辭，補前書之所闕。若裴松之三國志，陸澄、劉昭兩漢書，劉彤晉紀，劉孝標世說之類是也。釋：此節列史注三家，說部注一家。自此以下，後有論斷。○於述史處別出世說者，謂孝標才堪注史，而惜其小用之也。觀後文論斷，自分曉。

亦有躬爲史臣，手自刊補，雖志存該博，而才闕倫敘，除煩則意有所吝，畢載則言有所妨，遂乃定彼榛楛，列爲子注。注列行中，如子從母。若蕭大圜淮海亂離志，羊衒之洛陽伽藍記，宋孝王關東風俗傳，王劭齊志之類是也。釋：此節是官居史職，而著爲雜録，又復加注者。後亦有論斷。

榷其得失，求其利害，少期松之字。集注國志，以廣承祚所遺，而喜聚異同，不加刊定，恣其擊難，坐長煩蕪。觀其書成表獻，自比蜜蜂兼採，但甘苦不分，難以味同萍實者矣。**釋**：此論松之之注三國。陸澄所注班史，多引司馬遷之書，若此缺一言，彼增半句，皆採摘成注，標爲異説，有昏耳目，難爲披一作「搜」。覽。**釋**：此論陸澄之注前漢。竊惟范曄之删後漢也，簡而且周，疏而不漏，蓋云備矣。而劉昭採其所捐，以爲補注，言盡非要，事皆不急。譬夫人有吐果之核，棄藥之滓，而愚者乃重加捃拾，潔以登薦，持此爲工，多見其無識也。**釋**：此論劉昭之注後漢。○依前所列，此下當有劉彤注晉紀論斷，今缺。孝標善於攻繆，博而且精，固以「已」通。察及泉魚，辨窮河豕。嗟乎！以峻之才識，足堪遠大，而不能探賾彪、嶠，網羅班、馬，方復留情於委巷小説，鋭思於流俗短書。可謂勞而無功，費而無當者矣。**釋**：此論孝標之注世説。自兹已降，其失逾甚。若蕭、羊舊誤「楊」。之瑣雜，王、宋之鄙碎，言殊揀金，事比雞肋，異體同病，焉可勝言。**釋**：此論蕭、羊、宋、王四人雜志。大抵撰史加注者，或因人成事，依文設訓者。或自我作故，另出意見者。記録無限，規檢不存，難以成一家之格言，千載之楷則。凡諸作者，可不詳之？**釋**：此節總結。

至若鄭玄、王肅，述五經而各異，何休、馬融，論三傳而競爽。欲加商榷，其流實繁。斯則義涉儒家，言非史氏，今並不書於此焉。**釋**：末仍收斂經注，與前文應。

按：篇首云：傳者轉也，注者流也，以訓詁爲主。此三言者，即本篇立説之主。乃若聚異同以長煩蕪，拾吐棄以侈登薦，皆非劉氏所喜。後世顧以摭遺録别爲多知博辯之資。韓子曰：「古今人不相及。」此之謂與！宋人著班馬異同一書，分校字句之間，足資參互之用。而劉云：此缺彼增，採摘成注，有昏耳目。其言太執。雖考對之小辯，亦注例之一端也。附見：楊正衡注晉書，竇苹、董衝注唐書，廢。徐無黨注五代史，今行。

韓戴服鄭　漢儒林傳：韓嬰，燕人，推詩人之意，作内、外傳數萬言。又：后蒼曲臺記，授梁戴德延君、戴聖次君，德號大戴，聖號小戴，以博士論石渠。後漢儒林傳：服虔字子慎，滎陽人。作春秋左傳解，又以左傳駁何休之所駁。鄭玄傳：玄字康成，高密人。所注易、書、詩、儀禮、禮記、論語、孝經、尚書大傳，又著禮禘祫義、六藝論、毛詩譜，凡百餘萬言。鄭興父子傳：興字少贛，開封人。少學公羊，尤明左氏、周官，自杜林、桓譚、衛宏之屬，莫不斟酌焉。子衆，字仲師，從父受左氏春秋，作難記條例，兼通易、詩〔五〕，爲大司農，作春秋删十九篇。

裴李應晉　裴駰史記集解敍注：索隱曰：駰字龍駒，宋兵曹參軍。正義曰：駰採經史及衆書之目而注史記。顔師古漢書注敍例：李斐，不詳所出。李奇，南陽人。應劭，後漢太山太守。晉灼，河南人，晉尚書郎。

摯虞三輔　摯虞注趙岐三輔決録，見書志篇。

陳壽季漢　蜀志楊戲傳：戲著季漢輔臣贊，其所頌述，今多載於蜀書。其贊而不作傳者，余皆注疏本末於其辭下。

周處風土　即陽羨風土記，見書志篇。

常璩華陽　吕大防華陽國志序〔六〕：晉常璩作華陽國志，自先漢至晉初，逾四百歲，士女可書者四百人。晉書：璩字道將，散騎常侍。按：周、常二書注，皆無考。

松之三國　宋書：裴松之字世期，中書侍郎。上使注陳壽三國志。松之表：竊惟繢事以衆色成文，蜜蜂以兼採爲味，臣實頑乏，顧慚二物。按：世期，史通作少期。北平本云：避唐諱也。

陸澄　見書志篇。隋經籍志：漢書注一卷，齊金紫光禄大夫陸澄撰。困學紀聞：其書不傳。

劉昭劉彤　南史文學傳：劉昭字宣卿。臨川王記室。初，昭伯父彤集衆家晉書，注干寶晉紀爲四十卷。至昭，集後漢同異以注范曄後漢，世稱博悉，一百八十卷。

孝標世説　世説見尚書家。梁文學傳：劉峻字孝標。荆州户曹參軍。高祖招文學之士，峻不能隨衆沈浮，故不任用。高氏緯略：孝標注此書，引援漢、魏諸史，如晉氏一代，凡一百六十七家〔七〕，皆出於正史之外。

蕭大圜　周書：大圜字仁顯，梁簡文帝子。客長安，太祖開麟趾殿，招集學士，大圜預焉。隋志：淮海亂離志四卷，蕭世怡撰，敍侯景之亂。新、舊唐志並作蕭大圜撰，世怡豈即其人歟？按：本傳缺録其書，而志亦不言有注。

羊衒之　見書志篇。按：洛陽伽藍記序：余才非著述，多有遺漏，後之君子，詳其闕焉。亦不言記内有注。

萍實　家語：孔子曰：吾聞童謡曰：「楚王渡江得萍實，大如斗，赤如日，剖而食之，甜如蜜。」

王肅　見尚書家。

何休　後漢儒林傳：何休字邵公，任城人。精研六經，作春秋公羊解詁。

馬融　後漢本傳：拜議郎，著三傳異同説，注孝經、論語、易、詩、三禮、尚書。融爲梁冀草奏李固，頗爲正直所羞。

## 因習第十八　一作「因習上」，與下篇同題分次。○習與「襲」通。

蓋聞三王各異禮，五帝不同樂，故傳稱因俗，易貴隨時。況史書者，記事之言耳。夫事有貿遷，而言無變革，此所謂膠柱而調瑟，刻船以求劍也。**釋**：領起隨時變通大意，反對「因」字。

古者諸侯曰薨，卿大夫曰卒。故左氏傳稱楚鄧曼曰：「王薨於行，國之福也。」莊四。又鄭子産曰：文、襄之伯，君薨，大夫弔。昭三。即其證也。案夫子修春秋，實用斯義。而諸國皆卒，魯獨稱薨者，此略外别内之旨也。馬遷史記西伯已下，與諸列國王侯，謂諸世家。凡有薨者，同加卒稱，此豈略外别内邪？何貶薨而書卒也？**釋**：此節指遷史書卒誤因之失。

蓋著魯史者，不謂其邦爲魯國；撰周書者，不呼其上一作「王」。曰周王。如史記者，事總古今，勢無主客，故言及漢祖，多爲漢王，斯亦未爲累也。班氏既分裂史記，定名漢書，至於述高祖爲公、王之時，皆不除沛、漢之字。凡有異方降款者，以歸漢爲文。肇自班書，首爲此失；迄於仲豫，荀悦字。仍踵厥非。積習相傳，曾無先覺者矣。釋：此節指班、荀二史沛、漢誤因之失。○魏志武紀，起事之時，直書太祖。至建安初，封武平侯，改書公。二十一年進爵魏王，遂書王。凡公、王之上，皆不安「魏」字。劉蓋準此立論也。况班固身爲漢臣，體更應爾。近有以除沛、漢二字爲非者，爲參取其文證之。

又史記陳涉世家，稱其子孫至今血食。漢書復有涉傳，乃具載遷文。案遷之言今，實孝武之世也；固之言今，當孝明之世也。事出百年，語同一理。即如是，豈陳氏苗裔祚流東京者乎？斯必不然。漢書又云：嚴君平既卒，蜀人至今稱之。皇甫謐全録斯語，載於高士傳。夫孟堅、士安，年代懸隔，至今之説，豈可同云？夫班之習馬，其非既如彼；謐之承固，其失又如此。迷而不悟，奚其甚乎！釋：此節指固、謐二書誤因「今」字之失。

何法盛中興書劉隗一作「魏」，誤。録，稱其議獄事具刑法志，依檢志内，了無其説。既而臧氏榮緒。晉書、梁朝通史，於大連劉隗字。之傳，並有斯言，志亦無文，傳仍一訛作「乃」。虚述。此又不精之咎，同於玄晏也。釋：此節言何書既脱志事於前，臧、通二書，因仍其誤於後也。

尋班、馬之爲一無「爲」字。列傳，皆具編其人姓名，如行狀尤相似者，則共歸一稱，若刺客、日者、儒林、循吏是也。范曄既移題目於傳首，列姓名於卷中，卷中，謂傳中也。而猶於列傳之下，注爲列女、高隱等目。苟姓名既書，題目又顯，是則一脱「則」。鄧禹、寇恂之首，當署爲公輔者矣；岑彭、吴漢之前，當標爲將帥者矣。觸類而長，實繁其徒，何止列女、孝子、高隱、獨行而已。**釋：**此節指范史既用司馬標類之例，而又添列姓名，則因而不因矣。按：此與題目篇後幅意同，其論太泥。

魏收著書，標榜南國，桓、劉諸族，咸曰島夷。是則自江而東，盡爲卉服之地。至於劉昶、沈文秀等傳，敍其爵里，則不異諸華。**原注：**劉昶等傳皆云：丹徒縣人也。沈文秀等傳則云：吴興武康人。按：魏書劉昶傳，無丹徒人句，蓋據劉宋祖籍而言。豈有君臣共國，父子同姓，闔閭、季札，便致土風之殊；二句頂父子。孫策、虞翻，乃成夷夏之隔。二句頂君臣。求諸往例，所未聞也。**釋：**此節指魏收例斥南朝爲島夷，至如南士來歸等傳，並且不能自因矣。

當晉宅江、淮，實膺正朔，嫉彼羣雄，稱爲僭盜。故阮氏孝緒。七録，以田、范、裴、段諸記，劉、石、苻、舊作「符」。姚等書，別創一名，題爲「僞史」。及隋氏受命，海内爲家，國靡愛憎，人無彼我，而世有撰隋書經籍志者，其流別羣書，還依一作「同」。阮録。案國之有僞，其來尚矣。如杜宇作帝，勾踐稱王，孫權建鼎峙之業，蕭詧爲附庸之主，而揚雄撰蜀紀，子貢著越絶，虞裁江表傳，蔡述後梁史。考斯衆作，咸是僞書，自可類聚相從，合成一部，何止取東晉一世十有六家而已乎？**釋：**此節「僞史」二字，只當「偏紀」二字用。古近偏紀，皆可依類同編。而隋志泥定晉人遺録，專收劉、石等書，是亦滯於因習，而不知適變者。

夫王室將崩，霸圖云構，必有忠臣義士，捐生殉節。若乃韋、耿謀誅曹武，欽、誕問罪馬文，司馬昭。而魏、晉史臣書之曰賊，此乃迫於當世，難以直言。至如荀濟、元瑾蘭摧於孝一訛作「李」。靖之末，王謙、尉迥玉折於宇文之季，而李百藥。刊齊史，顏師古。述隋篇，時無逼畏，事須矯枉，而皆仍舊不改，謂數君爲叛逆。書事如此，褒貶何施？**釋**：此節言勝國拒命之士，興代被以惡名，後來修史，應申其節，李、顏輩因仍曲筆，大非也。○條駁止此，已下總結。

昔漢代有修奏記於其府者，遂盜葛龔所作而進之，既具録他文，不知改易名姓，時人謂之曰：「作奏雖工，宜去葛龔。」及邯鄲氏撰笑林，載之以爲口實。嗟乎！歷觀自古，此類尤多，其有宜去而不去者，豈直葛龔而已！何事於斯，獨致解頤之誚也。凡爲史者，苟能識事詳審，措辭精密，舉一隅以三隅反，告諸往而知諸來，一多「者」字。斯庶幾可以無大過矣。

**按**：本篇「因」字，該義不同。有在昔爲是，而在後因之則非者；有前人既疏，而後人因之仍誤者；有因往例，而不盡因者；有自爲例，而不自因者；有當代書例則然，而異代不必因、不當因者。條分乃晰，混舉則蒙。僞史一節，猝難會悟。議者大率於十六國史牢執「僞」字，於越絶書牢執「子貢作」三字，遂生多少驚疑。愚初亦鍥舟以求，不能灑脱。至第三易稿，乃始悟劉之意不過曰：凡方隅偏據之史，皆可收歸一門。語最平直也。蓋東晉之十六國，正如殘唐之十國也。考宋史藝文志，於史類之末，分置霸史一門，首列越絶、九州春秋等書，次則常璩、和苞、范亨諸志記，其後則南唐、蜀、閩、吴、越、荆、湘、湖、楚諸小史，以及劉恕之十國紀年，並録無遺，兼該數代。以是知子玄所言，早爲宋史闕其藩籬也。歷覽前後史諸志藝籍者，從無一門止收一時之册，而隋志獨立此狹門，唐志復因之，狃於阮録，不能自出，宜爲通識所嗤矣。

崔鴻十六國春秋，唐志有，宋志無，不知何年散佚。

膠柱刻船　史記廉藺傳：趙王以趙括代廉頗，藺相如曰：「王以名使括，若膠柱而鼓瑟耳。」按：調瑟又用淮南子語。吕覽察今篇：楚人涉江，劍墜水，遽契其舟，曰：吾劍所從墜也。廣韻：契、鍥通，刻也。

曰薨曰卒　公羊隱三：天子曰崩，諸侯曰薨，大夫曰卒，士曰不禄。

劉隗　晉書：劉隗字大連。避亂渡江，元帝以爲從事中郎。遷丞相司直，委以刑憲。按：今晉書議獄事，收入本傳，竄去「具刑法志」一語，不襲臧書、通史之誤矣。

劉昶沈文秀　魏書劉昶傳：昶字休道，義隆第九子也。又沈文秀傳：文秀字仲遠，吴興武康人。按：義隆者，宋文帝之諱也。文秀則世爲宋臣，宋書亦有傳。二人皆出奔仕魏者，魏書島夷其君父，而邑里其子臣，是使父子君臣異籍也。

闔閭季札　按：史記吴大伯十九世至壽夢，壽夢四子，長諸樊，季季札。諸樊子光，是爲闔閭，於季札爲子行也。

孫策虞翻　按：吴志孫策字伯符，漢討逆將軍。弟權稱尊號，追謚策長沙桓王。虞翻爲孫策功曹。

田范裴段　隋經籍霸史志：趙書十卷，一曰二石集，僞燕太傅田融撰。燕書二十卷，僞燕尚書范亨撰。秦記十一卷〔八〕，宋殿中將軍裴景仁撰。涼記十卷，僞涼著作郎段龜龍撰。

劉石苻姚　前趙起劉淵，後趙起石勒，前秦起苻洪，後秦起姚弋仲。按：田、范句錯舉十六國書，劉、石句錯舉十六國姓，總統之詞也。並詳外篇正史篇。又按：「苻」舊作「符」，有參證語，亦具正史篇。

杜宇　華陽國志：有王曰杜宇，教民務時。朱提有梁氏女利，宇納以爲妃。自號曰望帝，更名蒲卑。

蜀記越絶　隋經籍志：蜀王本記一卷，揚雄撰。越絶書十六卷，子貢撰。越絶本事：絶謂句踐時也，貴其内能自約，外能絶人也。吴、越賢者所作。按：書内有春申、秦皇、漢祖諸人，又有毗陵、無錫、鹽官、太末、丹陽、豫章諸地，皆後世名，其非子貢撰可知。

江表後梁　晉書：虞溥字允源。鄱陽内史，撰江表傳。唐書：蔡允恭仕隋，爲起居舍人，著後梁春秋十卷。後梁，蕭詧也。見世家篇。

韋耿　後漢獻帝紀：建安二十三年，少府耿紀、丞相司直韋晃，起兵誅曹操，不克，夷三族。魏志武紀：漢太醫令吉本與少府耿紀、司直韋晃等反，攻許，燒丞相長史王必營，必與嚴匡討斬之〔九〕。

欽誕　魏志毌丘儉傳：揚州刺史前將軍文欽與儉矯太后詔，罪狀大將軍司馬景王，舉兵反。大將軍統兵討破之。欽亡入吴，吴以欽爲鎮北將軍。又諸葛誕傳：誕字公休，景王東征，使誕督軍向壽春。欽之破也，誕累見夷滅，懼不自安，遂反。吴人與文欽來應。大將軍司馬文王討之。欽與誕有隙，誕殺欽。大將軍乃自臨圍，擊斬誕。誕麾下不降，皆曰：「爲諸葛公死不恨。」

荀濟元瑾　延壽齊文襄紀〔一〇〕：尚書祠部郎中元瑾與梁降人荀濟及淮南王宣洪等謀害文襄，事發，伏誅。又荀濟傳：濟字子通，及見執，楊愔謂曰：「遲暮何爲然？」濟曰：「叱叱氣耳。」

王謙尉迥　師古隋高祖紀：相州總管尉遲迥，自以重臣宿將，志不能平，遂舉兵東夏。高祖命韋孝寬討。破迥，傳首闕下。初，迥之亂也，上柱國王謙爲益州總管，見幼主在位，政由高祖，遂起巴、蜀之衆，以匡復爲辭，進屯劍閣，陷始州。命梁睿討平之。按：周書王謙字敕萬。尉遲迥字薄居羅。又按：師古敍謙、迥事，在本傳殊得體。但於他臣，如高熲、王述、李德林、梁士彥等傳，每及此二人，皆書賊書逆，曰「王謙作亂」，曰「尉遲迥反」，不一而足，宜史通摘之。

葛龔　後漢文苑傳：葛龔字元甫，以善文記知名。按：篇末所引，具章懷注中。

笑林　隋經籍志：笑林三卷，後漢給事中邯鄲淳撰。

## 邑里第十九　或作「因習下」。

昔五經、諸子，廣書人物，雖氏族可驗，而邑里難詳。逮太史公始革茲體，凡舊作「惟」。有列傳，先述本居。一作「太古」。至於國有弛張，鄉有併省，隨時而載，用明審實。案夏侯孝若撰東方朔贊云：一少「云」字。「朔字曼倩，平原厭次人。魏建安中，分厭次爲樂陵郡，故又爲郡人焉。」夫以身没之後，地名改易，猶復追書其事，以示後來。則知身或訛「生」，或作「在」。生之前，故宜詳録者矣。釋：首揭書里之法，貴原委詳明得實。

異哉！晉氏之有天下也。自洛陽蕩覆，衣冠南渡，江左僑立州縣，不存桑梓。由是斗牛之野，郡有青、徐，吴、越之鄉，州編冀、豫。欲使南北不亂，淄、澠可分，得乎？此二字一作「其于」，屬下句。繫虚名於本土者，雖百代無易。二句有訛脱，文亦可省。釋：此層爲貼身引端，從晉家東渡，僑置紛淆起議。既而天長地久，文軌大同。二句入唐。州郡則廢置無恒，名目則古今各異。而作者爲人立傳，指現在事。每云某所人也，其地皆取舊號，施之於今。原注：近代史爲王氏傳，云「瑯琊臨沂人」；爲李氏傳，曰「隴西成紀人」之類是也。非惟王、李二族久離本居，亦自當時無此郡縣，皆是晉、魏已前舊名號。欲求實録，不亦難乎！釋：此層正述現在事，承僑置之遺，而書里襲舊，詎云得實。

且人無定質，舊訛作「所」。因地而化。故一無「故」字。生於荆者，言皆成楚；居於晉者，齒便從黄。涉魏而東，已經七葉；歷江而北，一作「左」。非唯一世。四句謂南北互徙，本唐而言，不蒙南渡。而猶以本國爲是，此鄉爲非。是則孔父里於昌平，舊訛「平昌」。陰氏家於新野，而系纂微子，源承管仲，乃爲齊、宋之人，非關一作「曰」。魯、鄧之士。求諸自古，其義無聞。原注：時修國史，予被配纂李義琰傳。琰家於魏州昌樂，已經三代，因云：「義琰，魏州昌樂人也。」監修者大笑，以爲深乖史體，遂依李氏舊望，改爲隴西成紀人。既言不見從，故有此說。釋：此層即申透上意，通三層爲一節。自訴書里從實，而反招時議，爲可怪也。

且自世重高門，人輕寒族，竸即「競」字，或誤「竟」。以姓望所出，邑里相矜。若仲遠之尋鄭玄，先云汝南應劭；文舉之對曹操，自謂魯國孔融是也。爰及近古，其言多僞。至於碑頌所勒，茅土定名，虛引他邦，冒爲己邑。若乃稱袁則飾之陳郡，言杜則係之京邑，姓卯金者咸曰彭城，氏禾女者皆云鉅鹿。原注：今有姓邴者、姓弘者，以犯國諱，皆改爲李氏，如書其邑里，必曰隴西、趙郡。夫以假姓猶且如斯，則真姓者斷可知矣。又今西域胡人，多有姓明及卑者，如加五等爵，或稱平原公，或號東平子，爲明氏出於平原，卑氏出於東平故也。夫邊夷雜種，尚竊美名，則諸夏士流，固無慚德也。在諸史傳，多與同風。原注：如隋史牛弘傳云：「安定鶉觚人也，本姓寮氏。」至它篇所引，皆謂之隴西牛弘。唐史謝偃傳云：本姓庫汗氏〔一一〕，續謂陳郡謝偃，並其類也。此乃尋流俗之常談，忘著書之舊體矣。釋：此層推出病根，爲晉、宋俗尚門籍，故因習如此。此豈得爲體要乎！

又近世有班秩不著一多「姓」字，非。者，始以州壤自標，若楚國龔遂、漁陽趙壹是也。至於名位既隆，則不從此列，若蕭何、鄧禹、賈誼、董仲舒是也。觀周、隋二史，每述王、庾諸事，高、楊數公，必云瑯琊王褒，新野庾信，弘農楊素，渤海高熲，以此成言，豈曰省文，從而可知也。釋：此層亦從上意申出，以當時口號證之，每舉一人，必帶地望，殊覺詞費。

通兩層爲一節。

凡此諸失，皆由積習相傳，寖以成俗，迷而不返。蓋語曰：「難與慮始，可與樂成。」夫以千載遵行，持爲故事，而一朝糾正，必驚愚俗。此莊生所謂「安得忘言之人而與之言」，斯言已得之矣。庶知音君子，詳其得一脱「得」字。失者焉。**釋**：末仍綰到本身，憫通識之難遇也。

**按**：詳篇内注語，爲當日身預史局，書地招笑而作。邑里從今不從舊，定理也。好議論者云：僑置本州，猶存丘首，歐陽寓潁，仍署廬陵。以謂子玄失豺獺之義。夫論事者，亦論其所歸而已，請即近者徵之。由宋迨明，國史班班，任舉一人一傳，其曰某處人者，有不書當代郡邑者乎？假令明冒宋州，宋蒙唐縣，有不起而非笑之者乎？小言詹詹，徒多事耳。

野客叢談載高從所跋昌黎盤谷序，稱隴西李愿，隱者也云云。隴西去太行數千里，而序之文曰「居之」，其題曰「送歸」，殊不相合。此亦舉其郡望之一徵也。即此可悟襲舊之不足從矣。

江左僑立　晉地里志：晉都河南，仍魏名爲司州。元帝渡江，僑置於徐，非本所也。後於尋陽僑立弘農郡，於武陵僑立河東郡。兖州則僑置於京口，後改廣陵爲南兖州，又僑置青州，又分立陳留郡、山陽郡。雍州則僑立於襄陽〔一二〕，又於襄陽分立京兆、扶風、河南、廣平等郡。至志徐、荆、揚三州，則凡幽、冀、青、并、雍、涼、兖、豫諸州邑名，錯寄其中，多不勝録。

居晉齒黄　嵇康養生論：蝨處頭而黑，麝食柏而香，頸處險而癭，齒居晉而黄。推此而言，凡所食之氣，蒸性染身，莫不相應。按文選善注，蝨、麝、頸，並有義證，而齒黄獨無，蓋當時已莫詳矣。史通直用康語也。

昌平　史記世家：孔子生魯昌平陬邑，其先宋人也，曰孔防叔。索隱：家語曰：宋微子之後。宋襄公至孔父嘉，五世親盡，别爲公族，姓孔氏。至防叔，畏華氏之逼而奔魯，故孔氏爲魯人。

陰氏　通鑑光武紀：帝在宛，納新野陰氏之女麗華。胡三省注：風俗通云：「管修自齊適楚，爲陰大夫，其後氏焉。」氏族大全：修，管仲七世孫也。後漢陰識傳：秦、漢之際，始家新野。漢地里志：新野鄧，屬南陽郡。

應劭孔融　後漢鄭玄傳：袁紹要玄，大會。時汝南應劭亦歸於紹，因自贊曰：「故太山太守應仲遠，北面稱弟子，何如？」楊彪傳：曹操奏收彪，孔融往見操，曰：楊公四世清德，公今横殺，孔融魯國男子，便當拂衣而去。融本傳：融字文舉。

龔遂趙壹　漢書：龔遂字少卿，山陽南平陽人也。後漢書：趙壹字元叔，漢陽西縣人也。按：遂非楚國而曰楚國，壹非漁陽而曰漁陽，標所望也。

王庾高楊　後周書：王褒字子淵，瑯琊臨沂人。庾信字子山，南陽新野人。隋書：高熲字昭玄，渤海蓨人。楊素字處道，弘農華陰人。按：史通本節引蕭、鄧、賈、董，漢世稱其人，皆不舉地望。而近時王、庾、高、楊，必以郡稱，文滋煩重矣，故曰「豈曰省文」。

# 校勘記

〔一〕又劉杳傳　「劉」原作「顧」，據梁書改。

〔二〕偏略七百卷　隋書經籍志作「六百二十卷」，唐書經籍志、新唐書藝文志均作「六百卷」。

〔三〕夔一而足矣　「一而」原作「而一」，據韓非子改。

〔四〕商頌首篇　「頌」原作「書」，據詩經改。

〔五〕兼通易詩　「詩」原作「傳」，據後漢書改。

〔六〕華陽國志序　「序」原作「引」，據華陽國志改。

〔七〕凡一百六十七家　「一百六十七」原作「一百六十六」，按緯略所引實共一百六十七家，據改。

〔八〕秦記十一卷　「十一」原作「十」，據隋書經籍志改。

〔九〕必與嚴匡討斬之　「匡」原作「光」，據三國志改。

〔一〇〕延壽齊文襄紀　「延壽」原作「百藥」，按注中所云，見北史，不見北齊書，因改「百藥」爲「延壽」。

〔一一〕本姓庫汗氏　今本新、舊唐書「庫汗氏」均作「直勒氏」。

〔一二〕雍州則僑立於襄陽　「雍州」原作「豫州」，據晉書改。

# 史通通釋卷六

## 內篇

### 言語第二十　謂口説之語，若方言之類，載在史中者。

蓋樞機之發，榮辱之主，言之不文，行之不遠，則知飾詞專對，古之所重也。**釋：**起以言貴修飾，反振篇意。夫上古之世，人惟樸略，言語難曉，訓釋方通。是以尋理則事簡而意深，考文則詞艱而義釋，若尚書載伊尹之一作「立」。訓，臯陶之一作「矢」。謨，洛誥、康誥、牧誓、泰誓是也。**釋：**三古時口語一層。周監一多「於」字。二代，郁郁乎文。大夫、行人，尤重詞命，語微婉而多切，言流靡而不淫，若春秋載呂相絶秦，成十三。子產獻捷，襄二十五。臧孫諫君納鼎，桓二。魏絳對戮楊干襄三。是也。**釋：**春秋時口語一層。戰國虎争，馳説雲涌，人持弄丸之辯，家挾飛鉗之術，劇談者以譎誑爲宗，利口者以寓言爲主，若史記載蘇秦合從，張儀連横，范雖反間以相秦，間太后、穰侯。魯連解紛而全趙是也。連言：天下士爲人排患難、解紛亂。**釋**：戰國時口語一層。○此三層爲言語舉似其類，由渾樸而流婉，而譎辯，皆是應聲而出，非若後世假章札以爲工者。

逮漢、魏已降，周、隋而往，世皆尚文，時無專對。運籌畫策，自具於章表；獻可替否，總歸於筆札。宰我、子貢之道不行，蘇秦、張儀之業遂廢矣。**釋**：數語總挈，自漢及隋，變口陳爲筆達矣。假有忠言切諫，答戲、解嘲，其可稱者，若朱雲折檻以抗憤，張綱埋輪而獻直。此下必有闕文。蓋此二句所謂忠言可稱者，宜有繳句，而其下又宜有「他如」等字轉接也。秦宓之酬吳客，王融之答虜使，此一作「比」。之小辯，曾何足云。二句單繳酬吳答虜也。是以歷選載言，一多「而」字。布諸方册，自漢已下，謂兩漢之後。無足觀焉。**釋**：束上。言雖或間載口語，而莊諧遞降，亦且無多。

尋夫戰國已前，其一脱「其」字。言皆可諷詠，非但筆削所致，良由舊訛「用」。體質素美。何以覈諸？至如「鶉賁」、「鸜鵒」，童豎之謡也；「山木」、「輔車」，時俗之諺也；「皤腹棄甲」，城者之謳也；「原田是謀」，輿人之誦也。斯皆芻詞鄙句，猶能温潤若此，況乎束帶立朝之士，加以多聞博古之識舊作「説」。者哉！則知時人出言，史官入記，雖有討論潤色，終不失其一無「其」字。梗概者也。**釋**：此節雖專舉左文，却是統證首幅，用以形起後史所載口語，皆由倩飾也。

夫三傳之説，既不習作「襲」。於尚書；兩漢之詞，又多違於戰策。足以驗氓俗之遞改，知歲時之不同。而後來作者，通無遠識，記其當世口語，罕能從實而書，方復追效昔人，示其稽古。是以好丘明者，則偏摸與「摹」同。一作「模」。左傳，愛子長者，則全學史公。用使周、秦言辭見於魏、晉之代，楚、漢應對行乎宋、齊之日。而僞修混沌，失彼天然，今古以之不純，真僞由其相亂。故裴少期松之字世期，唐諱「世」作「少」。譏孫盛録曹公平素之語，而全作夫差亡滅之詞。雖言似春秋而事殊乖越者矣。**釋**：此節正遞到後史載言，皆藉古詞飾成。

然自舊多「晉」字。咸、洛不守，龜鼎南遷，江左爲禮樂之鄉，金陵實圖書之府，故其俗猶能語存規檢，言喜風流，顛沛造次，不忘經籍。**原注**：若梁史載高祖在圍中，見蕭正德而謂之曰：「啜其泣矣，何嗟及矣。」湘東王聞世子方等見殺，謂其次子方諸曰：「不有其廢，君何以興？」皆其類也。而史臣修飾，無所費功。**釋**：此處南北轉側。

其於中國中原也。謂北朝。則不然。何者？於斯時也，先王桑梓，翦爲蠻貊，被髮左衽，充牣神州。其中辯若駒支，襄十四(二)。注見探賾篇。學如郯子，昭十七。注見書志篇。有時而遇，不可多得。而彦鸞崔鴻。修僞國諸史，收、魏收。弘牛弘。撰魏、周二舊脱「二」字。書，必諱舊作「謂」。彼夷音，變成華語，等楊由之聽雀，如介葛之聞牛，斯亦可矣。而於其間，則有妄益文彩，虚加風物，援引詩、書，憲章史、漢。遂使沮渠、北涼。乞伏，西秦。儒雅比於元封，漢武元。拓跋、元魏。宇文，北周。德音同於正始。魏文元。華而失實，過莫大焉。**釋**：自此節起，側注北朝諸史，掩其國語，文以古辭，失實較多，乃是篇情所主。

唯王、宋著書，敘元、高時事，一作「也」。○王劭齊志、宋孝王關東風俗傳。抗詞正筆，務存直道，方言世語，由此畢彰。而今之學者，皆尤二子以言多滓穢，語傷淺俗。夫本質如此，而推過史臣，猶鑑當有「形」字。者見嫫姆多媸，而歸罪於明鏡也。**釋：**此與下節箴貶時論，皆貼北史説。

又世之議者，咸以北朝衆作，周史爲工。蓋賞其記言之體，多同於古故也。夫以枉飾虛言，都捐實事，便號以良直，師其模楷，**原注：**如周太祖實名黑獺，魏本索頭，故當時有童謡曰：「狐非狐，貉非貉，燋梨狗子嚙斷索。」又曰：「獾獾頭團欒，河中狗子破爾苑。」又西帝下詔駡齊神武，數其罪二十。諸如此事，難可棄遺。而周史以爲其事非雅，略而不載。賴君懋編録，故得權聞於後。其事不傳於北齊，因而埋沒者，蓋亦多矣。是則舊誤「以」。董狐、南史，舉目可求，班固、華嶠，比肩皆是者矣。**釋：**上節謂王、宋記言得實則罪之，本節謂周史記言失真則賞之，時情惡質好華，類如此也。

近有敦煌張太素、中山郎餘令，並稱述者，自負史才。郎著孝德傳，張著隋後略。凡所撰今訛作「人」。語，皆依仿舊辭。若選言可以效古而書，其難此二字一本作「雜」字。類者，則忽而不取，料其所棄，可勝紀哉？**釋：**此舉近時著述，棄今語仿舊詞者以例之，見時尚之難反。

蓋江芊駡商臣曰：「呼！役夫，宜君王廢汝而立職。」左傳文元。漢王怒酈生曰：「豎儒，幾敗乃公事。」史記留侯世家。單固謂楊康曰：「老奴，汝死自其分。」樂廣歎衛玠曰：「誰家生得寧馨兒！」斯並當時侮嫚之詞，流俗鄙俚之説。必播以唇吻，傳諸諷誦，而世人皆以爲上之二言役夫、豎儒。不失清雅，而下之兩句老奴、寧馨。殊爲魯朴者，何哉？蓋楚、漢世隔，事已成古，魏、晉年近，言猶類今。已古者即謂其文，猶今者乃驚其質。夫天地長久，二字一本倒。風俗無恒，後之視今，亦猶今之視昔。而作者皆怯書今語，勇效昔言，不其惑乎！苟記言一作「事」。則約附五經，載語則依憑三史，是春秋之俗，戰國之風，亘一作「與」。兩儀而並存，經千載其一作「而」。如一，奚以今來古往，質文之屢變者哉？**釋**：此節推出時情坐病，由於矜遠謾近，遂至取贋遺真，是欲使天地無古今矣，豈不謬哉！

蓋善爲政者，不擇人而理，故俗無精粗，咸被其化；工爲史者，不選事而書，故言無美惡，盡傳於後。若事皆不謬，言必近真，庶幾可與古人同居，何止得其糟粕而已。**釋**：末節正告之。

**按**：元人採遺山史稿撰金源史，特載國語解一冊，謂其有古人尚質之風，不可文也。其得子玄氏之意者歟！子玄於拓跋、六渾、黑獺諸史，屢惜其遺落國語，掩覆本色，自此篇始。裴松之有言：凡記言之體，當使若出其口。辭勝而無實，君子所不取也。此語可概此下諸篇。夢溪筆談載慶曆中河北大水，有公事使臣到闕，仁宗召問水災何如？對曰：「懷山襄陵。」又問百姓何如？對曰：「如喪考妣。」上默然。既退，詔閤門：今後武臣奏事，並須直說。讀此因觸及之，不覺失笑。北平云：信史務在紀實。語從其實，史法也。

弄丸飛鉗　文心論説篇：轉丸騁其巧辭，飛鉗伏其精術。尹知章鬼谷序：蘇秦、張儀受捭闔之術，又受轉丸胠篋三章。按：弄丸兼用莊子市南宜僚事。鬼谷子有飛箝篇。箝、鉗通。

折檻　漢書本傳：朱雲字游。成帝時，雲上書求見，公卿在前，雲曰：「臣願賜尚方斬馬劍，斷佞臣一人，以厲其餘。」上問：「誰也？」對曰：「安昌侯張禹。」上大怒。御史將雲下，雲攀殿檻，檻折。左將軍辛慶忌免冠叩頭争，上意解。後當治檻，上曰：「勿易，因而輯之，以旌直臣。」

埋輪　後漢張晧傳：子綱，字文紀，爲御史。漢安元年，選遣八使徇行風俗。餘人受命之部，綱獨埋其車輪於洛陽都亭，曰：「豺狼當路，安問狐狸！」遂奏大將軍梁冀、河南尹不疑。書御，京師震悚。

秦宓酬吴客　蜀志本傳：秦宓字子敕。拜左中郎將、長水校尉。吴遣使張温來聘，往餞焉。温問曰：「君學乎？」宓曰：「五尺童子皆學，何必小人。」温復問曰：「天有頭乎？」宓曰：「有之，在西。詩曰：『乃眷西顧。』」温曰：「天有耳乎？」宓曰：「天處高而聽卑，詩曰：『鶴鳴于九皋，聲聞于天。』」温曰：「天有足乎？」宓曰：「有。詩曰：『天步艱難，之子不猶。』」温曰：「天有姓乎？」宓曰：「有。姓劉。」温曰：「何以知之？」答曰：「天子姓劉。」温曰：「日出於東乎？」宓曰：「雖生於東，而没於西。」答問如響，應聲而出，於是温大敬服。

王融答虜使　南齊本傳：王融字元長。上使兼主客，接虜使房景高、宋弁。弁見融年少，問王：「主客年幾？」融曰：「五十之年，久逾其半。」後日，上以虜獻馬不稱，使融問曰：「秦西冀北，實多駿驥。所獻良馬，乃駑駘不若。將日日信誓，有時而爽；駉駉之牧，遂不能嗣。宋弁曰：「當是不習土地。」融曰：「周穆馬迹，遍於天下。若騏騮之性，因地而遷，則造父之策，有時而躓。」弁不能答。

鶉賁　左傳僖五：童謡曰：「丙之晨，龍尾伏辰。均服振振，取虢之旗。鶉之賁賁，天策焞焞。火中成軍，虢公其奔。」

鸜鵒　左昭二十五：文、武之世，童謡有之曰：「鸜之鵒之，公出辱之。鸜鵒之羽，公在外野，往饋之馬。鸜鵒跦跦，公在乾侯，徵褰與襦。鸜鵒之巢，遠哉遥遥[二]，稠父喪勞，宋父以驕。鸜鵒鸜鵒，往歌來哭。」

山木　左隱十一：周諺有之曰：「山有木，工則度之。賓有禮，主則擇之。」

輔車　左僖五：諺所謂輔車相依，脣亡齒寒者，其虞、虢之謂也。

皤腹　左宣二[三]：睅其目，皤其腹，棄甲而復。于思于思，棄甲復來。

原田　左僖二十八：聽輿人之誦曰：「原田每每，舍其舊而新是謀。」

混沌　莊子天地篇：子貢南游於楚，過漢陰，見一丈人方將爲圃畦，鑿隧而入井，抱甕而出灌，搰搰然用力甚多而見功寡。子貢曰：有械於此，鑿木爲機，後重前輕，挈水若抽，其名爲槔。爲圃者作色而笑曰：吾聞之，有機械者必有機事，有機事者必有機心，吾羞而不爲也。子貢反於魯，以告孔子。孔子曰：「彼假修渾沌氏之術者也。識其一不知其二，治其内不治其外。」按：渾、混通。

裴識孫盛　魏武紀注：孫盛魏氏春秋云：答諸將曰：「劉備人傑也，將生憂寡人。」臣松之以爲孫盛製書，多用左氏以易舊文，後之學者將何取信哉？且魏武方以天下勵志，而用夫差分死之言，尤非其類。

中國　談苑：雍熙中校九經，杜鎬述貞觀敕云：經籍訛舛，由五胡之亂，學士多南遷，中國經術浸微。按：唐初語稱中原爲中國，此一證也。然其稱起漢、魏間。世説識鑒：裴潛謂劉備〔四〕，使居中國，能亂人。又容止注：明帝得吴降人，問江東聞中國名士爲誰。皆是也。

楊由聽雀　後漢方術傳：楊由，成都人，爲郡文學掾。時有大雀集於庫樓上，太守廉范以問由。由對曰：「此占郡内當有小兵。」按：郭評云：楊由占雀，非聽雀也。聽雀是益部楊宣事。愚以爲太泥。凡禽占之術，未有不以鳴聲爲占者。范史書「集」，不書「鳴」，省文耳。「聽」字無害。

介葛聞牛　左僖二十九：介葛盧來朝，聞牛鳴，曰：「是生三犧，皆用之矣。其音云。」問之而信。

張太素　唐書張公瑾傳：子太素，龍朔中，東臺舍人，兼修國史，著書百餘篇。通志略：太素著北齊書二十卷、隋書三十二卷、隋後略十卷、敦煌張氏家傳二十卷。又見史官建置篇。

郎餘令　唐儒學傳：郎餘令授霍王元軌府參軍事，從父知年亦爲王友。元軌每曰：郎家二賢皆入府，不意培塿而松柏爲林。餘令以梁元帝有孝德傳，更撰後傳數十篇。改著作佐郎。

單固楊康　魏志王淩傳注〔五〕：魏略曰：山陽單固字恭夏，有器實。兗州刺史令狐愚辟爲別駕，與從事楊康並爲腹心。後愚與王淩通謀，康、固皆知其計。康至洛陽，露其事。太傅東取淩。固見太傅〔六〕，問曰：「卿知其事邪？令狐及乎？」固故云無有。康與固對相詰，乃罵康曰：「老庸，既負使君，又滅我族，顧汝當活耶！」初，楊康自以白其事，冀得封拜，後亦並斬。臨刑，固又罵康曰：「老奴，汝死自分耳，」「何面目行地下也！」

樂廣衛玠　晉書樂廣傳：廣字彦輔，與王衍倶宅心事外，天下言風流者，王、樂稱首焉。衛玠傳：玠字叔寶，風神秀異，妻父即樂廣也。時謂婦公冰清，女壻玉潤。按：二傳倶無「寧馨兒」語，其語今見王衍傳。衍總角造山濤，濤嗟歎，目而送之，曰：「何物老嫗，生寧馨兒。」史通似誤。通雅：寧馨，呼語詞，今讀能亨，亦云那向。

## 浮詞第二十一

夫人樞機之發，亹亹不窮，必有徐音音在語前，故當言徐。舊作「餘音」，誤。足句，爲其始末。是以伊、惟、夫、蓋，發語之端也；徐音也。焉、哉、矣、兮，斷句之助也。足句也。去之則言語不足，加之則章句獲全。而史之敍事，亦有時類此。**釋**：首借文句起止助字，引出史之浮詞，蓋用詩家比興體也。故將述晉靈公厚斂雕牆，則且以不君爲稱；宣二。欲云司馬安四至九卿，而先以巧宦標目。所謂說事之端也。此猶語端。又書重耳伐原示信，而續以一戰而霸，文之教也；僖二十七。載匈奴爲偶人象郅都，令馳射莫能中，則云其見憚如此。史記酷吏傳。所謂論事之助也。此猶句助。**釋**：二層所引，似於語前語後各有浮出之文，而實非有泛溢也。

昔尼父裁經，義在褒貶，明如日月，持舊作「特」。用不刊。而史傳所書，貴乎博録而已。至於本事之外，時寄抑揚，此乃得失稟於片言，是非由於一句，談何容易，可不慎歟！**釋：**此段領下。但近代作者，溺於煩富，則有發言失中，去聲。○謂語前。加字不愜，一作「快」，非。○謂語後。遂令後之覽者，難以取信。**釋：**以發言、加字二句分挈下文。蓋史記世家有云：趙鞅諸子，無恤最賢。夫賢者當以仁恕爲先，禮讓居本。至如僞會鄰國，進計行戕，俾同氣女兄，摩笄引決，此則詐而安忍，貪而無親，鯨鯢是儔，犬豕不若，史通每多礙眼醜句。焉得謂之賢哉！又漢書云：蕭何知韓信賢。案賢者處世，夷險若一，不隕穫於貧賤，不充詘於富貴。易誤作「又」。傳曰：知進退存亡者，其唯聖人乎！如淮陰初在仄微，隳業無行，後居榮貴，滿盈速禍；躬爲逆上，一作「臣」。名隸惡徒。周身之防靡聞，知足之情安在？美其善將，呼爲才略則可矣，必以賢爲目，不其謬乎？**釋：**以此二事爲語前失中之證。然執論「賢」字滯甚，且與浮詞不倫。又云：漢書酷吏傳。嚴延年精悍敏捷，雖子貢、冉有通於政事，不能絶也。夫以編名酷吏，列號「屠伯」，而輒比孔門達者，豈其倫哉！且以春秋至漢，多歷年所，必言貌取人，耳目不接，又焉知其才術相類，錙銖無爽，而云不能絶乎？**釋：**以此一事爲語後不愜之證，而所言亦帶稚氣，擬古豈在笑貌間哉！○二節雖以證前，其實可削。

蓋古之記事也，或先經張本，或後傳終言，分布雖疏，錯綜逾密。**釋：**此五句束上起下。今之記事也則不然。或隔卷異篇，遽相矛盾；或連行接句，頓成乖角。是以齊史之論魏收，良直邪曲，三説各異；**原注**：李百藥齊書序論魏收云：「若使子孫有靈，竊恐未挹高論。」至收傳論又云：「足以入相如之室，游尼父之門。」但志存實録，好抵陰私。於爾朱暢傳又云：「收受暢財賄，故爲榮傳多減其惡。」是謂三説各異。按：北齊書，暢雙名文暢，受金語在其弟文略傳，文亦不同。周書之評太祖，寬仁好殺，二理不同。**原注**：令狐德棻周書元偉傳稱文帝不害諸元，則云：「太祖天縱寬仁，性罕猜忌。」於本紀論又云：「渚宮制勝，闔城孥戮；茹茹歸命，盡種誅夷。雖事出權道，而用乖於德教。」是謂二理不同。按：本注句複字脱，多不成語，今據周書改正。因此益悟集内篇文注語，時苦不通，皆竄亂所致，非其質也。非惟言無準的，固亦事成首鼠者矣。夫人有一言，一無「言」字。按：此句當作「人惟一格」。而史辭再三，良以好發蕪音，不求讜理，而言之反覆，觀者惑焉。**釋**：此節舉百藥、德棻之浮飾。

亦有開國承家，美惡昭露，皎如星漢，非靡沮所移，「靡沮」或作「磨涅」，俱未穩。此二句竟可省去。而輕事塵點，曲加粉飾。求諸近史，此纇即「累」字，或作「類」，後多有之，仿此。尤多。如魏書稱登國以鳥名官，則云「好尚淳樸，遠師少皞」；述道武結婚蕃落，則曰「招攜荒服，追慕漢高」。自餘所説，多類於此。案魏氏始興邊朔，少識典、墳；作儷蠻夷，抑惟秦、晉。而鳥官創置，豈關郯子之言？髦頭而偶，奚假奉春之策？奢言無限，何其舊作「甚」。厚顏！又周史稱元行恭因齊滅得回，庾信贈其詩曰：「號亡垂棘反，一作「滅」，誤。齊平寶鼎歸。」陳周弘正來聘，在館贈韋敻詩曰：「德星猶未動，真一作「直」，誤。車詎肯來？」其爲信、弘正所重如此。夫文以害意，自古而然，擬非其倫，由來尚矣。必以庾、周所作，皆爲實録，則其所褒貶，非止一人，咸宜取其指歸，何止採其四句而已？**釋**：此節舉魏收、牛弘之浮飾。若乃題目不定，首尾相違，則百藥、德棻是也；**原注**：齊史，李百藥所撰。周史，令狐德棻所撰也。心挾愛憎，詞多出没，則魏收、牛弘是也。**原注**：魏書，魏收所撰。周史載元行恭等，此本牛弘所撰也。斯皆鑒裁非遠，智識不周，而輕弄筆端，肆情高下。故彌縫雖洽，而厥迹更彰，取惑無知，見嗤有識。

**釋**：此總繳二節之文，乃斥浮正文也。

夫詞寡者出一言而已周，才蕪者資數句而方浹。案左傳稱絳父論甲子，隱言於趙孟；班書述楚老哭龔生，莫識其名氏。苟舉斯一事，則觸類可知。至嵇康、皇甫謐撰高士記，各一作「名」。爲二叟立傳，全採左、班之録，而其傳論一誤作「詞」。云：「二叟隱德容身，不求名利，避遠亂害，安於賤役。」夫探揣古意，而廣足原音：子愈反。新言，此猶子建之詠三良，延年之歌秋婦。至於臨穴泪下，閨中長歎，雖語多贏也。本傳，而事無異說。蓋鳧脛雖短，續之則悲；史文雖約，增之反累。加減前哲，豈容易哉！**釋**：此以高士傳論爲浮詞，是篇尾餘波，無關正史，亦似贅及。

昔夫子斷唐、虞以下迄於周，翦截浮詞，撮其機要。故帝王之道，坦然明白。嗟乎！

自去聖日遠，史籍逾多，得失是非，孰能刊定？假有才堪釐革，而以人廢言，此繞朝所謂「勿謂秦無人，吾謀適不用」者也。語見左傳文十三。**釋**：結處自寓。

**按**：浮之云者，溢辭也，歧辭也，而先之以徐音足句，最爲理致周圓。但篇中所摘，離合參半。如云隔卷連行，不容殊趣，而有若三論二評，失則歧矣浮矣。又云輕塵曲粉，無取雜施，而假以邃皇詞客，失則溢矣浮矣。皆法言也。獨其前此之論稱賢、論況古，後此之論高士傳贊，其失則滯而閒，刊而去之，乃純錦也。史通此等，故應分別觀之。

批摘所主，仍在北書，通前後篇一氣。

伊惟焉哉　按：此四句化用雕龍章句篇文。其原文云：「夫、惟、蓋、故，發端之首唱」；「乎、哉、矣、也，送末之常科」。

巧宦　史記汲黯傳：黯姑姊子司馬安，少與黯爲太子洗馬。安文深巧，善宦，官四至九卿。按：傳文「深巧」截句，「善宦」二字另讀。而潘岳閒居賦序破句作「巧宦」之目，後遂習用之。

摩笄　史記：趙簡子盡召諸子與語，無恤最賢，乃以爲太子，是爲襄子。襄子姊前爲代王夫人。簡子葬，未除服，北登夏屋，請代王。使廚人操銅枓以食代王，行斟，陰令宰人雒以枓擊殺代王，遂興兵平代地。其姊聞之，泣而呼天，摩笄自殺。代人憐之，名死地爲摩笄之山。

知韓信賢　項羽封沛公蜀漢。魏叔子集熊養及字説曰：漢高不肯之國。蕭何曰：「臣願大王王漢中，養其民以致賢人。」張良自韓來，韓信、陳平自楚往。故曰：「養民以致賢。」按：語見漢書蕭何傳。而良遇在先，平至在後。魏冰叔渾統言之。漢中所致，固止一信。但蕭何致賢之語，却是泛詞。史通指實韓信，殊屬牽合，非止拈義之滯也。

隕穫充詘　此禮記儒行之文。鄭注：隕穫，困迫失志之貌。充詘，歡喜失節之貌。

屠伯　嚴延年本傳：巧爲獄文，奏可論死，奄忽如神，流血數里，河南號爲「屠伯」。

首鼠　史記灌夫傳：武安侯召御史大夫載，怒曰：「與長孺共一老禿翁，何爲首鼠兩端？」

登國名官師少皞　魏書官氏志：天賜元年，欲法古純質，每於制定官號，皆擬遠古雲鳥之義。諸曹走使謂之鳧鴨，取飛之迅疾；以伺察爲候官，謂之白鷺，取其延頸遠望。自餘諸官，義皆類此。按：登國，道武初元，舉以概後也。少皞事，見書志篇。

道武結婚慕漢高　魏書崔玄伯傳：太祖曾引玄伯講漢書，至婁敬説漢祖以魯元公主妻匈奴，善之，嗟歎者良久。是以諸公主皆釐降於賓附之國。

髦頭　晉天文志：昴七星，天之耳目也[七]。又爲髦頭，胡星也。魏天象志：皇始元年六月，有星彗於髦頭。是秋，太祖啓冀方之地。

奉春之策　漢書劉敬傳：上曰：「本言都秦地者婁敬，『婁』者乃『劉』也。」賜姓劉氏，拜爲郎中，號奉春君。冒頓數苦北邊，劉敬曰：「陛下誠能以適長公主妻之，厚奉賂之，彼知漢女送厚，蠻夷必慕以爲閼氏，生子必爲太子，代單于。」「豈嘗聞外孫敢與大父抗禮者哉？」

元行恭得回　周書：元偉字猷道。爲使主，報聘於齊。是秋，高祖親戎東討，偉爲齊所執。齊平，偉方見釋。偉性好虛静，政事之暇，未嘗棄書。初，自鄴還也，庾信贈其詩云云。按：「猷道」，史通作「行恭」，豈牛弘本然耶？

周弘正來聘　周書：韋敻字敬遠，志尚夷簡，所居之宅，枕帶林泉。明帝號之曰逍遥公。陳遣其尚書周弘正來聘，造敻，後請敻至賓館，弘正贈詩云云。按：世説：陳太丘詣荀朗陵，元方將車。于時太史奏真人東行，弘正詩「真車」語用此也。

絳楚二老　絳父即絳縣老，見二體篇。漢書兩龔傳：兩龔皆楚人也。勝字君賓，舍字君倩，世謂之楚兩龔。王莽既篡國，遣使者奉璽書，即拜。勝不復開口飲食，死。有老父來弔，哭甚哀，既而曰：「嗟乎！薰以香自燒，膏以明自銷。」遂趨而出，莫知其誰。按：嵇康、皇甫謐作二叟傳，皆採左、班語也。

詠三良　文選：曹子建三良詩云：「攬涕登君墓，臨穴仰天歎。」

歌秋婦　宋書：顔延之字延年，獨酌郊野，當其得意，旁若無人。按：秋胡詩有「歲暮臨空房」句，所謂閨嘆也。秋胡事詳後品藻篇。

鳧脛　莊子駢拇篇：鳧脛雖短，續之則憂；鶴脛雖長，斷之則悲。

## 敍事第二十二

序一章，尚簡、用晦、妄飾三章。○題下注與行本小異。

夫史之稱美者，以敍事爲先。至若書功過，記善惡，文而不麗，質而非野，使人味其滋旨，懷其德音，三復忘疲，百遍無斁，自非作者曰聖，其孰能與於此乎？釋：從敘事大意寬起，提出「作者曰聖」，起下尚書、春秋。昔聖人之述作也，上自堯典，下終獲麟，是爲屬詞比事之言，春秋。疏通知遠之旨。尚書。子夏曰：「書之論事也，昭昭然若日月之代明。」揚雄有云：「説事者莫辨乎書，説理者莫辨乎春秋。」然則意指舊作「複」，誤。深奧，誥一訛「詁」。訓成義，尚書。微顯闡幽，婉而成章，春秋。雖殊途異轍，亦各有差舊訛作「美」。焉。諒以師範億載，規模萬古，爲述者之冠冕，實後來之龜鏡。一作「鑑」。既而馬遷史記，班固漢書，繼聖而作，抑其次也。故世之學者，皆先曰五經，次云三史，一有「故」字。經史之目，於此分焉。釋：此節推尚書、春秋爲敘事祖法，舉馬、班二家爲史體宗法。

嘗試言之曰：經猶日也，史猶星也。夫杲日流景，則列星寢耀；桑榆既夕，而辰象粲然。故史、漢之文，當乎尚書、春秋之世也，則其言淺俗，涉乎委巷，「其言」八字亦可芟。垂翅不舉，懘籥無聞。如杲日星寢也。逮於戰國已降，去聖彌遠，然後能露其鋒穎，倜儻不羈。如既夕星粲也。故知人才有殊，相去若是，校其優劣，詎可同年？自漢已降，幾將千載，作者相繼，非復一家，求其善者，蓋亦一有「無」字。幾矣。夫班、馬執簡，既五經之罪人；二字過當。而晉、宋殺青，又一脱「又」字。三史之不若。譬夫王霸有別，粹駁相懸，才難不其甚乎！釋：蒙上意，從二經跌落二史，以追於後史之遞降。

然則作「然而」用。人之著述，雖同自一手，其間則有善惡不均，精粗非類。若史記之舊無「之」字，據下漢書偶句，當有「之」。蘇、張、蔡澤等傳，是其美者。至於三、五本紀，日者、太倉公、龜策傳，固無所取焉。又漢書之帝紀，陳、項諸篇，是其最也。至於淮南王、司馬相如、東方朔傳，又安足道哉！其中多靡文故，然見亦過僻。豈繪事以丹素成妍，帝京以山水爲助。故言媸者其史亦拙，事美者其書亦工。必時乏異聞，世無奇事，英雄不作，賢儁不生，區區碌碌，抑惟恒理，而責史臣顯其良直之體，申其微婉之才，蓋亦難矣。**釋**：此節轉局起議，就史、漢拈示，大抵文貌有殊，都因事狀非一，強欲同之，不能也。故揚子有云：「虞、夏之書，渾渾爾；商書，灝灝爾；周書，噩噩爾；下周者，其書憔悴乎？」觀丘明之記事也，當桓、文作霸，晉、楚更盟，則能飾彼詞句，成其文雅。及王室大壞，事益縱橫，則春秋美辭，幾乎翳矣。觀子長之敍事也，自周已往，言所不該，其文闊略，無復體統。洎一作「自」。秦、漢已下，條貫有倫，則焕炳可觀，有足稱者。至若荀悅漢紀，其才盡於十帝；陳壽魏書，其美窮於三祖。觸類而長，他皆若斯。**釋**：此再申透上意，以見時當駁雜，只好就事敍事。

夫識寶者稀，知音蓋寡。近有裴子野宋略，王劭齊志，此二家者，並長於敍事，無愧古人。而世人一作「之」。議者皆雷同，譽裴而共詆王氏。夫江左事雅，裴筆所以專工；中原迹穢，王文由其屢鄙。且幾原子野。務飾虛辭，君懋王劭。志存實録，此美惡所以爲異也。

設使丘明重出，子長再生，記言於賀六渾之朝，書事於士尼干當作「侯尼于」。之代，將恐輟毫栖牘，無所施其德音。而作者安可以今方古，一概而論得失？ 釋：此節蒙上説下，才透指意。世人以飾爲工，以質爲陋，不知史固貴實録，不尚虚詞也。側注北朝，挈起三論。

夫敘事之體，其流甚多，非復片言所能覼縷，今輒區分類聚，定爲三篇，列之於下。 舊本次行有「右敘事篇序」五字，非劉氏自署也，今削之。後三條仿此。

按：此一章敘事之敘也。遠遠説來，純取寬境。大指言時風遞降，則文亦隨之。馬、班不襲二經，正是各成信史。後有作者，就事敘事，寧實無虚，寧今而真，無古而贋。彼浮議之爲譽爲詆，不足徇矣。苞籠後三，注射北四。

微顯闡幽　左傳杜序：其微顯闡幽，裁成義類者，皆據舊例而發義，指行事以正褒貶。按：史通本此，非用易文也。

渾渾灝灝噩噩　揚子問神篇之文。

賀六渾　北齊神武紀：姓高名歡，字賀六渾，渤海蓨人也。世仕慕容氏，慕容敗，歸魏。神武既累世北邊，故習其俗，遂同鮮卑。

士尼干　黄本作「士于尼」。其補注云：北史齊顯祖諱洋，字子進。武明太后孕帝時，有赤光照室，及産，命之曰「侯尼于」，鮮卑言有相子也。「士于尼」宜作「侯尼于」。

覼縷　「覼」本作「覶」，通作「羅」。左思吳都賦：嗟難得而覼縷。晉書傅咸疏：臣前所以不羅縷者，冀因結奏得從私願也〔八〕。金壺字考：次序也。

夫國史之美者，以敍事爲工，而敍事之工者，以簡要一無「要」字。爲主。簡之時義大矣哉！釋：本章言敍事尚簡也。起便提明。歷觀自古，作者權輿，尚書發蹤，所載務於寡事；春秋變體，其言貴於省文。斯蓋澆淳殊致，前後異迹。然則作「然而」用。文約而事豐，此述作之尤美者也。釋：以二經標簡體之大源。始自兩漢，迄乎三國，國史之文，日傷煩富。逮晉已降，流宕逾遠。舊多「必」字。尋其冗句，摘其煩詞，一行之間，必謬增數字；尺紙之內，恒一作「必」。虛費數行。夫聚蚊成雷，羣輕折軸，況於章句不節，言詞一多「言既」二字。莫限，載之兼兩，曷足道哉？釋：以近史當不簡之流宕。〇以上通章總冒。

蓋敍事之體，其別有四：有直紀其才行者，有唯書其事迹者，有因言語而可知者，有假讚論而自見者。釋：敍事之體，四別盡之。四句提綱。至如古文尚書稱帝堯之德，標以「允恭克讓」；春秋左傳言子太叔之狀，目以「美秀而文」。襄三十一。所稱如此，更無他說，所謂直紀其才行者。釋：第一緻句。又如左氏載申生爲驪姬所譖，自縊而亡；僖四。班史稱紀信爲項籍所圍，代君而死。漢高紀。此則不言其節操，而忠孝自彰，所謂唯書其事迹者。釋：第二繳句。又如尚書稱武王之罪紂也，其誓曰：「焚炙忠良，刳剔孕婦。」左傳紀隨會之論楚也，其詞曰：「華輅傳作「路」。藍縷，以啓山林。」「其誓曰」、「其詞曰」，是言語二字點眼處。此則才行事迹，莫不闕如，而言有關涉，事便顯露，所謂因言語而可知者。釋：第三繳句。又如史記衛青傳後，太史公曰：蘇建嘗責大將軍不薦賢待士。漢書孝文紀末，其讚曰：「吴王詐病不朝，賜以几杖。」「太史公曰」、「讚曰」，是「讚論」二字點眼處。此則傳之與紀，「傳紀」二字舊倒。並所不書，而史臣發言，别出其事，所謂假讚論而自見者。釋：第四繳句。然則才行、事迹、言語、讚論，凡此四者，皆不相須。用一省三。若兼而畢書，則其費尤廣。原注：近史紀傳欲言人居哀毁損，則先云至性純孝；欲言人盡夜觀書，則先云篤志好學；欲言人赴敵不顧，則先云武藝絶倫；欲言人下筆成篇，則先云文章敏速。此則既述才行，又彰事迹也。如穀梁傳云：驪姬以酖爲酒，藥脯以毒。獻公田來，驪姬曰：「世子已祀，故致福於君。」君將食，驪姬跪曰：「食自外來者，不可不試也。」覆酒於地，而地墳；以脯與犬，犬斃。驪姬下堂而啼呼曰：「天乎！天乎！國，子之國也，子何遲乎爲君！」又禮記云：陽門之介夫死，司城子罕入而哭之哀。晉人之覘宋者反報於晉侯曰：「陽門之介夫死，而子罕哭之哀，而民説，殆不可伐也。」此則既書事迹，又載言語也。又近代諸史，人有行事，美惡皆已具其紀傳中，續以讚論，重述前事。此則才行事迹，紀傳已書，讚論又載也。按：此注舊本多訛，今照傳、記改正。但自古經史，通多此類。此九字一本混入注中。○原注：公、梁、禮、新序、説苑、戰國策、楚漢春秋、史記，迄於皇家所撰五代史皆有之。能獲免者，蓋十無一二。原注：唯左丘明、裴子野、王劭無此也。釋：四别所舉簡煩利病，疏論止此。

又敘事之省，其流有二焉：一曰省句，二曰省字。釋：續從四別列出二流。如一無「如」字。左傳宋華耦來盟，稱其先人得罪於宋，魯人以爲敏。夫以鈍者稱敏，原注：魯人，謂鈍人也。禮記中已有注解。則明賢達所嗤，此爲省句也。春秋經曰：「隕石於宋五。」僖十六。夫聞之隕，視之石，數之五。加以一字太詳，減其一字太略，求諸折中，簡要合理，此爲省字也。釋：已上正徵省。其有一無「有」字。反於是者，若公羊當作「穀梁」。稱郄傳作「郤」。克眇，季孫行父禿，孫良夫跛，齊使跛者逆穀梁作「御」，下同。跛者，禿者逆禿者，眇者逆眇者。蓋宜除「跛者」已下句，舊作「字」，誤。但云「各以其類逆」。舊多「者」字。必事加再述，則於文殊費，此爲煩句也。漢書張蒼傳云：「年老，口中無齒。」蓋於此一句之內去「年」及「口中」可矣。夫此六文成句，而三字妄加，此爲煩字也。釋：以上反徵煩。然則省句爲易，省字爲難，洞識此心，始可言一有「於」字。史矣。苟句盡餘剩，字皆重複，史之煩蕪，職由於此。釋：二流所舉省煩利病，疏論止此。○正文已竟。

蓋餌巨魚者，垂其千鈞，而得之在於一筌；捕高鳥者，張其萬罝，而獲之由於一目。夫敘事者，或虛益散辭，廣加閑說，必取其所要，不過一言一句耳。苟能同夫獵者、漁者，既執而此三字恐有訛脫文，當是廣置之義。罝鈞必收，其所留者唯一筌一目而已，則庶幾駢枝王注云：諸本作「胼胝」，誤。盡去，而塵垢都捐，一作「隕」。華逝而實存，滓去而瀋在矣。嗟乎！能損之文損，而玄之又玄，輪扁所不能語斤，伊摯所不能言鼎也。**釋**：設喻結所言太窄。北平云：如行地者，碾足之外，不留寸土，尚可以行乎？〇此章當云「尚簡」，下章當云「用晦」也。舊本標「簡要隱晦」，非是。

**按**：右一章言敘事尚簡也。四別二流，指證簡法，得間入微，是史通全提之正令，是敘事不二之法門。行之維艱，識法者懼。

高、赤、檀弓，複調取致，原非史部家言，劉公特拈句示的耳，勿以不知文詬之。

論古考言，貴設身處地。劉公時所覩諸近史，如何、臧之兩晉，南北之八朝，其所載記，太半皆駢章儷句，嘲己諱世之篇，展卷爛然，浮文妨要。公有激於此，束之窄僿之途，所謂矯枉者直必過，讀者諒之而已。

權輿　廣韻：造衡自權始，造車自輿始。

成雷折軸　漢中山靖王傳：衆呴漂山，聚蟁成雷。注：蟁，古「蚊」字。國策：張儀説魏，積羽沈舟，羣輕折軸，衆口鑠金。

篳輅藍縷　左宣十二：欒武子曰：楚自克庸以來，在軍無日不討軍實而申儆之，訓之以篳路藍縷，以啓山林。按：是欒書語，非士會語也。二人皆稱武子，所以誤也。又：昭十二年，右尹子革語亦有篳路句。皆是言語，非書事迹。

衞青傳　史記贊：大將軍不敢親附士大夫，招賢者，侵人主之柄，奉法遵職而已。按：其文全出蘇建口語，史公運之爲贊，事舉而傳文省矣，故劉氏引之。

孝文紀　漢書贊：孝文皇帝約身弛民，懷南越，和匈奴。又：吴王詐病而賜几杖，專務德化。按：

凡此數事，本皆史記紀中正文，班氏取以爲贊，又一運化省筆之法，故劉氏類引之。

魯人以爲敏　左文十五：宋華耦來盟，公與之宴，辭曰：「君之先臣督，得罪於宋殤公，名在諸侯之策。臣承其祀，其敢辱君。」魯人以爲敏。杜注：無故揚其祖惡是不敏，魯人以爲敏，君子不與也。按：「魯」字之訓，劉云「禮記中亦有是注」，但大、小戴記皆無是語，唯孔疏有其文，曰：「魯人，魯鈍之人。」

眇禿跛　穀梁成元：季孫行父禿，晉郤克眇，衞孫良夫跛，同時而聘于齊云云。公羊成二：客或跛或眇，於是使跛者迓跛者，眇者迓眇者。按：史通所引，是穀非公，傳寫誤。

口中無齒　漢書張蒼傳：免相後，口中無齒，食乳。按：句上無「年老」字。又按：本傳全録史記。史記有「老」字，無「年」字，豈唐初寫本漢書有此二字耶？

一筌一目　魚豢典略云：得鳥者，羅之一目也，然張一目之羅，終不得鳥矣。史通翻用其文，然失之迫隘，不若原文之善喻也。按：魚豢之言，本淮南説山訓。

輪扁　莊子天道：斫輪，徐則甘而不固，疾則苦而不入，不疾不徐，得之於手，而應於心，口不能言。按：文兼使郢人運斤事，故曰不能語斤。

伊摯　史記殷本紀：伊尹名阿衡。索隱：孫子兵書：伊尹名摯。孔安國亦曰伊摯。呂覽本味：伊尹説湯以至味，曰：「鼎中之變，精妙微纖，口弗能言，志弗能喻。」按：「輪扁」二句，本文心神思篇成語。

夫飾言者爲文，編文者爲句，句積而章立，章積而篇一多「目」字。成。篇目既分，而一家之言備矣。釋：本章言敘事用晦也，先泛然說起。古者行人出境，以詞令爲宗；大夫應對，以言文爲主。況乎列以章句，刊之竹帛，安可不勵精雕飾，傳諸諷誦者哉？釋：已上是開勢。自聖賢述作，是曰經典，句皆韶、夏，言盡琳瑯，秩秩德音，洋洋盈耳。譬夫游滄海者，徒驚其浩曠；登太山者，但嗟其峻極。釋：此層亦是挑剔之文。必摘以尤最，不知何者爲先。然章句之言，有顯有晦。釋：此方點出章旨，又將「顯」字剔「晦」字。晦之云者，意到而筆不到也。顯也者，繁詞縟說，理盡於篇中；晦也者，省字約文，事溢於句外。然則晦之將顯，優劣不同，較可知矣。釋：測注在晦一邊。夫能略小存大，舉重明輕，一言而巨細咸該，片一作「三」，非。語而洪纖靡漏，此皆用晦之道也。釋：正提用晦作起筆。

昔古猶云「古昔」。文義，務却浮詞。虞書云：「帝乃殂落，百姓如喪考妣。」德盛、民戴皆見。夏書云：「啓呱呱而泣，予不子。」憂國、忘家皆見。周書稱「前徒倒戈」，「血流漂杵」。紂虐、民憤皆見。虞書云：「四罪而天下咸服。」凶德、公心皆見。此皆文如闊略，而語實周贍。故覽之者初疑其易，而爲之者一無「者」字。方覺其難，固非雕蟲小技所能斥苦舊作「斥非」，于文不順，當是「斥苦」之訛。其說也。釋：此節從尚書指出晦法。既而丘明受舊作「授」。經，師範尼父。夫經以數字包義，而傳以一句成言，雖繁約有殊，而隱晦無異。故其綱紀而言邦俗也，則有士會爲政，晉國之盜奔秦；政善可知。邢遷如歸，衞國忘亡。安集可知。其款曲而言人事也，則有此下諸本多訛，詳注在後。犀革裹之，比及宋，手足皆見；勇悶可知。三軍之士，皆如挾纊。感悅可知。斯皆言近而旨遠，辭淺而義深，雖發語已殫，而含意未盡。使夫讀者望表而知裏，捫毛而辨骨，覩一事於句中，反三隅於字外。晦之時義，不亦大哉！**釋**：此節從左傳指出晦法。洎班、馬二史，雖多謝五經，必求其所長，亦時值斯語。至若高祖亡蕭何，如失左右手；史記淮陰侯傳。○倚任可知。漢兵敗績，睢水爲之不流；史記項羽本紀。○敗形可知。董生乘馬，三年不知牝牡；專業可知。翟公之門，可張雀羅，涼態可知。則其例也。**釋**：此節從史、漢指出晦法，正文扣住。

自茲已降，史道陵夷，作者蕪音累句，雲蒸泉湧。其爲文一作「史」。也，大抵編字不隻，捶句皆雙，修短取均，奇偶相配。故應以一言蔽之舊脫「之」字。者，輒足爲二言；應以三句成文者，必分爲四句。彌漫重沓，不知所裁。是以處道舊本作「承祚」，誤。受責於少期，**原注**：魏書鄧哀王傳曰：容貌姿美，有殊於衆，故特見寵異。裴松之曰：一類之言而分以爲三，亦敍屬之一病也。子昇取譏於君懋，**原注**：王劭齊志曰：時議恨邢子才不得掌興魏之書，悵快温子昇，亦若此而撰永安記，率是支言。○「支言」，舊訛「六言」。非不幸也。**釋**：此節撤盡後史簡且不能，更何處說起用晦耶？今試取諸史讀之，信有八代之衰之歎也。

蓋作者言雖簡略，理皆要害，故能疏而不遺，儉而無闕。譬如用奇兵者，持一當百，能全克敵之功也。若才乏儁穎，思多昏滯，費詞既甚，敘事纔周，亦猶售鐵錢者，以兩當一，方成貿遷之價也。**釋**：此節雙綰雙收。然則史、漢已前，省要如彼；國、晉已降，**原注**：國謂三國志，晉謂晉書也。煩碎如此。必定其妍媸，甄其善惡。此下似有脱句。夫讀古史者，明一作「閲」。其章句，皆可詠歌；對晦而言，故須求明也。「明」字勝。觀近史者，悦一作「得」。其緒言，直求事意而已。意無餘蓄，惟言句可悦耳。「悦」字勝。是則一貴一賤，不言可知，無假榷揚，而其理自見矣。

**釋**：結是長言詠歎之法。○舊本二章裝柄「簡要」，義猶可通，「隱晦」直無理矣。敘事正貴明顯，而顧反之，果何説乎？且隱晦豈文家美詞，而與簡要對舉乎？决是妄填，故削之。

**按**：右一章言敘事用晦也。用晦之道，尤難言之。簡者詞約事豐，晦者神餘象表。詞約者猶有詞在，神餘者唯以神行，幾幾無言可説矣。敘事至此，豈復望之五經、三史後哉？故止得前幅舉似如尚書、左傳、史、漢數條，愜合章旨，向後著語，便殗一鍼。何也？如所云不隻皆雙，及處道、子昇受責取譏，諸注祇從煩省比量，移置前章背面亦得。此則反拈互勘，取道稍鬆，亦彌見晦法入微，無文對舉也。故曰尤難言之。

言文　左襄二十五：仲尼曰：志有之：言以足志，文以足言，不言，誰知其志？言之無文，行之不遠。慎辭哉！

斥苦　莊子逸篇：紼謳所生，必於斥苦。司馬彪注：引紼謳歌，爲力不齊，而迫促之。按：本文蓋竭力求及之意。

晉盜奔秦　左宣十六：晉侯請於王，以黻冕命士會將中軍，且爲太傅，於是晉國之盜逃奔於秦。

如歸忘亡　左閔二：僖之元年，齊桓公遷邢於夷儀。二年，封衛於楚丘。邢遷如歸，衛國忘亡。

犀革至挾纊　左莊十二：宋萬弒閔公於蒙澤，奔陳。宋人請萬於陳以賂。陳人使婦人飲之酒，而以犀革裹之，比及宋，手足皆見。宋人醢之。又宣十二：楚子伐蕭，申公巫臣曰：「師人多寒。」王巡三軍，拊而勉之。三軍之士，皆如挾纊。○按：本文於「則有」之下，一本云：「使婦人飲之酒，以犀革裹之，比及宋，手足皆見。援廟桷，動於甍。師人多寒，王拊而巡之，三軍之士，皆如挾纊。」一本削去「援廟桷」六字，以「宋人醢之蕭潰」六字填之。反覆參觀，二本皆謬。何也？章言用晦，所引皆含蓄句法。此條神趣只在「手足見」、「如挾纊」兩言，而多贅冗文，全乖晦體。謬一也。史通一書，純用偶體，此條與「盜奔」、「邢遷」作配，而溢添「援桷」，則體不均；改綴「蕭潰」，又義不屬。謬二也。再按：「援桷」事見襄二十八。此六字似是「犀革」改本失删彼文，自餘羨句，則緣後人夾注，傳寫混入，致茲乖謬耳。既僭刊之，仍列異本原文於右。難者曰：「『三軍挾纊』八字不太割截乎？」應之曰：「『如歸、忘亡』八字連綴上文否？」

不知牝牡　王訓故：鄒子：董仲舒勤學，三年不窺園，乘馬不知牝牡。按：史記、漢書止有「不窺園」一句。

可張雀羅　漢書汲鄭傳：兩人中廢，賓客益落。先是，下邽翟公爲廷尉，賓客亦填門，及廢，門外可張爵羅。後復爲廷尉，客欲往，翟公大署其門曰：「一死一生，乃知交情；一貧一富，乃知交態；

一貫一賤，交情乃見。」

處道　晉書：王沈字處道，典著作，與荀顗、阮籍共撰魏書，多爲時諱，未若陳壽之實録也。按：本文句下原注，本引裴評王沈書語，或妄意裴是注三國者，遂改「處道」爲「承祚」，並改注内「魏書」爲「魏志」，而又脱去「有殊於衆」兩言，使「一類分三」句無著傍，頭面全失矣。亟是正之，不憚多事云。

子昇　魏書文苑傳：温子昇字鵬舉，永熙中散騎常侍。濟陰王暉業嘗云：江左文人有顔延之、謝靈運、沈約、任昉，我子昇足以陵顔轢謝，吐沈含任。宋游道集其文筆爲三十五卷。

昔文章既作，比興由生，鳥獸以媲賢愚，草木以方男女，詩人騷客，言之備矣。**釋**：本章論敍事妄飾，謂假古名以飾今稱也。首原比體所由興，作開局。洎乎中代，其體稍殊，或擬記作「儗」。人必以其倫，或述事多比於古。當漢氏之臨天下也，君實稱帝，理異殷、周；子乃封王，名非魯、衛。而作者猶謂帝家爲王室，公輔爲王臣。盤亦作「磐」。石加建侯之言，帶河申俾侯之誓。舊作「稱」。而史臣撰録，亦同彼文章，假託古詞，翻易今語。潤色之濫，萌於此矣。**釋**：此節説到假古爲飾，自漢初始，而史亦因之。

降及近古，彌見其甚。至如諸子短書，雜家小説，論逆臣則呼爲問鼎，稱巨寇則目以長鯨。邦國初基，皆云草昧；帝王兆迹，必號龍飛。斯並理兼諷諭，言非指斥，異乎游、夏措詞，南、董顯書之義也。釋：此承前言。諸名雖飾，猶皆切當，況是雜書，無關國典也。如魏收代元魏初國號代。史，吴均齊北齊。録，或牢籠一世，或苞舉一家，自可申不刊之格言，弘至公之正説。而收稱劉氏納貢，則曰「來獻百牢」；均敘元日臨軒，必云「朝會萬國」。夫以吴徵魯賦，禹計塗山，持彼往事，用爲今説，置於文章不關史册之文。則可，施於簡册謂史。則否矣。一脱「矣」字。釋：此折轉言。若收、均任修國史，恣行誇飾則妄矣。

亦有方以類聚，譬諸昔人。如王隱稱諸葛亮挑戰，冀一作「真」。獲曹咎之利；崔鴻稱慕容冲見幸，爲有龍陽之姿。拈事猥褻。其事相符，言之讜矣。而盧思道稱邢邵喪子不慟，自東門吴已來，未之有也；李百藥稱王琳雅得人心，雖李將軍恂恂善誘，無以加也。斯則虚引古事，妄足庸音，苟矜其學，必辨而非當者矣。此亦未允。釋：此與下節皆兩層轉折。○此言諸所比擬，王、崔爲得，若盧、李則過飾矣。

昔禮記檀弓，工言物始。夫自我作故，首創新儀，前史所刊，後來取證。是以漢初立轊，當作「槥」。子長當作「孟堅」。所書；魯始爲髽，丘明是記。河橋可作，元凱取驗於毛詩；男子有笄，伯支遠徵於内則。即其事也。案裴景仁秦記稱苻世説注引裴記，本作「符」。堅方食，撫盤而詬；王劭齊志述一有「受紇」二字，一有「受」字。洛干感恩，脱帽而謝。及彦鸞崔鴻。撰以新史，重規李百藥。删其舊録，乃易「撫盤」以「推案」，變「脱帽」爲「免冠」。夫近世通無案食，胡俗不施冠冕，直以事不類古，改從雅言，欲令一脱「令」字。學者何以考時俗之不同，察古今之有異？**釋**：此以制物言，亦兩層轉折。若欂、鬡等皆有徵，若盤、帽等則不必假古爲飾矣。

又自雜種稱制，充牣神州，事異諸華，言多醜俗。一作「孔醜」。至如翼犍，舊有「魏」字。道武原舊作「所」，非。諱：，黑獺，周文本名。而伯起革一訛「草」。以他語，德棻闕而不載。考二史，皆不諱。蓋厖降、蒯聵，字之媸也：，重耳、黑臀，名之鄙也。舊皆列一訛「例」。以三史，傳諸五經，未聞後進談講，别加刊定。况齊丘注語甚明，舊訛「愁山」。之或訛「定」。犢，彰於載讖：，**原注**：杜臺卿齊記載讖云：「首牛入西谷，逆犢上齊丘」也。河邊之狗，著於謠詠。**原注**：王劭齊志載謠云：「獾獾頭團圝，河中狗子破爾菀」也。明如日月，難爲蓋藏，此而不書，何以示後？**釋**：此節乃推到無可飾者，如犍、獺、謠、讖等諸名色，不能飾而諱之，亦飾也。亦有氏姓本複，減省從單，或去「万紐」而留「于」，舊訛「去方紐而留于」，又訛「去萬而留千」。或止存「狄」而除「厙」。如作「存扶而除乞」亦可，舊作「存扶而除厚」，非。求諸自古，罕聞茲例。**釋**：此因諱而類及之。此雖非文士爲政，然當時操史筆者，固有憚煩從改之習也。

昔夫子有云：「文勝質則史。」故知史之爲務，必藉於文。自五經已降，三史而往，以文叙事，可得言焉。而今之所作，一多「者」字。有異於是。其立言也，或虚加練飾，輕事雕彩：；或體兼賦頌，詞類俳優。文非文，史非史，譬夫烏孫造室，雜以漢儀，而刻鵠不成，反類於鶩者也。**釋**：結言史亦尚文，但虚設不可耳。

按：右一章論敘事妄飾也，通旨歸結在此爲元、高、宇文而作，歷詳厥指：一言詞令之出，幅員不可欺；一言服物之制，通稱不必變；一言名號之傳，謠讖不容掩。所争在借與直，非貪俗惡典也。與言語篇同意。論者不審，幾疑提塘邸抄，彈詞賓白，亦可班之國史矣，豈謂是哉！

劉氏獻百牢　魏書：太武帝太平真君十一年，輿駕南伐。劉義隆使獻百牢，貢其方物。按：用左傳哀七年會鄫語。又見雜説中篇「佛貍入寇」注。

元日會萬國　按：魏書太宗神瑞二年春正月，賜附國大渠帥朝歲首者繒帛、金罽有差，而文乃言高齊事。考齊書無「元日會萬國」明文，當是臣僚賀表中語。惜吴均齊録不可得見也。

諸葛挑戰　魏志注：晉陽秋曰：諸葛亮寇於郿，據渭水南。亮挑戰，遺高祖巾幗，欲以激怒，冀獲曹咎之利。史記項羽紀：項王謂大司馬曹咎曰：「謹守成皋，漢欲挑戰，慎勿與戰。」漢果數挑楚軍戰，楚軍不出，使人辱之。大司馬怒，渡兵汜水。半渡，漢擊之，大破楚軍。咎自剄。

慕容冲　晉書載記：苻堅滅燕，慕容冲姊爲清河公主，年十四，有殊色，堅納之，寵冠後庭。冲年十二，亦有龍陽之姿，堅又幸之。姊弟專寵，長安歌之曰：「一雌復一雄，雙飛入紫宮。」戰國魏策：魏王與龍陽君共船而釣，得爲王拂枕席。

邢邵喪子　北齊書：邢邵字子才，養孤子恕，慈愛特深。在兗州，有都信云恕疾，便憂之，顔色貶損。及卒，痛悼雖甚，不再哭。其高情達識，開遣滯累，東門吴以還，所未有也。戰國秦策：梁人有東門吴者，其子死而不憂。其相室曰：公子，愛子也，死而不憂，何也？東門吴曰：吾嘗無子，無子之時不憂。今與無子時同也，奚憂焉？

王琳得人心　北齊書：王琳字子珩，鎮壽陽，輕財愛士，得將卒之心。既及於難，當時田夫野老，知與不知，莫不爲之歔欷流涕。觀其誠信感物，雖李將軍之恂恂善誘，殆無以加焉。李將軍廣事具史記。郭評：子才喪孤不慟，何異於吴？王琳會葬千人，李廣不啻，豈爲虛引故事？

漢初立槥　漢書高紀：八年十一月，令士卒從軍死者爲槥，歸其縣，縣給衣衾棺葬具。注：應劭曰：「槥，小棺也。」郭評：史通作「轊」。轊，車軸也。又考史記無此事，當改云「漢初立槥，孟堅所書」。

魯始爲髽　左襄四：邾、莒伐鄫，臧紇救鄫，敗於狐駘。國人從喪者皆髽，魯於是乎始髽。杜注：髽，麻髮合結也。喪多不能備凶服。檀弓鄭注：去纚而紒曰髽。纚，黑縚。紒音計。按：左傳合男女言，檀弓以爲婦人弔也。

作河橋　晉杜預傳：預字元凱，杜陵人。預以孟津渡險，請建河橋於富平津。議者以爲殷、周所都，歷聖賢而不作者，必不可立故也。預曰：「『造舟爲梁』，則河橋之謂也。」及橋成，帝從百僚臨會，舉觴屬預。

男子笄　魏書：劉芳字伯文，彭城人。北徙，通直常侍。王肅之來奔也，宴於華林。肅語次曰：古者婦人有笄，男子則無。喪服，男子冠而婦人笄。芳曰：冠尊，故奪其笄稱也，非男子無笄。禮内則稱，子事父母，雞初鳴，櫛纚笄總。男子有笄明矣。肅以爲然。時人號爲劉石經。按：「伯文」，北史作「伯支」。

易盤以案　按：裴之秦記，崔之十六國書，皆無考。晉載記：苻堅討姚萇，萇軍渴，有死者。俄而降雨，萇營三尺，營外寸餘而已。萇軍大振。堅方食，去案，怒曰：天何故降澤賊營！

變帽爲冠　北齊万俟普傳：子洛，字受洛干，戰有功，高祖親扶上馬。洛干免冠稽首曰：「願出死力。」按：北史亦同，而劭志亦無考矣。

翼犍黑獺　魏書序紀〔九〕：昭成帝諱什翼犍。周書帝紀：文帝，宇文氏，諱泰，字黑獺。

字嫦名鄙　舊注：厖降，八凱中一人。蒯聵，衞莊公名。刺客傳亦有趙人蒯聵。重耳，晉文公名。黑臀，晉成公名。成公之生也，其母夢神規其臀以黑，曰：「使有晉國三，而畀驩之孫。」故名曰黑臀。

姓複從單　通鑑釋例：魏之羣臣出代北者，皆複姓。孝文遷洛，改爲單姓。史患其煩，皆從後姓。今按：北朝諸史亦非盡改。其省改之文於魏書官氏志具列之。

去万紐留于　周書：唐瑾仕魏，爲驃騎、開府，周文歎異之，賜姓万紐于氏。華岳頌碑結銜作「万紐于瑾」。魏書官氏志：勿忸于氏，後改爲于氏。通志氏族略：「勿忸于」疑與「万紐于」同。愚按：「勿忸」無他據，而「万紐」有據，疑魏志訛也。又易「万」作「萬」，北史儒林樊深賜姓亦然，則又傳寫者誤也。

存狄除庫　舊作「存扶除厚」。按：官氏志無「厚」字連「扶」之氏，但有乞扶氏改爲扶氏，則似「除厚」

應爲「除乞」矣。然「乞」之與「厚」，聲形俱別，不應訛轉乃爾。再考本志，有庫狄氏，後改爲狄氏。「庫」與「厚」，「狄」與「扶」，形俱相近，或當是也。又北齊臣如厙狄迴洛、厙狄盛之屬，多「广」頭去點，尤與「厚」字頭同。廣韻：厙，始夜切，姓苑有之。

## 校勘記

〔一〕襄十四　「襄」原作「哀」，據左傳改。

〔二〕遠哉遥遥　「遠」原作「往」，據左傳改。

〔三〕左宣二　「宣二」原作「文四」，據左傳改。

〔四〕裴潛謂劉備　「潛」原作「晉」，據三國志、世説新語改。

〔五〕魏志王淩傳注　「淩」原作「陵」，據三國志注改，下同。

〔六〕太傅東取淩固見太傅　「淩」原作「固」，「固見太傅」原無，據三國志注改補。

〔七〕天之耳目也　「目」字據晉書補。

〔八〕冀因結奏得從私願也　「冀」原作「莫」，據晉書改。

〔九〕魏書序紀　「序」原作「帝」，據魏書改。

# 史通通釋卷七

## 内篇

### 品藻第二十三

蓋聞方以類聚，物以羣分，薰蕕不同器，梟鸞不比翼。若乃商臣、冒頓，南蠻、北狄，萬里之殊也；伊尹、霍光，殷年漢日，千載之隔也。而世之稱悖逆則云商、冒，論忠順則曰伊、霍者，何哉？蓋厥迹相符，則雖隔越爲偶，奚必差肩接一作「步」。武，方稱連類者乎？

**釋：**篇首言品藻果允，雖時地不相及，而人可類舉也。

史氏自遷、固作傳，始以品彙相從。然其中或以年世迫促，或以人物寡鮮，求其具體必同，不可多得。是以韓非、老子，共在一篇；董卓、袁紹，無聞二録。豈非韓、老俱稱述者，書有子名；韓非子、老子。袁、董並曰英雄，生當漢末。用此爲斷，粗得其倫。亦有厥類衆夥，宜爲流別，而不能定其同科，申其異品，用使蘭艾相雜，朱紫不分，是誰之過歟？蓋史官之責也。**釋**：此節總冒。

案班書古今人表，仰包億載，旁貫百家，分之以三科，定之以九等。其言甚高，其義甚愜。及至篇中所列，奚不類於其敘哉！若孔門達者，顔稱殆庶，至於他子，難爲等衰。通「差」。今乃先伯牛而後曾參，進仲弓而退冉有，**原注**：伯牛、仲弓並在第二等，曾參、冉有並在第三等。求諸折中，厥理無聞。又楚王楚武王子文王。過鄧，三甥聃甥、騅甥、養甥。請一作「欲」。殺之，鄧侯不許，卒亡鄧國。莊六。今定鄧侯入下愚之上，**原注**：即第七等。夫寧人負我，爲善獲戾，持此致尤，將何勸善？如謂小不忍，亂大謀，失於用權，故加其罪。是則三甥見幾而作，決在未萌，自當高立標格，置諸雲漢，何得止與鄧侯鄰伍，列在中庸下流而已哉？**原注**：三甥皆在第六等。又其敘晉文之臣佐也，舟之僑爲上，陽處父次之，士會爲下。**原注**：舟之僑在第三等，陽處父在第四等，士會在第五等。其述燕丹一脱「丹」字。之賓客也，高漸離居首，荆軻亞之，秦舞陽居末。**原注**：高漸離在第四等，荆軻在第五等，秦舞陽在第六等。○事詳史記刺客傳。斯並是非瞀亂，善惡紛拏，或珍瓴甋而賤璠璵，或策駑駘而捨騏驥。以兹爲監，欲誰欺乎？**釋**：此節專糾漢書古今人表。

又江充、息夫躬讒諂惑上，使禍延儲后，毒及忠良。論其奸凶，過於石顯遠矣。而固敍之，不列佞幸。楊王孫裸葬悖禮，狂狷之徒，考其一生，更無他事，而與朱雲同列，一有「仍」字。冠之傳首，不其穢歟？釋：因古今人表及到列傳分合，就班書作轉遞。已下皆言傳類也。

若乃旁求別録，側窺雜傳，諸如此謬，其累實多。案劉向列女傳載魯之秋胡妻者，尋其始末，了無才行可稱，直以怨懟厥夫，投川而死。輕生同於古冶，殉節異於曹娥，此乃凶險之頑人，強梁之悍婦，兩言罪過。輒與貞烈爲伍，有乖其實者焉。釋：列女傳一則。又嵇康高士傳，其所載者廣矣，而顔回、蘧瑗，獨不見書。蓋以二子雖樂道遺榮，安貧守志，而拘忌名教，未免流俗也。揣薄周、孔者之意。正如董仲舒、揚子雲，亦鑽仰四科，馳驅六籍，漸孔門之教義，服魯國之儒風，亦是誦述禮法者。與此何殊，而並可甄録。夫回、瑗可棄，而揚、董獲升，可謂識二五而不知十者一本誤作「百」字。也。釋：高士傳一則。○已上二書非國史，蓋類而及之。

爰及近代，史臣所書，求其乖失，亦往往而有。借如陽瓚效節邊城，捐軀死敵，當有宋之代，抑劉、卜之徒歟？原注：劉謂劉康祖，卜謂卜天與。而沈氏竟不別加標榜，唯寄編於索虜篇内。紀僧珍南齊書及南史並作「僧真」。砥節礪行，終始無瑕，而蕭氏乃與羣小混書，都以恩幸爲目。王頍文章不足，武藝居多，躬詣戚藩，首階逆亂。撰隋史者如不能與梟感並列，原注：隋世皆以楊玄感爲梟感。即宜附出楊諒傳中。輒與詞人共編，吉士爲伍。原注：隋書列王頍在文苑傳也。凡斯纂録，豈其類乎？釋：此節收歸國史，謂沈、蕭、令狐諸書，類多分配未當也。

子曰：「以貌取人，失之子羽；以言取人，失之宰我。」光武則受誤於龐萌，曹公則見欺於張邈。事一無「事」字。列在方書，句有脱字。惟善與惡，昭然可見。不假許、郭之深鑒，裴、王之妙察，而作者存諸簡牘，不能使善惡區分，故曰誰之過歟？史官之責也。**釋**：此節推到作者識鑒，應前作繳。夫一作「矣」。能申藻鏡，一多「區」字。別流品，使小人君子臭味得朋，上智中庸等差有敍，則懲惡勸善，永肅將來，激濁揚清，鬱爲不朽者矣。

**按**：班史人表，老手判之，只銷一語，曰不作可耳。他所論列，亦恐更僕未易盡也。品藻非直論史，直論人矣。論人者衡懸鑑照，平明蓋難，一挂百漏，拈放何主，愚恐是篇輕犯棘叢。高士傳一節，非欲其攀載顔、蘧，乃譏其冒收揚、董也。史通此類文法甚多，解者勿誤。

商冒　商臣，楚成王太子。王後欲立少子職，商臣以宫甲圍王，王縊，遂自立。見左傳文元年。冒頓，匈奴頭曼太子。頭曼愛後閼氏子，欲立之。冒頓射殺頭曼自立。事見史記匈奴傳。按：此二逆連舉，見宋明帝詔。

伊霍　漢書：霍光字子孟，位大司馬、大將軍。昭帝崩，亡嗣。承皇太后詔，迎昌邑王賀。賀即位，行淫亂，光憂懣。田延年曰：「伊尹相殷，廢太甲以安宗廟，後世稱其忠。將軍若能行此，亦漢之伊尹也。」光即白太后，詔歸賀昌邑，立孝宣皇帝。晉景紀：伊尹放太甲以寧殷，霍光廢昌邑以安漢。

三科九等　漢書古今人表敍云：可與爲善，不可與爲惡，是謂上智；可與爲惡，不可與爲善，是謂下愚；可與爲善，可與爲惡，是謂中人。因兹以列九等之序。

晉之臣佐　左傳二十七、八：晉文作三軍，魏犨爲戎右。圍曹，魏犨傷於胸，立舟之僑以爲戎右。城濮之戰，舟之僑先歸，晉侯殺之以徇於國。又文五：晉陽處父聘於衞，甯嬴從之，及温而還。其妻問之，嬴曰：以剛，天爲剛德，猶不干時，況在人乎？是以去之。又：士會見敍事用晦篇。

江充息夫躬　纂舊注：江充幸於武帝，造巫蠱，殺太子。息夫躬幸於哀帝，上變告東平王雲，造詐諼之策。按：漢書，二人與蒯通、伍被同傳。

石顯　漢書佞幸傳：石顯少坐法腐刑。元帝委以政事。爲人巧慧習事，能探得人主微指。内深賊，持詭辯以中傷人。

楊王孫　漢書：楊王孫者，孝武時人，學黄、老之術。病且終，令其子裸葬，爲布囊盛尸，入地七尺，既下，從足引脱其囊，以身親土。

秋胡妻　列女傳：潔婦者，魯秋胡子妻也。納之五日，去而宦於陳，五年乃歸。未至家，見路傍婦人採桑。秋胡子悦之，下車謂曰：「力田不如逢豐年，力桑不如見國卿。吾有金，願以與夫人。」婦人不願，秋胡子遂去。至家，母喚婦至，乃向採桑者也。婦曰：子束髮辭親，五年乃還，當馳驟疾至。今乃悦路傍婦人而下子之裝，是亡母也，不孝。好色淫佚，不義。妾不忍見。遂去，投河而死。按：傅玄詩：彼夫既不淑，此婦亦太剛。兩言最允，劉殊失平。

古冶　晏子春秋：公孫棲、田開疆、古冶子事景公，勇而無禮。晏子言於公，餽之二桃。公孫棲、田開疆曰：「吾勇不若子，功不逮子，取桃不讓，是貪也；然而不死，無勇也。」皆反其桃，契領而死。古冶子曰：「二子死之，吾獨生不仁。」亦契領而死。

曹娥　後漢列女傳：孝女曹娥，上虞人。父盱，爲巫祝。五月五日，於縣江泝濤迎婆娑神，溺死，不得尸。娥年十四，沿江號哭，旬有七日，投江死。縣長度尚爲立碑。注：會稽典録曰：度尚弟子邯鄲淳作碑文。後蔡邕題八字曰：「黄絹幼婦，外孫齏臼。」晉隱逸傳：夏統曰：曹娥德過梁、宋，國人爲歌河女之章。

識二五不知十　梁書劉峻傳：峻著辯命論曰：「言而非命，有六蔽焉。靡顔膩理，哆噅顣頞，形之異也。朝秀辰終，龜鶴千歲，年之殊也。聞言如響，智昏菽麥，神之辨也。知三者定乎造化，榮辱之境，獨曰由人，是知二五而未識于十，其蔽一也。」蓋用越世家語。

陽瓚　宋書索虜傳：永初三年，虜悉力攻滑臺城，城東北崩壞，王景度出奔。景度司馬陽瓚，堅守不動。衆潰，抗節不降，爲虜所殺。

劉卜　宋書劉康祖傳：太祖大舉北伐，康祖軍出許、洛。會庫仁真相及於尉武〔一〕，大戰一日一夜，矢中頸死。虜傳康祖首示彭城，面如生。又元凶傳：元凶劭，文帝長子也。元嘉三十年，劭齋帥張超之手行弑。劭進至合殿中閤，太祖左細仗主卜天與攻劭於東堂，見殺。

紀僧珍　南齊倖臣傳〔二〕：紀僧真少隨蕭思話及其子惠開。惠開罷益州，不得志。僧真事之愈謹。

惠開曰：「我子弟異才，政是諱耳。」僧真憶其言，乃請事太祖。太祖頓新亭，賊突入東門，僧真與左右拒戰。賊退，除南臺御史。僧真容貌言吐，雅有士風。按：「真」作「珍」，誤。諱謂道成也。

王頍　隋書文學傳：王頍字景文，通經，曉兵法，有縱横之志。授漢王諒府諮議參軍。諒潛有異志，文帝崩，舉兵反，多頍計也。楊素至蒿澤，頍謂其子曰：「氣候殊不佳。」於是自殺。又庶人諒傳：高祖幼子漢王諒，字德章，出爲并州總管。諒自以所居天下精兵處，有異圖。既反，王頍曰：王所部將吏，家屬盡在關西，宜長驅京都，所謂迅雷不及掩耳。及楊素襲蒿澤，諒欲還師，頍諫，不從。窮蹙，降。除名爲民，絶屬籍。

龐萌張邈　萌見載文篇。魏志邈傳：邈字孟卓，太祖、袁紹皆與邈友。紹既爲盟主，使太祖殺邈。太祖不聽，曰：「孟卓，親友也。」邈畏太祖終爲紹擊己，心不自安。太祖將陳宫等共謀叛，説邈曰：「此亦縱横之一時也。」邈從之，遂以其衆迎吕布，據濮陽。二年間，自爲其下所殺。評曰：昔光武謬於龐萌，近魏祖亦蔽於張邈。知人則哲，惟帝難之。

許郭　後漢書：郭太字林宗，太原人。性明知人，好獎訓士類。許劭字子將，汝南人。少峻名節，好人倫，多所賞識。故天下言拔士者咸稱許、郭。

裴王　晉書：裴秀從弟楷，字叔則，明悟有識量，少與王戎齊名。吏部郎闕，文帝問其人於鍾會，會曰：「裴楷清通，王戎簡要，皆其選也。」又：王戎字濬冲〔三〕，神彩秀徹。裴楷目之曰：「戎眼爛爛，如巖下電。」

## 直書第二十四 「直書」一作「直言」，誤。

夫人禀五常，士兼百行，邪正有别，曲直不同。若邪曲者，人之所賤，而小人之道也；正直者，人之所貴，而君子之德也。然世多趨邪而棄正，不踐君子之迹，而行由一本「由」作「曲」，又多「自陷」二字。小人者，何哉？語曰：「直如弦，死道邊；曲如鈎，反封侯。」故寧順從以保吉，不違忤以受害也。**釋**：泛從直道不伸説起。况史之爲務，申以勸誡，樹之風聲。其有賊臣逆子，淫君亂主，苟直書其事，不掩其瑕，則穢迹彰於一朝，惡名被於千載。一作「古」。言之若是，吁可畏乎！**釋**：此貼到作史者直道彰，則爲惡者懼矣，振起下文。

夫爲於可爲之時則從，爲於不可爲之時則凶。如董狐之書法不隱，趙盾之爲法受屈，彼我無忤，行之不疑，然後能成其良直，擅名今古。至若齊史之書崔弑，馬遷之述漢非，韋昭仗正於吴朝，崔浩犯諱於魏國，或身膏斧鉞，取笑一有「於」字，下同。當時；或書填坑窖，無聞後代。夫世事如此，而責史臣不能申其强項之風，勵其匪躬之節，蓋亦難矣。是以張儼發憤，私存嘿記之文；孫盛不平，竊撰遼東之本。以兹避禍，幸獲兩舊作「而」，誤。全。足舊作「是」，誤。以驗世途之多隘，知實録之難遇耳。**釋**：此節暢言古道既遠，醜正實多，作者畏避詭隨，爲通篇正慨。

然則歷考前史，徵諸直詞，雖古人糟粕，真僞相亂，而披沙揀金，有時獲寶。案金行晉。在曆，史氏尤多。當宣、懿。景師。開基之始，曹、馬搆紛之際，或列營渭曲，見屈武侯，或發仗雲臺，取傷成濟。陳壽、王隱咸杜口而無言，陸機、虞預各栖毫而靡述。至習鑿齒，乃申以死葛走舊有「生」字。達之説，疑脱「于令升亦斥以」六字。抽戈犯蹕之言。歷代厚誣，一朝如一作「始」。雪。考斯人之書事，蓋近古之遺直歟？**釋**：此節實拈晉初事，人多曲諱，得習、干而一彰也。次有宋孝王風俗傳、王劭齊志，其敍述當時，亦務在審實。案于時河朔謂元魏。王公，箕裘未隕；鄴城謂高齊。將相，薪構仍存。而二子書其所諱，曾無憚色。剛亦不吐，其斯人一本「人」字作「之謂」二字。歟？**釋**：此節用虛運，見貴胄方多，二子不阿其上世也。○已上二節，總對直道難行發意。

蓋烈士徇名，壯夫重氣，寧爲蘭摧玉折，不作瓦礫長存。若南、董之仗氣直書，不避強禦；韋、崔之肆情奮筆，無所阿容。雖周身之防有所不足，而遺芳餘烈，人到於今稱之。與夫王沈魏書，假回邪以竊位，董統燕史，持諂媚以偷榮，貫三光而洞九泉，曾未足喻其高下也。**釋**：末乃浩然唱歎，自寄素懷。

**按**：此篇與忤時同旨，低迴史筆，表襮直材，非粘論也。其以矜作手，正以概時情也。文有形有神，讀者神遇句外，是爲得之。彼扣盤捫燭者，難與說日也。

直如弦四句　樂府集郭茂倩注云：後漢書五行志，順帝之末京都童謡。

爲於可爲二句　揚雄解嘲中語。

董狐　左宣二：晉趙穿攻靈公於桃園，宣子未出山而復。太史書曰：「趙盾弑其君。」以示於朝。宣子曰：「嗚呼！『我之懷矣，自貽伊慼』，其我之謂矣！」孔子曰：「董狐，古之良史也，書法不隱。趙宣子，古之良大夫也，爲法受惡。惜乎！越竟乃免。」

書崔弑　左襄二十五：齊崔杼弑公以説於晉，太史書曰：「崔杼弑其君。」崔子殺之。其弟嗣書而死者二人。其弟又書，乃舍之。南史氏聞太史盡死，執簡以往。聞既書矣，乃還。

述漢非　後漢蔡邕傳：王充曰：武帝不殺司馬遷，使謗書流於後世。章懷注：凡史官記事，善惡必書。謂遷所著史記，但是漢家不善之事，皆爲謗也，非獨指武帝之身也。

韋昭仗正　見本紀篇弘嗣吳史注。

崔浩犯諱　魏書：崔浩字伯淵，清河人。博覽經史，玄象陰陽百家之言無不關綜。爵東郡公，拜太常卿。神䴥二年，詔撰國書。北史本傳：著作令史閔堪、郄標諂事浩，請立石銘，載國書以彰直筆[四]。浩書國事，備而不典。而石銘顯在衢路，北人忿毒，構浩於帝，帝怒誅浩。

張儼嘿記　張儼見載文篇注。隋經籍志：嘿記三卷，吳大鴻臚張儼撰。

遼東本　晉書：孫盛撰晉陽秋，詞直而理正。桓温見之，謂盛子曰：枋頭誠爲失利，何至乃如尊君所説。此史行，關君門户事。諸子改之。盛寫兩定本寄於慕容儁。太元中，孝武博求異聞，始於遼東得之。以相考校，多有不同，書遂兩行。

金行　注見斷限篇。

渭曲見屈　蜀志諸葛亮傳：亮據武功五丈原，與司馬宣王對於渭南，其年卒於軍。松之注：漢晉春秋曰：楊儀等整軍而出，百姓奔告宣王，宣王追焉。姜維令儀反旗鳴鼓，若將向宣王者。宣王乃退，不敢逼。儀結陣而去。百姓爲之諺曰：「死諸葛走生仲達。」

雲臺取傷　魏志高貴鄉公紀注云：漢晉春秋曰：帝召王經等謂曰：司馬昭之心，路人所知也，當自出討之。經曰：宿衛空闕，兵甲寡弱，禍殆不測。帝出懷中版令投地曰：行決矣。賈充逆戰，帝自用劍。太子舍人成濟曰：「事急矣，當云何？」充曰：「畜養汝等，正爲今日。」濟即前刺帝，刃出於背。又魏氏春秋曰：帝自將冗從僕射李昭等下陵雲臺，鎧仗授兵出討。又按：抽戈犯蹕，亦見本注，乃干寶晉紀語，非出習書。

董統燕史　外篇正史篇：後燕建興元年，董統受詔，草創後書三十卷。按：是書隋、唐二志皆不載。緣其後范亨等合諸燕史并成一書，而董書遂逸也。范亨書，二志載之。

## 曲筆第二十五

肇有人倫，是稱家國。父父子子，君君臣臣，親疏既辨，等差有別。蓋「子爲父隱，直在其中」，論語之順也；略外別內，掩惡揚善，春秋之義也。自兹已降，率由舊章。史氏有事涉君親，必言多隱諱，雖直道不足，而名教存焉。釋：首用諱尊諱親，似曲而直者，翻起此處曲字。其有舞詞弄札，飾非文過，若王隱、虞預毀辱相凌，子野、休文釋紛相謝。一作「射」，誤。用舍由乎臆説，威福行乎筆端，斯乃作者之醜行，人倫所同疾也。釋：此與下節標出二種曲筆。○此種偏私意見之曲也。亦有事每憑虛，詞多烏有：或假人之美，藉爲私惠；或誣人之惡，持報己仇。若王沈魏録濫述貶甄之詔，陸機晉史虛張拒葛之鋒，班固受金而始書，陳壽借米而方傳。此又記言之奸賊，載筆之凶人，下字忒狠。雖肆諸市朝，投畀豺虎可也。釋：此種恩仇賄賂之曲也。○其言憤激，意已對著魏收。

然則史之不直，代有其書，苟其事已彰，則今無所取。謂前人説過。其有往賢之所未察，來者之所不知，今略廣異聞，用標先覺。釋：上二種標作提頭，此數語挈下。案後漢書更始傳稱其懦弱也，其初即位，南面立，朝羣臣，羞愧流汗，刮席不敢視。夫以聖公身在微賤，已能結客報仇，避難緑林，名爲豪傑。安有貴爲人主，而反至於斯者乎？將作者曲筆阿時，獨成光武之美；諛言媚主，用雪伯升之怨也。且中興之史，出自東觀，或明皇即明帝。所定，或馬后攸刊，而炎祚靈長，簡書莫改，遂使他姓追撰，空傳僞録者矣。釋：此揣後漢之曲詆更始也。陳氏國志劉後主傳云：「蜀無史職，故災祥靡聞。」案黃氣見於秭歸，羣烏墮於江水，成都言有景星出，益州言無宰相氣，若史官不置，此事從何一作「何從」。而書？一多「之」字。蓋由父辱受髡，故加茲謗議者也。釋：此揣蜀志之曲議諸葛也。

古者諸侯並爭，勝負無恒，而他善必稱，己惡不諱。逮乎近古，一作「世」。無聞至公，國自稱一作「謂」。爲我長，家相謂爲彼短。而魏收以元氏出於邊裔，見侮諸華，遂高自標舉，比桑乾元魏開國處。於姬、漢之國；曲加排抑，同建鄴於蠻貊之邦。夫以敵國相仇，交兵結怨，載諸移檄，用可致誣，列諸緗素，謂史。難爲妄說。苟未達此義，安可言於史邪？釋：前范、陳二曲，皆意想出之，此乃顯刺魏收誇抑之曲，其文未了。夫史之曲筆誣書，句。不過一二，句。語其罪負，一作「負罪」。爲失已多。而魏收雜以寓言，殆將過半，固以王本作「知」。倉頡已降，罕見其流，而李氏齊書稱爲實録者，何也？蓋以重規李百藥字。亡考未達，伯起以公輔相加，字出大名，一誤作「若」。事同元歎，既無德不報，故舊多「以」字。虛美相酬。然必謂昭公知禮，吾不信也。釋：加此一層，仍是刺魏。其言百藥曲推，非本意所屬。語曰：「明其爲賊，敵乃可服。」如王劭之抗詞不撓，可以方駕古人。而魏收持論激揚，稱其有慚正直。夫不彰其罪，謂於劭所著諸史，無所指實。而輕肆其誅，此所謂兵起無名，難爲制勝者。尋此論之作，蓋由君懋書法不隱，取咎當時。或有假手史臣，以復私門之恥，不然，何惡直醜正，盜憎主人之甚乎！釋：再加一層，亦是刺魏，非讚劭也。收書劉之所深惡，故重斥之。刺魏之文，至此方了。○自「夫史之曲筆」至此，一本錯簡在鑒識篇「彈射矣」之下。

蓋霜雪交下，始見貞松之操；國家喪亂，方驗忠臣之節。若漢末之董承、耿紀，曲在魏。晉初之諸葛、毋一作「毌」，音貫。丘，曲在晉。齊興而有劉秉、一訛作「康」。袁粲，曲在齊。周滅而有王謙、尉迥，曲在隋。斯皆破家殉國，視死猶生。而歷代諸史，皆書之曰逆，將何以激揚名教，以勸事君者乎！古之書事也，令賊臣逆子懼；今之書事也，使忠臣義士羞。若使南、董有靈，必切齒於九泉之下矣。**釋**：此節羅舉諸史之曲，凡前朝末造之忠義，率多受枉也。

自梁、陳已降，隋、周而往，諸史皆貞觀年中羣公所撰，近古易悉，情僞可求。至如朝廷貴臣，必父祖有傳，考其行事，皆子孫所爲；而訪彼流俗，詢諸故老，事有不同，言多爽實。昔秦人不死，驗苻生之厚誣；蜀老猶存，知葛亮之多枉。斯則自古所歎，豈獨於今哉！**釋**：此節脱到當時敕修前史，仍不免瞻徇貴胄之曲也。

蓋史之爲用也，記功司過，彰善癉惡，得失一朝，榮辱千載。苟違斯法，豈曰能官。但古來唯聞以直筆見誅，不聞以曲詞獲罪。是以隱侯沈約。宋書多妄，蕭武梁武。知而勿尤；伯起魏史不平，齊宣覽而無譴。故令史臣得愛憎由己，高下在心，進不憚於公憲，退無愧於私室，欲求實録，不亦難乎？嗚呼！此亦有國家者所宜懲革也。篇末歸到功罪失平，勸懲倒置，斯爲探本深言，益透前篇寄慨隱衷。

**按**：昌黎人禍天殃之説，戒心不小，懼曲也。評者有意斥劉，因而悉力怙史。夫古人往矣，信否何憑，秉史筆者讀之，能勿知懼。

聖公刮席一段，與曩言宜列帝紀相因。其言誠別，然論人於成敗之間，代興之會，疑案正自可存。

史通歸美王劭書，果於犯衆忌而不去口，何耶？蓋觀齊丘之讖，鬻索之謡，類於其書見之，推此而知近膩辭夥，匿瑕地尠，召怒深矣。彼隋書一傳，懸詆其著書，而獨榜其諂語，果盡生平耶？劭即未云佳士，史亦豈無憎詞。李安平敍崔浩被誅，訾其所著曰「備而不典」，備者弗隱也，不典者無飾也，率是道也，亦憎詞也。知幾之在史曹，徑情載筆，以此忤時，激而爲言。言及君懋則進之，及伯起則揮之。伯起者，尤工爲飾者也。所揮在飾，即所進在無飾。河上之歌曰：「同病相憐。」此之謂與？

虞預相淩　晉書王隱傳：大興初，令隱撰晉史。時著作郎虞預私撰晉書，而生長東南，不知中朝事，數訪於隱，并借隱所著書盜寫之。後更疾隱，形於言色。隱竟以謗免歸。

休文釋紛　南史：裴子野曾祖松之，齊永明末，沈約撰宋書，稱「松之已後無聞焉」。子野更撰爲宋略二十卷，其敍事評論多善，而云「戮淮南太守沈璞，以其不從義師故也」。沈懼，徒跣謝之，請兩釋焉。

王沈濫述貶甄　晉書王沈傳：高貴鄉公將攻文帝，召沈告之。沈馳白帝，不忠於主，甚爲衆論所非。按：沈所撰魏書已逸，述甄事無考。郭評：沈不忠於魏，故甄后之貶，濫述其事，彰曹醜也。

陸機虛張拒葛　陸機有晉三祖紀，見本紀篇。按：晉書宣紀，魏太和五年及青龍二年，懿凡兩拒蜀丞相亮。

受金借米　班生受金，陳壽求米，見史官建置篇柳虬注。困學紀聞：受金事未詳。予考陳壽傳有謂丁廙子，覓千斛米，丁不與，竟不立傳之説。但有「或云」二字。或之者，疑之也，恐亦未可盡信。

伯升之怨　後漢書：齊武王縯字伯升〔五〕，光武長兄也。王莽篡漢，兵革並起。伯升部署賓客，自稱柱天都部。聖公即位，拜伯升大司徒。及伯升拔宛，光武破王尋、王邑，兄弟威名益盛。更始君臣謀誅伯升，害之。

明皇所定　後漢東平王蒼傳：顯宗永平十五年，行幸東平。帝以所作光武本紀示蒼，蒼因上光武受命中興頌，帝甚善之。按：顯宗，明帝廟號。

馬后攸刊　後漢皇后紀：顯宗明德馬皇后，伏波將軍援小女也。肅宗即位，尊之曰皇太后。自撰顯宗起居注，削去兄防參醫藥事，曰：「吾不欲令後世聞先帝數親后宫之家。」

蜀無史職　後主傳評：國不置史，注記無官，是以行事多遺，災異靡書。

黄氣見秭歸　先主傳：章武二年，先主軍秭歸，於猇亭駐營。黄氣見自秭歸十餘里中，廣數十丈。

羣烏墮江水　後主傳注：漢晉春秋曰：江陽有烏，從江南飛渡江北，不能達，墮水死者以千數。

有景星出　後主傳：景耀元年，史官言景星見，於是大赦，改元。

無宰相氣　費禕傳：延熙十四年夏，成都望氣者曰：都邑無宰相氣。

父辱受髡　晉書陳壽傳：壽父爲馬謖參軍，謖爲諸葛亮所誅，壽父亦坐被髡。壽爲亮立傳〔六〕，謂亮將略非長，無應敵之才。議者以此少之。

李稱實録　語見浮詞篇原注。

公輔大名　北史：李百藥父德林，少孤，未有字。魏收謂之曰：卿識度必至公輔，吾以此字卿。王訓故：左傳云：魏，大名也。故云。按：「大名」句見左傳閔元。

元歎　吴志顧雍傳：雍字元歎。蔡伯喈嘗避怨於吴，雍從學琴書。注：江表傳曰：伯喈謂曰：「卿必成名，今以吾名與卿。」故雍與伯喈同名也。又吴録曰：言爲伯喈所歎，故以爲字焉。

惡直醜正　語見左傳昭二十八。

盜憎主人　家語觀周：盜憎主人，民怨其上。君子知天下之不可上也，故下之。亦見左傳成十五。

董承耿紀　蜀志：先主同曹公還許。時獻帝舅車騎將軍董承辭受帝衣帶詔，當誅曹公，先主遂與承等同謀。魏武紀：備之未東也，陰與董承等謀反，舉兵屯沛。五年，承等謀洩，伏誅。按：耿紀攻許燒營，見因習篇。又魏武紀注：三輔決録曰：紀字季行，爲丞相掾。又獻帝春秋曰：收紀等將斬之，紀呼魏王名曰：「恨吾不自生意〔七〕，竟爲羣兒所誤耳。」

諸葛毌丘　諸葛誕見因習篇。晉景紀：正元二年，魏鎮東大將軍毌丘儉、揚州刺史文欽舉兵作亂，矯太后令，移檄郡國，爲壇盟於西門之外，帥衆六萬，渡淮而西。帝征之。儉聞欽敗，宵遁安風津，都尉追斬之。魏志誕、儉傳：誕字公休，儉字仲恭。儉都督揚州，反，敗見夷滅。誕不自安，朝廷微知，徵誕爲司空。誕愈恐，遂反。按：王應麟曰：儉、誕等千載有生氣矣。故鄭漁仲有晉史黨晉之言。又按：通志略毌丘以邑爲氏，無貫音。

劉秉袁粲　宋書袁粲傳：粲字景倩，與齊王、劉秉平決萬機。順帝即位，詔移石頭。時齊王功高，天命有歸。粲密有異圖，劉秉宋代宗室，與粲相結。謀克日矯太后令，使攻齊王。事洩，齊王遣軍主戴僧静向石頭。僧静挺身暗往，粲子最覺有異人，以身衛粲。僧静直前斬之，父子俱殞。其後並誅秉，秉事在宗室傳。

王謙尉迥　亦見因習篇。

秦人不死　未詳。

蜀老猶存　未詳。按：困學紀聞云：蜀老猶存，知葛亮之多枉，武侯事迹湮没多矣。然則蜀老事，王氏亦未有所考也。

## 鑒識第二十六

夫人識有通塞，神有晦明，毁譽以之不同，愛憎由其各異。蓋三王之受謗也，值魯連而獲申；五霸之擅名也，逢孔宣而見詆。斯則物有恒準，而鑒無定識，欲求銓覈得中，其唯千載一遇乎！釋：篇意論鑒古不明之失，首以明者難遇領局。况史傳爲文，淵浩一作「源」。廣博，學者苟不能探賾索隱，致遠鉤深，烏一作「焉」。足以辯其利害，明其善惡。釋：從鑒人擘歸鑒史。

觀左氏之書，爲傳之最，而時經漢、魏，竟不列於學官，儒者皆折此一家，而盛推二傳。夫以丘明躬爲魯史，受經仲尼，語世則並生，論才則同恥。一作「體」，非。彼二家者，師孔氏之弟子，預達者之門人，才識本殊，年代又隔，安得持彼傳說，比茲親受者乎！加以二傳理有乖僻，言多鄙野，方諸左氏，不可同年。故知膏肓、墨守，乃腐儒之妄述；賣餅、太官，誠智士之明鑒也。**釋**：此節以左傳言，其抑沒之久，由於明鑒者少也。

逮史、漢繼作，踵武相承。王充著書，既甲班而乙馬；張輔持論，又劣固而優遷。**原注**：王充謂彪文義浹備，紀事詳贍，觀者以爲甲，以太史公爲乙也。張輔名士優劣論曰：「世人稱司馬遷、班固之才優劣，多以班爲勝。余以爲史遷敍三千年事，五十萬言，班固敍二百年事，八十萬言。煩省不敵，固之不如遷必矣。」然此二書，雖互有修短，遞聞一作「有」。得失，而大抵同風，可爲連類。**釋**：自此已下，以班、馬言。○先列平論。張晏云：遷歿後，亡龜策、日者傳，褚先生補其所一無「所」字。缺，言詞鄙陋，非遷本意。案遷所撰五帝本紀、七十列傳，稱虞舜見阨，遂匿空而出；宣尼既殂，門人推奉有若。此二事又於暗惑篇論之。其言之鄙，又甚於茲，安得獨罪褚生，而全宗馬氏也？**釋**：一條論馬，對鑒者立說，是駁張，非抑馬也。劉軌思商榷漢史，雅重班才，惟譏其本紀不列少帝，而輒編高后。案弘非劉氏，而竊養漢宮。時天下無主，一作「君」。呂宗稱制，故借其歲月，寄以編年。而野雞行事，自具外戚。譬夫成周成王。爲孺子，史刊攝政一作「正」。之年；厲亡流彘，曆紀共和之日。而周、召二公，各世家有傳。句必有誤，詳此句當云「各有世家」。班氏式遵曩例，殊合事宜，豈謂雖濬發於巧心，反受嗤於拙目也。釋：一條論班，亦對鑒者立説，是駁劉，非揚班也。○右通史、漢爲一大節。

劉祥撰宋書序一脱「序」字。録，歷説一作「序」。諸家晉史，其略云：「法盛中興，荒莊草盛貌。一作「拙」。少氣，王隱、徐廣，淪溺罕華。」夫史之敍事也，當辯而不華，質而不俚，其文直，其事核，若斯而已可也。一作「矣」。必令同文舉之含異，疑當作「末異」。等公幹之有逸，如子雲之含章，類長卿之飛藻，此乃綺揚繡合，雕章縟彩，欲稱實録，其可得乎？以此詆訶，知其妄施彈射矣。釋：此節列諸晉史，亦對鑒者説，亦是駁劉，非優劣諸史也。○一本此下入前篇「夫史」一段，恐非。

夫人廢興，時也，窮達，命也。而書之爲用，亦復如是。蓋尚書古文，六一作「七」。經之冠冕也，春秋左氏，三傳之雄霸也。而自秦至晉，年逾五百，其書隱没，不行於世。既而梅氏寫獻，一作「狀」。杜侯訓釋，然後見重一時，擅名千古。若乃一無「若乃」二字，一止有「乃」字。老經撰於周日，莊子成於楚年，遭文、景而始傳，值嵇、阮而方貴。若斯流者，可勝紀哉！故曰「廢興，時也，窮達，命也」。適使時無識寶，世缺知音，若論衡之未遇伯喈，太玄之不逢平子，逝將烟燼火滅，泥沈雨絶，安有殁而不朽，揚名於後世者乎！釋：末節仍以鑒識難遇感慨，攝全篇。

按：曲筆以恩怨廢興言，鑒識以明暗異同言。曲筆是史之書人，鑒識是人之辨史。兩篇本無一語相混，錯簡二百字，持此判之。

三王獲申　文選曹子建與楊德祖書曰：昔田巴毀五帝，罪三王，一旦而服千人。魯連一説，使終身杜口。注：説見魯連子。

五霸見詆　漢董仲舒傳：仲尼之門，五尺之童羞稱五伯，爲其先詐力而後仁誼也。

左氏不列學官　隋經籍春秋志：左氏，漢初出張蒼家，本無傳者。文帝時，賈誼爲訓詁。其後劉歆欲立於學，諸儒莫應。建武中，韓歆、陳元訟之，乃以李封爲左氏博士，封卒，遂罷。至晉時，杜預爲集解，盛行，而公羊、穀梁浸微。

膏肓墨守　後漢儒林傳：何休字邵公，任城人也。太傅陳蕃辟之，以參政事。作公羊解詁，又作公羊墨守、左氏膏肓、穀梁廢疾。鄭玄傳：玄隱修經業，乃發墨守，鍼膏肓，起廢疾。休見而歎曰：「康成入吾室，操吾矛以伐我乎！」

賣餅太官　魏略：嚴幹善公羊春秋〔八〕。時鍾繇好左氏，謂左氏爲太官廚，公羊爲賣餅家。數與幹會，辨析長短。

王充著書　後漢本傳：充字仲任，師事班彪，著論衡八十五篇。注：袁山松曰：「充作論衡，中土未有傳者。蔡邕入吴始得之，恒秘玩以爲談助。」

張輔持論　晉書本傳：輔字世偉，御史中丞。論班固、司馬遷云云。按所論凡五則，文煩不録。

褚先生補　史記裴注：漢書音義曰：十篇有録無書。張晏曰：遷没後，亡景紀、武紀、漢興將相年表、禮、樂、律書、三王世家、日者、龜策傳、靳蒯列傳。元、成之間，褚先生補缺，日者、龜策，言辭鄙陋，非遷本意。

劉軌思　北齊儒林傳：劉軌思説詩甚精，故其鄉曲多爲詩者。仕齊，國子博士。按：傳不載論史之文。

野雞　封禪書：野雞夜雊。注：如淳曰：「野雞，雉也。」「吕后名雉，故曰野雞。」

巧心拙目　語見陸機文賦。

劉祥　南齊書：劉祥字顯徵，性韻剛疏。宋世解褐。撰宋書，譏斥禪代。上銜而不問。後徙廣州。按：後周亦有劉祥，字休徵，以字行，劉璠子也。繕定梁典，與此無涉。郭本誤引，王本刊正。

徐廣　見左傳家徐賈注。

文舉公幹　後漢書：孔融字文舉，魯國人。爲北海相。魏志：東平劉楨字公幹。魏文帝典論：今之文人，魯國孔文舉體氣高妙〔九〕，理不勝辭。又云：文本同而末異。又與吴質書：公幹有逸氣，但未遒耳。

子雲長卿　漢書：揚雄字子雲，蜀郡人。好深沈之思。先是，蜀有司馬相如，作賦甚弘麗，雄常擬之以爲式。又：司馬相如字長卿。相如奏賦，天子大悦，飄飄有淩雲氣，游天地之間。

梅氏寫獻　隋經籍尚書志：孔安國以古文開其篇第，成五十八篇。晉世秘府所存，永嘉之亂並亡。至東晉，豫章内史梅賾始得安國之傳奏之，又闕舜典一篇。齊建武中，吴姚方興於大桁市得其書〔一〇〕，奏上，多二十八篇，於是始列國學。按：世説方正篇：梅頤，豫章太守。其字仲真，見注晉諸公讚，似即其人。「賾」與「頤」未知孰是。

杜侯訓釋　杜預爲春秋左氏經傳集解，已略見前。按本傳：又參考衆家譜第，謂之釋例。又作盟會圖、春秋長曆，備成一家之學。

老莊遭值　揚雄傳：昔老聃著虚無之言兩篇，後世好之者以爲過於五經。自文、景之君及司馬遷，皆有是言。晉書嵇、阮傳：嵇康好老、莊，著養生論。阮籍著達莊論。按：漢初言黄、老者，先有膠西蓋公。晉世玄風尤甚，起於何、王，流於向、郭，而史通第舉文、景、嵇、阮爲言，約辭也。

太玄逢平子　平子，張衡字。注詳自敍篇。

## 探賾第二十七

古之述者，豈徒然哉！或以取舍難明，或以是非相亂。由是書編典誥，宣父辨其流；詩列風雅，卜商通其義。夫前哲所作，後來是觀，苟失其指歸，則難以傳授。而或有妄生穿鑿，輕究本源，是乖作者之深旨，誤生人之後學，其爲謬也，不亦甚乎！**釋：**首節標出述指之得失，見探賾大意。

昔夫子之刊(一作「作」)。魯史，學者以爲感麟而作。案子思有言：吾祖厄於陳、蔡，始作春秋。(此四字舊脱，今補。)夫以彼聿修，傳諸詒厥，欲求實録，難爲爽誤。是(一訛「事」)。則義包微婉，因攫莓(「莓」一作「苺」，皆誤，當作「煤」。)而創詞；時逢西狩，乃泣麟而絶筆。傳者(「傳者」集内凡三見，並作「儒者」，當由書傭訛「傳」作「儒」故。)徒知其一，而未知其二，以爲自反袂拭面，稱吾道窮，然後追論五始，定名三叛。此豈非獨學無友，孤陋寡聞之所致耶？釋：此節論春秋始作，當以祖孫傳語爲正。探知他説之非，作諸條標準。

孫盛稱左氏春秋書吳、楚則略，荀悦漢紀述匈奴則簡，蓋所以賤夷狄而(一無「而」字。)貴諸夏也。案春秋之時，諸國錯峙，關梁不通，史官所書，罕能周悉。(傳本不略，此但據時勢折之耳。)異乎炎漢之世，四海一家，馬遷乘傳(舊多「以」字。)求自古遺文，而州郡上計，皆先集太史，若斯之備也。況彼吳、楚者，僻居南裔，地隔江山，去彼魯邦，尤爲迂闊，丘明所録，安能備諸？且必以蠻夷而固略也，若駒支預於晉會，長狄埋於魯門，葛盧之辨牛鳴，郯子之知鳥職，斯皆邊隅小國，人品最微，猶復收其瑣事，見於方册。安有主盟上國，勢迫宗周，爭長諸華，威陵(一作「凌」)。强晉，而可遺之者哉？(傳書楚事甚多，正辯在此。)又荀氏著書，抄撮班史，其取事也，中外一概，夷夏皆均，非是獨簡(一作「略」)。胡鄉，而偏詳漢室。盛既疑丘明之擯吴、楚，遂誣仲豫之抑匈奴，可謂強奏庸音，持爲足曲者也。釋：此一條探孫盛所論華夷詳略，取證左、荀之説，都爲未的。

蓋明月之珠不能無瑕，夜光之璧不能無纇，故作者著書，或有病累。而後生不能詆訶其過，又更文飾其非，遂推而廣之，強爲其説者，蓋亦多矣。如葛洪有云：「司馬遷發憤作史記百三十篇，伯夷居列傳之首，以爲善而無報也；項羽列於本紀，以爲居高位者非關有德也。」案史之於一作「所」。書也，有其事則記，無其事則闕。尋一作「馬」。遷之馳騖今古，上下數千載，春秋已往，得其遺事者，蓋唯首陽之一作「山」。二子而已。然適使夷、齊生於秦代，一作「氏」。死於漢日，而乃升之傳首，庸謂有情。言如此或可云發憤之故。今者考其先後，隨而編次，斯則理之恒一作「常」。也，烏可怪乎？必謂子長以善而無報，推爲傳首，若伍子胥、大夫種、孟軻、墨翟、賈誼、屈原之徒，或行仁而不遇，或盡忠而受戮，何不求其品類，簡一作「同」。在一科，而乃異其篇目，各分爲卷。一作「分爲數卷也」。又遷之紕繆，其流甚多。夫陳勝之爲世家，既云無據；項羽之稱本紀，何必有憑。必謂遭彼腐刑，怨刺孝武，故書違一訛作「爲」。凡例，志存激切。若先黄、老而後六經，進奸雄而退處士，此之乖刺，復何爲乎？言此等乃爲被刑而發耳，若項紀豈關怨刺乎？釋：此一條探葛洪以表善人，蔑高位，臆揣夷、羽之位置，説亦未的也。

隋內史李德林著論，稱陳壽蜀人，其撰國志，黨蜀而抑魏。刊之國史，以爲格言。案曹公之創王業也，賊殺母后，幽逼主上，罪百田常，禍千王莽。文帝臨戎不武，爲國好奢，忍害賢良，疏忌骨肉。而壽評皆依違其事，無所措言。是未嘗抑魏者。劉主地謂門地。居漢宗，仗順而起，夷險不撓，終始無瑕。方諸帝王，可比少康、光武；以宗室言。譬以侯伯，宜輩秦繆、楚莊。以功烈言。而壽評抑其所長，攻其所短。亦不似黨蜀者。是則壽之意。以魏爲正朔之國，典午攸承；蜀乃僭僞之君，中朝所嫉。故曲稱曹美，而虛説劉非，安有背曹而向劉，疏魏而親蜀也？此下舊有注，引陳壽上諸葛集表語，殊無取義，去之。夫無其文而有其説，不亦憑虛亡是者耶？**釋**：此一條探李德林論陳志之説，殊爲不確。〇下條另段，同事別書。

習鑿齒之撰漢晉春秋，以魏爲僞國者，此蓋定邪正之途，明順逆之理耳。而檀道鸞稱其當桓氏執政，故撰此書，欲以絶彼瞻烏，防兹逐鹿。歷觀古之學士，爲文以諷其上者多矣。若齊冏一作「趙」。失德，豪士於焉作賦；賈后無道，女史由其一作「之」。獻箴。斯皆短什小篇，可率爾此二字一作「俯」字。而就也。借諷之作，祇有短篇，從無巨帙。安有變三國之體統，改五行之正朔，勒成一史，傳諸千載，而藉以權濟物議，此六字舊作「藉其權以濟物」。取誡當時。豈非勞而無功，博而非要，與夫班彪王命，一何異乎？王命論亦止一篇，非如習書大部也。求之人情，理不當爾。理不當然也。或訛「爾」作「耳」，非。**釋**：此一條探檀論習書，其説亦非。

自二京板蕩，五胡稱制，崔鴻鳩諸僞史，聚成春秋，其所列者，十有六家而已。魏收云：鴻世仕江左，故不録司馬、劉、蕭之書，又恐識者尤之，未敢出行於外。以上並收語，見鴻本傳。案于時中原乏主，海内横流，逖彼東南，更平。爲正朔。適使素王再出，南史重生，終不能別有異同，忤非其議。安得以僞或作「魏」。書無録，而猶罪歸彦鸞者乎？且必以崔氏祖宦一作「官」。吴朝，故情私南國，必如是，則其先徙居廣固，委質慕容，何得書彼南燕，而與羣胡並列！愛憎之道，豈若是邪？且觀鴻書之紀綱，皆以晉爲主，亦猶班書之載吴、項，必繫漢年，陳志之述孫、劉，皆宗魏世。何止獨遺其事，不取其書而已哉！但伯起躬爲魏史，傳列島夷，不欲使中國著書，推崇江表，所以輒假言崔志，用紓魏羞。追出訶鴻心曲。且東晉之書，宋、齊一脱此四字。之史，考其所載，幾三百篇，而僞邦墳籍，僅盈百卷。若使收矯鴻之失，南北混書，斯則四分有三，事歸江外。非唯肥瘠非類，衆寡不均；兼以東南國史，皆須紀傳區別。兹又體統不純，難爲編次者矣。收之矯妄，其可盡言乎！**釋**：此一條探出收之議鴻，全是私心造言，尤爲最妄者。○條探盡此。

於是考衆家之異説，參作者之本意，或出自胸懷，枉申探賾；此云探賾，貼論史者説。或妄加向背，輒有異同。而流俗腐儒，後來末學，習其狂狷，成其詿誤，自謂見所未見，聞所未聞，銘諸舌端，以爲口實。唯智者不惑，無所疑焉。**釋**：告後人無惑異説也。

按：此篇亦非論史，是論論史者。易傳曰：聖人有以見天下之賾，而擬之其形容。字書云：賾通「嘖」。然則探賾者，探衆論之嘖有煩言，而辯正之也。郭評云：孫、葛失之迂，猶可言也；李失之誣，檀失之鑿，魏收失之悍，其能逭於子玄之掊擊乎？

愚嘗論伯夷篇之爲傳首也，當作七十列傳總序觀。傳非本紀、世家之比，人兼顯晦，事待表章。龍門寄意於首篇，所傳在伯夷，所附託乃在孔子也。稚川之見偏，居巢之説臆，似皆未得其肯。

吾祖始作春秋　孔叢居衞篇：宋樂朔圍子思，既免，曰：文王困牖里，作周易，祖君屈陳、蔡，作春秋，吾今困於宋，可無作乎？作中庸四十九篇。按：太史公自序及公羊篇首注，並宗此説。又按：孔叢子，先儒多以爲僞，病其雜也。書有夫子、子思問答。高似孫子略以魯繆公年推之，證其祖孫之世不相及。而堯峯汪氏復據漢書孔光傳，證其世譜出自子孫之手，非他書臆度者比。兩説相持，録以存參。

攫莓　呂覽任數：陳、蔡之間，七日不嘗粒。索米得而爨之。孔子望見顏淵攫其甑中而食之，起曰：「今者夢見先君，食潔而後饋。」回曰：「嚮者煤入甑中，棄食不祥，回攫而飯之。」孔子歎曰：「所信者目也，目猶不可信，」「知人固不易矣。」按：史通明用此事。「莓」字斷誤。

上計先集太史　太史公自序：百年之間，天下遺文古事，靡不畢集太史公。太史公仍父子相續，纂其職。隋經籍志：漢帝始置太史公，天下計書皆先上太史，副上丞相。按：志蓋本之衞弘漢儀注，今見史記如淳注，其説於史官建置篇詳之。又周禮小宰疏：漢之朝集使，謂之上計吏，上一年計會文書及功狀也。

駒支　左襄十四：會于向，將執戎子駒支。范宣子親數諸朝，曰：「詰朝之事，爾無與焉。」對曰：「官之師旅，無乃實有所闕，而罪我諸戎。」「不與于會，亦無瞢焉。」賦青蠅而退。

長狄　左文十一〔二〕：冬十月，敗狄于鹹，獲長狄僑如。富父終甥椿其喉，以戈殺之，埋其首于子駒之門，以命宣伯。

墨翟　史記附見孟荀傳，其文云：「蓋墨翟，宋之大夫。善守禦，爲節用。或曰並孔子時，或曰在其後。」

先黄老二句　漢書司馬遷傳贊中語。又後漢班彪傳：彪作論略，其論遷記，先有「崇黄、老，薄五經」句。

李稱陳壽黨蜀　隋李德林傳：論齊書起元事，其中云：「漢獻帝死，劉備自尊崇。陳壽蜀人，以魏爲漢賊，寧肯蜀主未立，已云魏武受命乎？」

賊后逼主　後漢伏后紀：自帝都許，宿衛兵侍莫非曹氏黨姻。操入見，帝不任其憤，曰：「幸垂恩相捨。」操失色。後乃逼帝廢后，以尚書令華歆勒兵入宫收后。歆就牽后出。時帝在外殿，后被髮跣行，泣過訣曰：「不能復相活耶？」帝曰：「我亦不知命在何時。」

鑿齒當桓執政　晉書習傳：是時桓温覬覦非望，鑿齒在郡著漢晉春秋以裁之。於三國之時，以魏爲篡逆。至文帝平蜀，乃爲漢亡而晉興。按：其詳已見論贊篇。但此皆今晉書所有，今子玄以爲是道鸞語。而雜説篇又有新晉不取曹、干、孫、檀之説，則亦非盡不用也。

瞻烏逐鹿　後漢郭泰傳：陳蕃、竇武爲閹人害，泰哭于野曰：「人之云亡，邦國殄瘁。」「瞻烏爰止，不知于誰之屋」耳。史記淮陰侯傳：蒯通曰：「秦失其鹿，天下共逐之，高材疾足者先得。」

豪士賦　晉書陸機傳：齊王冏矜功自伐，受爵不讓。陸機惡之，作豪士賦以刺焉。

女史箴　見載文篇。

崔鴻十六家　鴻字彥鸞，前見表曆篇。又魏書本傳云：孝昌初，給事黄門侍郎。弱冠便有著述之志，見劉、石等並因世故，跨僭一方，國書未有統一，乃撰爲十六國春秋，勒成百卷。又詳後正史篇。

崔氏祖宦　按：崔鴻傳首云：伯父光，名孝伯，字長仁，東清河人。祖曠，從慕容德南渡河，居青州之時水。慕容氏滅，仕劉義隆爲樂陵太守。父靈延〔二〕，劉駿龍驤將軍、長廣太守。觀此，鴻之世仕江左，固有明文。而史通云「委質慕容」，傳無其語。意祖曠從渡時，名在仕籍，傳或闕書何官也。崔氏清河世望，故在諸燕境中。子玄之言，必非無徵。

## 校勘記

〔一〕　會庫仁真相及於尉武　「武」原作「氏」，據宋書改。

〔二〕　南齊倖臣傳　「倖臣」原作「恩倖」，據南齊書改。
〔三〕　王戎字濬冲　「冲」原作「仲」，據晉書改。
〔四〕　載國書以彰直筆　「國書」原作「圖史」，據北史改。
〔五〕　齊武王縯字伯升　「縯」原作「演」，據後漢書改。
〔六〕　壽爲亮立傳　「亮」原作「父」，據晉書改。
〔七〕　恨吾不自生意　「生」原作「主」，據三國志注改。
〔八〕　嚴幹善公羊春秋　「幹」原作「翰」，據三國志裴潛傳注改，下同。
〔九〕　體氣高妙　「體氣」原作「氣體」，據典論改。
〔一〇〕　吴姚方興於大桁市得其書　「姚方興」原作「姚興方」，據隋書經籍志改。
〔一一〕　左文十一　「十一」原作「十二」，據左傳改。
〔一二〕　父靈延　「延」原作「廷」，據魏書改。按此注所引爲崔光傳，祖曠、父靈延，皆指光而言。崔鴻爲光弟敬友子，魏書附在崔光傳後。

# 史通通釋卷八

## 内篇

### 摸擬第二十八

夫述者相效，自古而然。故列禦寇之言理也，則憑李叟；揚子雲之草玄也，全師孔公。符朗晉書作「苻朗」。則比迹於莊周，范曄則參蹤於賈誼。況史臣注記，其言浩博，若不仰範前哲，何以貽厥後來？**釋**：篇言摸擬者，師古之義也。開局渾舉。蓋摸擬之體，厥途有二：一曰貌同而心異，二曰貌異而心同。**釋**：貌猶文也，心猶實也。二句分提，下作兩扇應之。

何以言之？蓋古者列國命官，卿與大夫爲别。必於國史所記，則卿亦呼爲大夫，此春秋之例也。當秦有天下，地廣殷、周，變諸侯爲帝王，目宰輔爲丞相。而譙周撰古史考，一脱「考」字。思欲擯抑馬記，師仿孔經。其書李斯之棄市也，乃云「秦殺集内「殺」多作「煞」。其大夫李斯」。夫一脱此三字。以諸侯之大夫名天子之丞相，以此而擬春秋，所謂貌同而心異也。**釋**：擬書大夫，第一則。

當春秋之世，列國甚多，每書他邦，皆顯其號，至於魯國，直云我而已。如金行握紀，海內大同，君靡客主之殊，臣無彼此之異。而干寶撰晉紀，至天子之葬，必云「葬我某皇帝」。且或作「但」，疑當作「旦」。無二君，何我之有？以此而擬春秋，又所謂貌同而心異也。

**釋**：擬稱我，第二則。

狄滅二國，君死城屠；齊桓行霸，興亡繼絕。左傳云：「邢遷如歸，衛國忘亡。」言上下安堵，不失舊物也。如孫皓暴虐，人不聊生，晉師是討，後予相怨。而干寶晉紀云：「吴國既滅，江外忘亡。」豈江外安一作「被」。典午之善政，同歸命之未滅乎？以此而擬左氏，又所謂貌同而心異也。**釋**：擬襲忘亡，第三則。

春秋諸國，皆用夏正。**原音**：征。魯以行一作「用」。天子禮樂，故獨用周家正朔。至如書「元年春王正月」者，年則魯君之年，月則周王之月。**原注**：考竹書紀年始達此義。而自古說春秋者，皆妄爲解釋也。如曹、馬受命，躬爲帝王，非是以諸侯守藩，行天子班曆。而孫盛魏、晉二陽秋，每書年首，必云「某年春帝正月」。夫年既編帝紀，而月又列帝名。以此而擬春秋，又所謂貌同而心異也。**釋**：擬仿王正，第四則。

五始所作，是曰春秋；三傳並興，各釋經義。如公羊傳屢云：「何以書？記某舊作「其」。事也。」此則先引經語，而繼以釋辭，勢使之然，非史體也。如吳均齊春秋，每書災變，亦曰：「何以書？記異也。」夫事無他議，言從己出，輒自問而自答者，豈是敘事之理者邪？以此而擬公羊，又所謂貌同而心異也。**釋**：擬用何以書句，第五則。○作議論之文，可一用之，史法則非體。

且史、漢每於列傳首書人名字，至傳內有呼字處，則於傳首不據文義刊正，舊作「已」，非。詳。如漢書李陵傳稱隴西任立政，此下當有「至匈奴招陵」五字，脱簡也。「陵字立政曰：『少公，歸易耳。』」夫上不言立政之字，而輒言「字立政曰少公」者，此省文，從可知也。至令狐德棻周書於伊婁穆傳首云「伊婁穆字奴干」，既而續云太祖「字之曰：『奴干作儀同面見我也〔二〕。』」夫上書其字，而下復曰字，豈是事從簡易，文去重複者邪？以此而擬漢書，又所謂貌同而心異也。**釋**：擬字呼其人，第六則。愚謂此似無妨。○已下總評。

昔一本誤多「謝承」二字。家語有云：「蒼梧人娶妻而美，以讓其兄。雖一多「則」字，一多「其」字。爲讓，非讓道也。」又揚子法言曰：士一脱「士」字。有姓孔字仲尼，其文是也，其質非也。如向之諸子，所擬古作，其殆蒼梧之讓，姓孔一有「而」字。字仲尼者歟？蓋語曰：世異則事異，事異則備異。必以先王之道持今世之人，一作「民」。此韓子所以著五蠹之篇，稱宋人有守株之說也。世之述者，銳志於恐「矜」字之訛。奇，喜編次古文，撰敘今事，而一無「而」字。巍然自謂五經再生，三史重出，多見其無識者矣。**釋：**總評貌同而心異，至此束。

惟夫明識之士則不然。何則？其所擬者非如圖畫之寫真，鎔鑄之象物，以此而似也。一作「彼」。其所以爲似者，取其道術相會，義理玄一作「互」。同，若斯而已。亦猶孔父賤爲匹夫，栖皇舊作「惶」。放逐，而能祖述堯、舜，憲章文、武，亦何必居九五之位，處南面之尊，然後謂之連類者哉！**釋：**此段總挈貌異心同意。

蓋左氏爲書，敘事之最。自晉已降，景慕者多，有類效顰，彌益其醜。然求諸偶中，亦可言焉。**釋：**又一小挈。後所列貌異心同凡七則，皆以左氏爲式也。蓋君父見害，臣子所恥，義當略說，不忍斥言。故左傳敘桓公在齊遇害，而云「彭生乘公，公舊脫二「公」字。薨於車」。桓十八。如干寶晉紀敘愍帝歿於平陽，而云：「晉人見者多哭，賊懼，帝崩。」以此而擬左氏，舊多「又」字。所謂貌異而心同也。**釋：**師左氏不忍斥書之法，第一則。

夫當時所記或未盡，則先舉其始，後詳其末，前後相會，隔越取同。若左氏成七年，鄭獲楚鍾儀以獻晉，至九年，晉歸鍾儀於楚以求平，其類是也。至裴子野宋略敘索虜臨江，太子劭使力士排徐湛、二字疑衍。江湛僵仆，於是始與劭有隙。其後三年，有舊衍「徐」字。江湛舊無「湛」字。爲元凶所殺事。以此而擬左氏，亦一作「又」。所謂貌異而心同也。**釋：**師左氏書事前後伏應之法，第二則。

凡列姓名，罕兼其字。苟前後互舉，則觀者自知。如左傳上言羊斟，則下曰叔牂；一作「子臧」，一止作「臧」，並誤。前稱子產，則次見國當作「曰」。僑，其類是也。至裴子野宋略亦然。何者？上書桓玄，則下云舊誤作「有」。敬道；後敍殷鐵，則先著景仁。以此而擬左氏，又所謂貌異而心同也。**釋**：師左氏書人名字互見之法，第三則。

左氏與論語，忽添論語，是古文參錯處。有敍人酬對，苟非煩詞積句，但是往復唯諾而已，則連續而說，去其「對曰」、「問曰」等字。如裴子野宋略云：李孝伯問張暢，「卿何姓？」曰「姓張。」「張長史乎？」以此而擬左氏、論語，又所謂貌異而心同也。**釋**：師左傳、論語敍應對省「曰」字之法，第四則。

善人君子，四字通泛，恐有誤。功業不書，見於應對，附彰其美。如左傳稱楚武王欲伐隨，舊誤作「隋」。熊率且比曰：「季梁在，何益！」桓六。至蕭方等一脫「等」字。三十國春秋說朝廷聞慕容儁死，曰：「中原可圖矣！」桓溫曰：「慕容恪在，其憂方大！」以此而擬左氏，又所謂貌異而心同也。**釋**：師左氏彰美不待實敍之法，第五則。

夫將敍其事，必預張其本，彌縫混說，無取睠與「眷」通，回顧之義。言。如左傳稱叔輒聞日蝕而哭，昭子曰：「子一脫「子」字。叔其將死乎？」秋八月，叔輒卒。昭二十一。至王劭齊志稱張伯德夢山上掛絲，占者曰：「其爲幽州乎？」秋七月，拜爲幽州刺史。以此而擬左氏，又所謂貌異而心同也。釋：師左氏書預兆後省之法，第六則。

蓋文雖缺略，理甚昭著，此丘明之體也。至如敍晉敗於邲，先濟者賞，而云：「上當作「中」。軍、下軍爭舟，舟中之指可掬。」宣十二。夫不言攀舟恐脱「擾」字。亂，以刃斷指，而但曰「舟指可掬」，則讀者自覩其事矣。至王劭齊志述高季式破敵於韓陵，追奔逐北，而云「夜半方歸，槊血滿袖」。夫不言奮槊深入，擊刺甚多，而但稱「槊血滿袖」，則聞者亦知其義矣。以此而擬左氏，又所謂貌異而心同也。釋：師左氏敍事片言蔽全形之法，第七則。意略與用晦篇同。○已下合論兩扇。

大抵作者，自魏已前，多效三史，從晉已降，喜學五經。夫史才文淺而易摸，經文意深而難擬，既難易有别，故得失亦殊。蓋貌異而心同者，摸擬之上也；貌同而心異者，摸擬之下也。然人皆好貌同而心異，不尚貌異而心同者，何哉？蓋鑑識不明，嗜愛多僻，悦夫似史而憎夫真史，此子張所以致譏於魯侯，有葉公好龍之喻也。袁山松云：「書之爲難也有五：煩而不整，一難也；俗而不典，二難也；書不實録，三難也；賞罰不中，四難也；文不勝質，五難也。」夫擬古而不類，此乃難之極者，何爲獨闕其目乎？嗚呼！自子長以還，似皆未睹斯義。後來明達，其鑒之哉！釋：結到教人學古神似，毋貌似，以爲歸宿。

按：此篇所論，前論書法，後論筆法也。六朝著述，率趨摸擬。子玄就彼風尚，析出形神兩途，頓使仙凡立判。貌同心異，貌異心同，學古合離，秘方盡此。愚於左氏讀賈辛適縣，悟韓、柳贈行體；讀蘧啓疆對楚靈，識歐、蘇論事訣。亦所謂貌異心同者乎？若六朝之擬漢，貌同而已。

左氏敍一人名封、字謚，傳中錯出，讀者苦之，必斟辯、產僑之爲擬，竊謂非是。

符朗比莊周　晉載記：苻朗字元達，堅之從兄子也。幼懷遠操，不屑時榮。著苻子，亦老、莊之流也。隋經籍志：符子二十卷，在道德、莊、列類。按：「苻」，隋志作「符」。又宋書志及世説并注，凡引符秦事，並從「竹」。「符」、「苻」之辯，具在正史篇。

范曄參賈誼　曄本傳：與諸甥侄書云：吾於循吏以下諸序論，筆勢縱放，實天下之奇作。其中合者，往往不減過秦論。

貌同心異　駱賓王文：類同心異者，龍蹲歸而宋樹伐；質殊聲合者，魚形出而吴石鳴。按：「四傑」與劉同時而稍前，劉似仿其語意。

譙周古史考　蜀志本傳：周字允南，位亞九列，不與政事。撰定法訓、五經論、古史考之屬百餘篇。

江外忘亡　按：左閔二年言衛國忘亡，爲齊桓存衛加贊也。今晉乃滅吴，與存亡國異道。而干寶乃套用其文，故史通駁之。

歸命　吴志：後主皓降晉，舉家遷於京師。詔曰：孫皓窮迫歸降，其賜號爲歸命侯。

春王正月　春秋傳：元年春王周正月。按：杜注云：「言周以别夏、殷」也。誤解始此。愚嘗論之，春秋繫正於王者，別魯於天子，非別周於夏令也。是侯國之史法也。今述史通，意益私慰，所謂先得我心。

帝正月　按：孫盛魏、晉陽秋不可得見，今所傳王氏元經起晉惠帝太熙元年，每歲首亦必書「帝正月」。史通仍不糾及，愚前言其書在依托然否間者，信矣。

陵字立政　李陵傳：昭帝立，大將軍霍光、左將軍上官桀素與陵善，遣陵故人隴西任立政至匈奴招陵。立政曰：「咄，少卿良苦！霍子孟、上官少叔謝女。」「請少卿來歸故鄉。」陵字立政曰：「少公，歸易耳，恐再辱，奈何！」

字之曰奴干　周書伊婁穆傳：穆字奴干，弱冠，爲太祖内親信。嘗入白事，太祖望見悦之。字之曰云云。於是拜車騎大將軍、儀同三司。按：此曰「字之」，即史家所稱不名之義也，不得云複。

蒼梧人　按：此事俗本史通並作謝承家語云云。謝承，三國吴人，吴志無傳。隋、唐志但有謝承後漢書，更無別著家語一書。及得映鈔古本史通核之，原無「謝承」二字。因檢家語，其文在卷四六本篇也。「蒼梧人」，家語作「蒼梧嬈〔二〕」。

姓孔字仲尼　見法言吾子篇。

江湛　南史：宋江夷子湛，字徽深，領博士，轉吏部尚書。家甚貧，無兼衣餘食。魏太武至瓜步，以湛兼領軍。魏遣使求昏，上召太子劭以下集議，衆並謂宜許，湛謂許之無益。劭怒曰：「詎宜苟執異議？」聲色甚厲。坐散，俱出，劭使班劍推排之，殆於傾倒。及劭之入弑，湛直上省，據窗受害，意色不撓。宋書：「徽深」作「徽淵」，「魏太武」作「索虜」。再按：本傳及徐湛之傳俱無同受排仆之文，雖裴略不可得見，而歷考時事，知是史通衍文也。

羊斟叔牂　左傳宣二：鄭公子歸生受命於楚伐宋，宋華元御之。將戰，華元殺羊食士，其御羊斟不與。及戰，曰：「疇昔之羊，子爲政。今日之事，我爲政。」與入鄭師〔三〕，故敗。華元逃歸，見叔牂曰：「子之馬然也。」對曰：「非馬也，其人也。」

子産國僑　按：左傳云：「子産相鄭伯以如晉。」其下云：「僑聞文公之爲盟主也。」傳中似此者多有，但止稱僑，或稱公孫僑，而不稱國僑。王伯厚嘗辯之。愚故疑「國」字當作「曰」字，以配「下曰叔牂」之句。

桓玄敬道　按本傳：玄字敬道。但於所論書法未有明證，而宋略又不可得，因取晉、宋二史與桓事有涉之人，如劉道規、何無忌、魏詠之、檀憑之、諸葛長民等十餘人傳遍閲之，都無是語。蓋史家改易字句，不盡舊文，此等處即以史通作故實可也。

殷鐵景仁　宋書劉湛傳：湛與殷景仁素款。及俱被時遇，猜隙漸生。湛黨劉敬文父成未悟其機，詣景仁求郡。敬文遽往謝湛曰：「老父悖耄，遂就殷鐵干禄。」又南史范泰傳：泰卒，議贈開府。殷景仁曰：「泰素望未重，不可。」王弘撫棺哭曰：「君生平重殷鐵，今以此爲報。」

張長史乎　此魏太武南侵時，其尚書李孝伯與張暢臨城呼問之語也。按：今宋書暢傳節去問姓語，南史則又增「孝伯曰」句〔四〕，並與裴略小異矣。暢字少微。

蕭方等　見稱謂篇。

慕容恪在　晉載記：恪字玄恭，皝之第四子也。皝將終，謂儁曰：「恪智勇俱濟，汝其委之。」及儁嗣位，封太原王。初，建鄴聞儁死，曰：「中原可圖也。」桓温曰：「慕容恪尚存，所憂方大耳！」

山上掛絲　北齊張亮傳：亮字伯德，拜太中大夫。薛琡嘗夢亮云云，亦與劭志稱伯德自夢小異。

槊血滿袖　北齊帝紀：尒朱兆等同會鄴，挾洹水而軍。神武乃於韓陵爲圓陣，合戰，大敗之。高季式以七騎追奔，度野馬岡，與兆遇。高昂望之，不見，哭曰：「喪吾弟矣！」夜久，季式還，血滿袖。

葉公好龍　莊子逸篇：子張見魯哀公，不禮而去，曰：君之好士也，有似葉公子高之好龍。屋室雕文，盡寫以龍。於是天龍下之，窺頭於牖，拖尾於堂。葉公見之，失其魂魄。是葉公非好龍也，好夫似龍而非龍也。按：王氏應麟曰：莊子逸篇十有九，司馬彪注。唐世猶存，今亡。後漢書、文選、世説注、藝文類聚、太平御覽間見之。

## 書事第二十九

昔荀悦有云：「立典有五志焉：一曰達道義，二曰彰法式，三曰通古今，四曰著功勳，五曰表賢能。」干寶之釋五志也，「體國經野之言則書之，用兵征伐之權則書之，忠臣烈士孝子貞婦之節則書之，文誥專對之辭則書之，才力技藝殊異則書之。」干寶釋語，不必與五志分貼。於是採二家之所議，徵五志之所取，蓋記言之所網羅，書事之所總括，粗得於兹矣。**釋**：首引舊志論史家書事之體，必其重大有關係者乃書之也。然必謂故無遺恨，猶恐未盡者乎？今更廣以三科，用增前目：一曰敍沿革，二曰明罪惡，三曰旌怪異。何者？禮儀用舍，節文升降則書之；君臣邪僻，國家喪亂則書之；幽明感應，禍福萌兆則書之。三科，以補五志也，亦不與後文闕貼。於是以此三科，參諸五志，則史氏所載，庶幾無闕。求諸筆削，何莫由斯？**釋**：此節特廣書事之途。〇已上二節，皆言所當書者，大致與煩猥反對，是爲首截。

但自一無「自」字。古作者，鮮能無病。苟書而不法，則何以示後？**釋**：總提中截三節。蓋班固之譏司馬遷也，「論大道則先黄、老而後六經，序游俠則退處士而進奸雄，述貨殖則崇勢利而羞賤貧。此其所蔽也」。又傅玄之貶班固也，「論國體則飾主闕而折忠臣，敍世教則貴取容而賤直節，述時務則謹辭章而略事實。此其所失也」。譏馬貶班，引用成語，以見作史最易招駁。勿粘看。尋班、馬二史，咸擅一家，而各自彈射，遞相瘡痏。夫雖自卜者審，而自見爲難，可謂笑他人之未工[五]，忘己事之已拙。上智猶其若此，而况庸庸者哉！節中作頓挫。苟目或訛作「自」。前哲之指蹤，校後來之所失，若王沈、孫盛之伍，伯起、德棻之流，論王業則黨悖逆而誣忠義，敍國家則抑正順而褒篡奪，述風俗則矜夷狄而陋華夏。其説散見諸篇之中。此其大較也。必伸以糾摘，窮其負累，雖擢髮而數，庸可盡邪！子曰：「於予何誅？」於此一無「此」字。數家見之矣。釋：此節兩層，皆從事理乖違處論書事之失。

抑又聞之，怪力亂神，宣尼不語；而事鬼求福，墨生所信。故聖人於其間，若存若亡而已。若存若亡，最圓活。若吞燕卵而商生，啓龍漦而周滅，厲壞門以禍晉，鬼謀社而亡曹，江使返璧於秦皇，圯橋授書於漢相，此則事關軍國，理涉興亡，有而書之，以彰靈驗，可也。節中頓挫。而王隱、何法盛之徒所撰晉史，乃專訪州閭細事，委巷瑣言，非關軍國興亡者。聚而編之，目爲鬼神傳録，其事非要，其言不經。異乎三史之所書，五經之所載也。釋：此節兩層，從物異徵驗邊論書事之得失。

范曄博採衆書，裁成漢典，觀其所取，頗有奇工。至於方術篇及諸蠻夷傳，乃録王喬、左慈、廩君、槃亦作「盤」。瓠，言唯迂誕，事多詭越。可謂美玉之瑕，白圭之玷。惜哉！無是可也。節中頓挫。又自魏、晉已降，著述多門，語林、笑林、世説、俗説，皆喜載調一作「啁」。謔小辯，嗤鄙異聞，在小説家，可無譏也。雖爲有識所譏，頗爲無知所説。而斯風一扇，國史多同。馴而濫入國史矣。至如王思狂躁，起驅蠅而踐筆，畢卓沈湎，左持螯而右杯，劉邕榜吏以膳痂，齡石戲舅而傷贅，其事蕪穢，其辭猥雜。而歷代正史，持爲雅言。苟使讀之者爲之解頤，聞之者爲之撫掌，一作「抃」。固異乎記功書過，彰善癉惡者也。釋：此節兩層，從詭誕嘲諧邊論書事之得失。愚謂此諸點綴，略見無妨。〇已上三節統爲中截。

大抵近代史筆，敘事爲煩。榷而論之，其尤甚者有四。釋：四句提後截。夫祥瑞者，所以發揮盛德，幽贊明王。至如鳳皇來儀，嘉禾入獻，秦得若雉，魯獲如麕。求諸尚書、春秋，上下數千載，其可得言者，蓋不過一二而已。爰及近古則不然。凡祥瑞之出，非關理亂，蓋主上所惑，臣下相欺，故德彌少而瑞或作「祥」。彌多，政逾劣而祥或作「瑞」。逾盛。是以桓、靈受祉，比文、景而爲豐；劉、石應符，比曹、馬而益倍。而史官徵其謬說，録彼邪言，真僞莫分，是非無別。其煩一也。釋：侈寫符瑞，爲四煩之一。

當春秋之時，諸侯力爭，各擅雄伯，自相君臣。一作「長」。經書某使來聘，某君來朝者，蓋明和好所通，盛疑「威」字之訛。德所及。此皆國之大事，不可闕如。而自史、漢已還，相承繼作。至於呼韓入侍，肅慎來庭，如此之流，書之可也。若乃藩王岳牧，朝會京師，必也書之本紀，則異乎春秋之義。原注：若漢書載楚王囂等來朝，宋書載檀道濟等來朝之類是也。夫臣謁其君，子覲其父，抑惟恒亦作「常」。理，非復異聞。載之簡策，一何辭費？其煩二也。釋：常朝入紀，爲四煩之二。愚謂有事入覲，即臣子亦當書。

若乃一作「乃若」。百職一作「辟」，非。遷除，千官黜免，其可以書名本紀者，蓋惟槐鼎而已。故西京撰史，唯編丞相、大夫；東觀著書，止列司徒、太尉。而近世自三公以下，一命已上，苟沾厚禄，莫不備書。且一人之身，兼預數職，或加其號而闕其位，或無其實而有其名。南、北諸史以後，大抵皆然。　贊唱爲之口勞，題署由其力倦。具之史牘，夫何足觀？　其煩三也。釋：虛銜備載，爲四煩之三。

夫人之有傳也，蓋唯書其邑里而已。其有開國承家，世祿不墜，積仁累德，良弓無改，項籍之先世爲楚將，史記項羽本紀。石建之後廉謹相承，史記萬石君傳。此則其事尤異，略書於傳可也。其失之者，則有父官令長，子秩丞郎，聲不著於一鄉，行無聞於十室，而一無「而」字。乃敘其名位，一二或作「二二」。無遺。此實家諜，非關國史。其煩四也。釋：贅錄世官，爲四煩之四。

於是考茲四事，以觀今疑當作「近」。古，足驗積習忘返，流宕不歸，乖作者之規模，違哲人之準的也。孔子曰：「吾黨之小子狂簡，斐然成章，不知所以裁之。」其斯之謂矣。釋：總繳書事四煩，後截歸宿在此。

亦有言或可記，功或可書，而紀一作「記」。闕其文，傳亡其事者。何則？始自太上，迄於中古，其間文籍，可得言焉。夫以仲尼之聖也，訪諸郯子，始聞少皞之官；叔向之賢也，詢彼國僑，載辨黃能一作「熊」。之祟。或八元才子，因行父而獲傳；見後篇元凱注。或五羖大夫，假趙良而見識。商君列傳。則知當時正史，流俗所行，若三墳、五典、八索、九丘之書，虞、夏、商、周春秋、檮杌之記，其所缺略者多矣。釋：此節反以遺缺圓其說，是餘文。

既而汲冢所述，方五經而有殘，一作「殊」。馬遷所書，比三傳而多別，裴松補陳壽之闕，謝綽拾沈約之遺，斯又言滿五車，事逾三篋者矣。夫記事之體，欲簡而且詳，疏而不漏。若煩則盡取，省則多捐，此乃忘折中之宜，失均平之理。惟夫博雅君子，知其利害者焉。

**釋**：末又帶及經傳、正史之外，掇拾殘叢，折衷貴審也。

**按**：書事與敍事篇各義。敍事以法言，書事以理斷。法戒浮華，理歸體要，用意尤尊嚴也。局分三截，旁引正規，森如律令。

荀悦五志　語在荀紀高祖第一。

班識司馬　見探賾篇。此處多採一句。

傅玄貶班　晉書：傅玄字休奕，御史中丞。遷太僕。撰論經國九流及三史故事，評斷得失，各爲區例，名爲傅子，爲內、外、中篇。

笑他人二句　陸機豪士賦序中語。

指蹤　史記蕭相國世家：高帝曰：「夫獵，追殺獸兔者狗也，而發蹤指示獸處者人也〔六〕。」

吞燕卵　鄭氏商頌譜：有娀氏之女名簡狄，吞鳦卵而生契。殷本紀：簡狄爲帝嚳次妃。爾雅釋鳥：燕，燕鳦。

啓龍漦　外傳鄭語：宣王之時，童謠曰：「檿弧箕服，實亡周國。」有夫婦鬻是器者。夏之衰，褒神化爲二龍，王請其漦藏之，殷、周莫之發也。及厲王發之，漦流於庭，童妾遭之而孕，育而棄之。𪏭弧服者取之，以逸於褒，是爲褒后。周本紀亦載之。

厲壞門　左成十年：晉侯夢大厲被髮及地，搏膺而踊曰：「殺余孫，不義，余得請於帝矣。」壞大門及寢門而入。公懼，入於室，又壞户。公覺，召桑田巫，巫言如夢。公曰：「何如？」曰：「不食新矣！」

鬼謀社　左哀七年：初，曹人或夢衆君子立於社宫而謀亡曹，曹叔振鐸請待公孫彊。旦而戒其子曰：「我死，爾聞公孫彊爲政，必去之。」及伯陽即位，好田弋。曹鄙人公孫彊好弋，説之。因訪政事，有寵，使聽政。夢者之子乃行。八年：宋滅曹。

江使返璧　注見書志篇。再按：前注「鄭客」，樂資春秋後傳作「鄭容」。

圯橋授書　事在史記留侯世家。裴注：徐廣曰：「圯，橋也，圯音怡。」李奇云：「上、下邳人謂橋爲圯。」按：「圯橋」二字連用，似誤。然其後雜説中有「廬江目橋爲圯」之文，知其非失考也，特隨俗通用耳。

王喬左慈　見採撰篇。

廩君槃瓠　後漢南蠻傳：巴郡、南郡蠻本有五姓，未有君長。乃共令各乘土船，約能浮者，當以爲君。餘姓悉沉，唯務相獨浮，因共立之，是爲廩君。廩君死，魂魄世爲白虎。槃瓠，見斷限篇。

語林笑林　隋經籍志：語林十卷，東晉處士裴啓撰。笑林，見因習篇。

世説俗説　世説即臨川所撰，見尚書家。隋經籍志：俗説三卷，沈約撰。

驅蠅　魏志注：魏略云：王思性急，常執筆作書，蠅集筆端，驅去復來。思恚怒，自起驅蠅，不能得，還取筆擲地，踏壞之。

持螯　晉書：畢卓字茂世。嘗謂人曰：「得酒滿數百斛船〔七〕，四時甘味置兩頭，右手持酒杯，左手持蟹螯，拍浮酒船中，便足了一生矣。」

膳痂　宋書劉穆之傳：穆之之孫邕，嗜食瘡痂，以爲味似鰒魚。嘗詣孟靈休，靈休瘡痂落牀上，取食之。靈休大驚。答曰：「性之所嗜。」靈休瘡痂未落者，悉褫取以飴邕〔八〕，遂舉體流血。南康國吏二百許人，不問有罪無罪，遞互與鞭，鞭瘡痂，常以給膳。

傷贅　南史：朱齡石字伯兒。少好武，不事崖檢。舅淮南蔣氏，才劣。齡石使舅臥聽事，剪紙方寸，帖著舅枕，以刀子縣擲之。相去八九尺，百擲百中。舅畏齡石，終不敢動。舅頭有大瘤，齡石伺舅眠，密割之，即死。按：傷贅，即割瘤也。

嘉禾　書序：唐叔得禾，異畝同穎，獻之天子。王命唐叔歸周公於東，作歸禾。周公既得命禾，旅天子之命，作嘉禾。

秦得若雉　史記封禪書：秦文公獲若石云，於陳倉北阪城祠之。其神來也常以夜，則若雄雞，其聲殷云，野雞夜鳴。以一牢祠，號曰陳寶。按：「雄雞」，漢書郊祀志作「雄雉」。

魯獲如麕　公羊傳：哀公十四年春，西狩獲麟。孰狩之？薪采者也。薪采者則微者也，曷爲以狩言之？大之也。麟者仁獸也，有王者則至，無王者則不至。有以告者，曰：「有麕而角者。」孔子曰：「孰爲來哉！孰爲來哉！」反袂拭面，涕沾袍。

呼韓入侍　漢宣帝紀：甘露二年，匈奴呼韓邪單于款五原塞。三年春正月，行幸甘泉，郊泰畤。呼韓邪單于稽侯狦來朝，贊謁稱藩臣而不名。上自甘泉宿池陽宮，蠻夷君長夾道陳。上登渭橋，咸稱萬歲。

肅慎來庭　孔子世家：武王克商，通道九夷百蠻〔九〕，肅慎貢楛矢石砮，長尺有咫。後漢書：挹婁，古肅慎之國也，在夫餘東北千餘里。晉文帝紀：肅慎來獻石砮、貂皮等，天子命歸於大將軍府。按：魏志陳留王紀景元三年，肅慎遣使重譯入貢，即其事。又晉武紀：咸寧五年，肅慎來獻楛矢石砮。

黃能之祟　晉語：鄭簡公使公孫成子來聘，平公有疾，韓宣子贊授客館。客問君疾。對曰：「今夢黃能入于寢門，人殺乎？抑厲鬼邪？」子產曰：「昔者鯀違帝命，殛之于羽山，化爲黃能，以入于羽淵，實爲夏郊，三代舉之。」「今周室少卑，晉實繼之。其或者未舉夏郊邪？」左昭七「黃能」作「黃熊」。二傳皆無叔向問語，史通似誤。

謝拾沈遺　謝綽宋拾遺十卷，見書志五行章。

## 人物第三十

夫人之生也，有賢不肖焉。若乃其惡可以誡世，其善可以示後，而死之日名無得而聞焉，是誰之過歟？蓋史官之責也。釋：此篇前半以有關法戒之人當見史冊爲説。

觀夫文籍肇創，史有尚書，知遠疏通，網羅歷代。至如有虞進賢，時宗元凱；夏氏中微，國傳寒浞；殷之亡也，是生飛廉、惡來；周之興也，實有散宜、閎夭。若斯人者，或爲惡縱暴，其罪滔天；或累仁積德，其名蓋世。雖時淳俗質，言約義簡，此而不載，闕孰甚焉。

洎夫子修春秋，記二百年行事，三傳並作，史道勃興。若秦之由余、百里奚，越之范蠡、大夫種，魯之曹沫、公儀休，齊之甯戚、田穰苴，斯並命代亦作「世」。大才，挺生傑出。或陳力就列，功冠一時；或殺身成仁，聲聞四海。苟師其德業，可以治國字人；慕其風範，可以激貪勵俗。此而不書，無乃太簡。釋：首以尚書、春秋有關開端。

又子長著史記也，馳騖窮古今，上下數千載。至如皋陶、伊尹、傅説，仲山甫之流，並列經誥，名存子史，功烈尤顯，事迹居多。盍各採而編之，以爲列傳之始，而斷以夷、齊居首，何齷齪之甚乎？其言與探賾篇不相顧。既而孟堅勒成漢書，牢籠一代，至於人倫大事，亦云備矣。其間若薄昭、楊僕、顔駟、史岑之徒，其一脱「其」字。事所以見遺者，蓋略小而存大耳。夫雖逐麋之犬，不復顧兔，而雞肋是棄，能無惜乎？當三國異朝，兩晉殊宅，若元則、仲景，時才重於許、洛；何楨、許詢，文雅高於揚、豫。而陳壽國志、王隱晉史，廣列諸傳，而遺此不編。此亦網漏吞舟，過爲迂闊者。**釋**：以上述馬、班、壽、隱諸史列傳有闕。

觀東漢一代，賢明婦人，如秦嘉妻徐氏，動合禮儀，言成規矩，毀形不嫁，哀慟傷生，此則才德兼美者也。董祀妻蔡氏，載誕胡子，受辱虜廷，文詞有餘，節概不足，此則言行相乖者也。至蔚宗後漢，傳標列女，徐淑不齒，而蔡琰見書。欲使彤管所載，將安準的？**釋**：此補述後漢書取舍失當也。文當列三國、兩晉之前，緣是婦女，故另綴焉。

裴幾原刪略宋史，時稱簡要。至如張禕陰受君命，戕賊零陵，乃守舊作「宗」。道一作「通」。不移，飲鴆而絕。雖古之鉏麑義烈，宣二。何以加諸？鮑昭文宗學府，馳名海內，方于漢代褒、朔之流。事皆闕如，何以申其褒獎？**釋**：此述子野宋略傳亦有闕也。○此處截。上言當傳而不立傳者，下言不必專傳而傳者。

夫天下善人少而惡人多，其一有「有」字。書名竹帛者，蓋唯記善而已。故太史公有云：「自獲麟以來，四百餘年，明主一無「明主」二字。賢君、忠臣死義之士，廢而不載，余甚懼焉。」即其義也。至如四凶列於尚書，三叛見於春秋，西漢之紀江充、石顯，東京之載梁冀、董卓，此皆干紀亂常，存滅興亡所繫。一本此三句中「干」作「千」，無「亂」字、「滅」字。既有關時政，故不可闕書。**釋**：此段轉關。書善虛運，書惡實拈，皆有關國紀，故不可闕載耳。是引下之辭。

但近史所刊，有異於是。至如不才之子，羣小之徒，或陰情醜行，或素餐尸祿，其惡不足以曝揚，其罪不足以懲戒，莫不搜其鄙事，聚而爲録，不其穢乎？釋：近史則庸碌宵小亦書，不足示戒矣。抑又聞之，十室之邑，必有忠信，而斗筲之才，何足算也。若漢傳之有傅寬、靳歙，蜀志之有許慈，宋書之虞丘進，魏史之王憲，若斯數子者，或才非拔萃，或行不逸羣，徒以片善取知，微功見識，闕之不足爲少，書之唯益其累。而史臣皆責其譜狀，徵其爵里，課虛成有，裁爲列傳，不亦煩乎？釋：近史於尋常流品亦書，不足示勸矣。語曰：「君子於其所不知，蓋闕如也。」故賢良可記，而簡牘無聞，斯乃察所不該，謂明不能遍。理無足咎。至若愚智畢載，妍媸靡擇，此則燕石妄珍，齊竽混吹者矣。夫名刊史冊，自古攸難；事列春秋，哲人所重。筆削之士，其慎之哉！釋：單收後半不必專傳者一截。

**按**：以書善書惡植史體，以勸善懲惡宏史才。若善不足以勸，惡不足以懲，則其用無所施，而於體不宜褻。乃史或闕書焉，或濫書焉，兩皆失之，論非不讜也。雖然，談何容易。非矢質鬼神之公心，而炳俟百世之明識，其孰能與於斯？

兩截臚列，或荒遠，或細碎，舉之恐不勝舉，與品藻篇一類，不免翰墨煩勞。

元凱　左文十八：昔高陽氏有才子八人：蒼舒、隤敳、檮戭〔一〇〕、大臨、尨降、庭堅、仲容、叔達，天下之民謂之八愷。高辛氏有才子八人：伯奮、仲堪、叔獻、季仲、伯虎、仲熊、叔豹、季貍，天下之人謂之八元。此十六族也，世濟其美。舜臣堯，舉八愷使主后土，以揆百事；舉八元使布五教於四方。

寒浞　左襄四：昔有夏之方衰也，后羿因夏民以代夏政，而淫於原獸，棄武羅、伯因、熊髡、尨圉而用寒浞。寒浞，伯明氏之讒子弟也，行媚於内而施賂於外，樹之詐慝，以取其國家。

飛廉惡來　秦本紀：伯翳之裔中潏在西戎，保西垂，生蜚廉。蜚廉生惡來。惡來有力，蜚廉善走，父子俱以材力事紂。

散宜閎夭　按：散、閎二人，明列尚書君奭篇，史通乃與元凱等同以闕載爲疑，疏矣。

由余　秦本紀：由余，其先晉人也，亡入戎。戎聞繆公賢，故使由余觀秦。秦繆公示以宫室、積聚，由余曰：「使鬼爲之，則勞神矣；使人爲之，亦苦民矣。」繆公怪之，由余笑曰：夫戎夷上含淳德，以遇其下；下懷忠信，以事其上。不知所以治此，此真聖人之治也。於是繆公懼，以女樂遺戎王，間由余，由余降秦。

百里奚　史記秦本紀云：晉獻公滅虞、虢，虜虞君與其大夫百里奚，以爲秦穆公夫人媵於秦。按：左傳之言媵秦穆姬者爲井伯，無百里奚之名。惟僖十三，晉人來乞糴，有「秦伯問百里與之」一語，亦無奚名。

蠡種　外傳越語：越王句踐即位三年，興師伐吴，不勝，棲於會稽。王使大夫種行成於吴，曰：「蠡爲我守於國。」范蠡對曰：「四封之内，百姓之事，蠡不如種；四封之外，敵國之制，立斷之事〔一二〕，種不如蠡。」四年，伐吴。居軍三年，遂滅吴。

曹沫　按：刺客傳：曹沫，魯人，於魯莊、齊桓之時，有戰敗會柯劫盟之事。而公羊書盟柯，手劍，曹子無名。左、穀則名曹劌，又皆無劫桓事。故曰三傳不書曹沫。

公儀休　孫奭孟子疏〔一二〕：案史記云：公儀休，魯博士，以高第爲魯相。奉法循理，無所變更。百官自正，使食禄者不得與民争利，受大者不得取小。按：事又見董子賢良策對。

甯戚　管子小稱篇：桓公、管仲、鮑叔牙、甯戚四人飲，鮑叔奉杯而起曰：使公毋忘如莒時也，管子毋忘束縛在魯也，甯戚毋忘飯牛車下也。按吕覽、淮南並云：擊牛角疾歌。注曰：「歌碩鼠也〔一三〕。」而吕作「甯戚」，淮南作「甯越」。至應劭述歌，又别歌曰：「南山矸，白石爛，生不遭堯與舜禪。短布單衣適至骭，從昏飯牛薄夜半，長夜漫漫何時旦。」三書互異，識以備考。

田穰苴　史記本傳：司馬穰苴者，田完之苗裔也。齊景公時，晏嬰乃薦田穰苴，曰：「穰雖田氏庶孽，然其人文能附衆，武能威敵，願君試之。」景公召穰苴，與語兵事，大説之。以爲將軍，將兵捍燕、晉之師。

薄昭　附見外戚薄姬傳：高后崩，迎立代王爲皇帝，封太后弟昭爲軹侯。又見淮南王傳：淮南厲王恣，不用漢法。時帝舅薄昭爲將軍，尊重，上令昭予厲王書，諫數之。

楊僕　酷吏傳：僕以千夫爲吏。南越反，拜樓船將軍，有功，封將梁侯。按：僕非附傳，不得云見遺。

顔駟　文選張衡思玄賦云：「尉尨眉而郎潛兮，逮三葉而遘武。」注：漢武故事：孝武過郎署，見一郎鬢眉皓白，問：「何其老也？」對曰：「臣顔駟。文帝好文，臣好武；景帝好老，臣尚少；陛下好少，臣已老。是以三葉不遇。」上擢爲都尉。

史岑　參雕龍、選注。雕龍云：「武仲之美顯宗，史岑之述熹后。」選注：漢有兩史岑。一在王莽末，字子孝。東觀漢記東平王蒼上光武中興頌，明帝問「可與誰等」，校書郎對「前世史岑之比」者是也。其一頌和熹鄧后者，字孝山，在莽後百有餘年。書典散亡，莫詳爵里。集林諸家以孝山之文載於子孝之集，范曄遂謂：王莽末，沛國史岑，字孝山，以文顯。誤也。按：選注見出師頌。史通所列，則莽末字子孝者是。

元則　魏志附見曹爽傳。裴注：魏略曰：桓範字元則。曹爽輔政，以範鄉里老宿，特敬之。及宣王起兵，範南見爽，勸爽兄弟以天子詣許昌，徵四方以自輔，「卿別營在闕南，呼召如意，所憂在穀食，而大司農印章在我身」。爽不從。及宣王收範，持之甚急。範謂部官曰：「徐之，我亦義士耳！」遂送廷尉。魏氏春秋曰：範哭謂爽曰：「曹子丹佳人，生汝兄弟，犢耳！何圖今日坐汝族滅？」

仲景　遍檢三國裴注，絶無其人。劉意豈謂張仲景耶？皇甫謐釋勸：華陀存精於獨識，仲景垂妙於定方。蓋仲景醫聖，與陀齊名。隋志方書，亦二人連載，並注漢人。漢末魏初也。而陳壽止傳華陀，不及仲景。知幾特舉出之，理或然耶？讀書志：名醫録云：仲景，南陽人，名機，舉孝廉，官長沙太守。著傷寒論二十二篇，證外合三百九十七法〔一四〕，一百一十二方。書録解題：仲景文辭，簡古奥雅，古今治傷寒未有能出其外者。按史通云「才重許、洛」，地亦合。

何楨　張隱文士傳：何楨字元幹，有文學，器幹甚偉。歷幽州刺史、廷尉。楨子龕、勖、惲，多至大官。自後累世昌阜。晉書何充傳：充字次道，魏光禄大夫楨之曾孫也。

許詢　世説文學：許掾，年少時，人比王苟子，許大不平。時諸人士及支法師並在會稽西寺講，王亦在焉。許便往與王論理，遂大屈。許復執王理，王執許理，更相覆疏，王復屈。支從容曰：「何至相苦邪？」按：許掾即詢也，字玄度。劉惔嘗云：「清風明月，恨無玄度。」苟子，王修小字。又按：新晉書錯見孫綽、郗愔及諸王、謝傳。

秦嘉妻徐　玉臺新詠秦嘉贈婦詩序云：嘉爲郡上掾〔一五〕，妻徐淑寢疾，還家，不獲面别，贈詩云爾。淑答詩，略云：妾身兮不令，感疾兮來歸；曠廢兮侍覲，情敬兮有違。君今兮奉命，遠適兮京師。悠悠兮離别，夢想兮容輝；恨無兮羽翼，高飛兮相追。藝文類聚：淑復嘉書云：昔詩人有飛蓬之感，班姬有誰榮之歎。素琴明鑑，當待君還。未奉光儀，寶釵不列。丹鉛録：予觀藝文、玉臺二書，見東漢婦人徐淑與夫書及詩，皆麗則可誦。幽明録：淑晝卧，流涕。嫂問之。曰：「適見嘉自説往津亭鄉，病亡。一客賫書還，日中當至。」舉家大驚。書至，事如夢。

董祀妻蔡　後漢列女傳：陳留董祀妻者，同郡蔡邕之女也。名琰，字文姬，博學有才辯，又妙於音律，適河東衛仲道。夫亡，無子。興平中，天下喪亂，爲胡騎所獲，没於南匈奴左賢王。在胡中，生二子。曹操素與邕善，遣使者以金璧贖之，而重嫁於祀。

張禕　晉書忠義傳：張禕，吴郡人，少有操行。恭帝踐祚，劉裕以禕帝之故吏，素所親信，封藥酒一畏付禕，密令鴆帝。禕既受命，歎曰：「鴆君求生，何面目視息世間哉！不如死也。」因自飲之而死。按：宋書則於其子暢傳見之。易代之史，體自應爾，可無闕如之譏。

鮑昭　宋書臨川王傳：義慶爲宗室之表，招聚文學之士東海鮑照等，引爲佐使。照字明遠，文辭贍逸，爲河清頌，序甚工。世祖好爲文章，自謂物莫能及。照悟其旨，爲文多鄙言累句，當世咸謂照才盡，實不然也。按：唐人避武后諱曌，多作「鮑昭」。

三叛　左昭三十一：齊豹爲衛司寇，作而不義，其書爲盜。邾庶其、莒牟夷、邾黑肱以土地出，不求其名，賤而必書，所以懲肆而去貪也。春秋書齊豹曰盜，三叛人名，以懲不義，其善志也。

傅靳　漢書樊、酈、夏侯、灌、傅、靳、周同傳。按：「傅靳」恐當作「傅周」，蓋七人中敍功，惟傅寬、周緤事最少也。

許慈　蜀志本傳：慈字仁篤。又有胡潛字公興，並爲博士，典掌舊文。更相克伐，書籍有無，不相通借，時尋楚撻。其矜己妬彼至於此。

虞丘進　宋書本傳：進累戰有功，封望蔡縣男，除宋臺令書。史臣曰：諸將起自豎夫，心一乎主，百死而不顧，遂饗封侯之報。

王憲　魏書本傳：憲字顯則，北海劇人。歸誠，太祖見之，曰：「此王猛孫也。」厚禮待之。進爵劇縣侯，卒年八十九。北史「憲」作「憓」。

燕石　闞子：宋之愚人得燕石梧臺之側，藏之，以爲大寶。周客聞而觀焉，革匱十重，緹巾十襲。客見之，掩口盧胡而笑曰：「此燕石也，與瓦甓同。」

齊竽　韓子内儲説：一聽則愚智不分，責下則人臣不參。其説在吹竽。齊宣王使人吹竽，必三百人，南郭處士爲王吹竽，王説之。宣王死，湣王立，好一一聽之，處士逃。

## 校勘記

〔一〕奴干作儀同面見我也　「見」原作「向」，據周書改。

〔二〕家語作蒼梧嬈　「嬈」原作「橈」，據孔子家語改。

〔三〕與入鄭師　「與」原作「輿」，據左傳改。

〔四〕南史則又增孝伯曰　按「孝伯曰」宋書作「虜使答云」。南史皆有。

〔五〕可謂笑他人之未工　「他」陸士衡文集作「古」。

〔六〕而發蹤指示獸處者人也　「獸」原作「狗」，據史記改。

〔七〕得酒滿數百斛船　「酒」字據晉書補。

〔八〕悉褫取以飴邕　「飴」原作「飼」，據宋書改。

〔九〕通道九夷百蠻　「百」原作「八」，據史記改。

〔一〇〕隤敳檮戭　「敳」原作「凱」，「戭」原作「演」，據左傳改。

〔一一〕立斷之事　「立」原作「主」，「之」原作「其」，均據國語改。

〔一二〕孫奭孟子疏　原作「趙岐孟子注」，據孟子注疏告子下改。

〔一三〕注曰歌碩鼠也　按吕覽直諫、淮南子道應訓均無是注，疑誤。

〔一四〕證外合三百九十七法　「外合」原作「合内外」，據郡齋讀書志改。

〔一五〕嘉爲郡上掾　「郡上」原作「上郡」，據玉臺新詠改。

# 史通通釋卷九

## 内篇

### 覈才第三十一

夫史才之難，其難甚矣。晉令云：「國史之任，委之著作，每著作郎初至，必撰名臣傳一人。」斯蓋察其所由，苟非其才，則不可叨居史任。釋：起言史材實難，揀覈宜慎。歷觀古之作者，若蔡邕、劉峻、一本峻獨不書名而書字，非。徐陵、劉炫之徒，各自謂長於著書，達於史體，然觀一無「觀」字。侏儒一節，而他事可知。釋：首舉四人，皆有心掌故而未及成史者。此下分評。案伯喈於朔方舊誤作「方朔」，或誤作「方翔」。上書，謂宜廣班氏天文志。夫天文之於漢史，實附贅之尤甚者也。必欲申以掎摭，但當鋤而去之，安可仍其過失，而益其蕪累？亦奚異觀河傾之患，而不遏以隄防，方欲疏而導之，用速懷襄之害。述史如此，將非練達者歟？釋：一層評蔡邕，與書志篇論天文同旨。孝標持論談一作「析」。理，誠爲絶倫。而自敍一篇，過爲煩碎；山栖一志，直論一作「是」。文章。句恐有訛字。諒難以偶迹遷、固，比肩陳、范者也。釋：一層評劉峻。孝穆在齊，有志一有「於」字。梁史，及還江左，一有「而」字。書竟不成。嗟乎！以徐公文體，而施諸史傳，亦猶灞上兒戲，異乎真將軍，幸而量力不爲，可謂自卜者審矣。釋：一層評徐陵。光伯以洪儒碩學，而迍邅不遇。觀一無「觀」字。其鋭情自敍，欲以垂示將來，而言皆淺俗，理無要害。豈所謂「誦詩三百，雖多，亦奚以爲」者乎！釋：一層評劉炫。○上分覈四人，見如此名才，留心撰述，猶難輕許，則史才豈易言哉！

昔尼父有言：「文勝質則史。」蓋史者當時之文也，然樸散淳銷，時移世異，文之與史，較一作「皎」。然異轍。故以張衡之文，而不閑於史；以陳壽之史，而不習於文。其有賦述兩都，詩裁八詠，而能編次漢册，勒成宋典。若斯人者，其流幾何？釋：至此提出本篇論旨，文與史本非二途，但唐初文尚儷體，以入史局，則非其倫矣。○劉之前以詞賦才而成正史者，唯班、沈二人，故列出之。

是以略觀近代，有齒迹文章而兼修史傳。其爲式也，羅含、謝客宛爲歌頌之文，蕭繹、江淹直一作「究」。成銘贊之序，「序」字似當作「筆」。温子昇尤工一作「喜」。複語，盧思道雅好麗作「儷」字用。詞，江總猖獗以沈迷，庾信輕薄而流宕。此其大較也。然向之數子所撰者，蓋不過偏記雜説，小卷短書而已，猶且乖濫踳駁，一至於斯。而況責之以刊勒一家，彌綸一代，使其始末圓備，表裏無咎，蓋亦難矣。**釋**：此段所舉諸人，正證上文麗詞史筆之不相入也。

但自世重文藻，詞宗麗淫，於是沮誦失路，靈均當軸。每當有「值」字。西省虛職，東觀佇才，凡所拜授，必推文士。遂使握管懷鉛，多無銓綜之識；舊訛作「職」。連章累牘，罕逢微婉之言。而舉俗共以爲能，一作「共爲能事」。當時莫之敢侮。假令其一無「其」字。間有術同彪、嶠，才若班、荀，懷獨見之明，負不刊之業，而皆取窘於流俗，見嗤於朋黨。遂乃哺糟歠醨，俯同妄作，披褐懷玉，無由自陳。此管仲所謂「用君子而以小人參之，害霸之道」者也。一無「也」字。**釋**：此節趁作之者之所趨，搭到任之者之所取，風尚同歸，將志古者反不見收矣。

昔傅玄或作「毅」，非。有云：一脱「云」字。「觀孟堅漢書，實命代奇作。及與陳宗、尹敏、杜撫、馬嚴撰中興紀傳，其文曾不足觀。豈拘於時乎？不然，何不類之甚者也？是後劉珍、朱穆、盧植、楊彪之徒，又繼而成之。豈亦各拘於時，而不得自盡乎？何其益陋也？」以上並傅玄語。嗟乎！拘時之患，其來尚矣。斯則自古一有「之」字。所歎，豈獨當今者哉！一無「當」字、「者」字。**釋**：末以古語證之，眼在「拘於時」句，歎時情所尚，積而難反也。

**按**：載文之言曰：「文之將史，其流一也。」敍事之言曰：「其爲文也，編字不隻，捶句皆雙。」茲又曰：「文之與史，較然異轍。」蓋三史以上，文史一揆。駢體既興，文筆難乎爲史筆，其理然也。麗於色者，必靡於質；工爲偶者，必拙爲疏。當公之時，值唐初運，連軫六朝，所謂「史局皆文詠之士」，故對時局再三言之。

或疑諸史敘事，究與六朝碑版不同，何累以俳體瞋之？噫！讀書亦不審矣。盍姑取晉、宋諸書，觀其敘言乎？其中章奏大篇無論，他如立談口語，決難猝辦四六，而時流吐屬，鮮非駢儷。乃至徒河、羯、氐之流，竊時裔種耳，應答言句，文必疊雙。其爲矜粉飾，逐風氣，顯自筆頭出矣。非俳而何？疑者退而檢之皆是。

史通極詆儷詞，卒亦自爲俳體，正所謂拘於時者乎？然其言已爲退之、習之輩前導也。

晉令　隋經籍志：晉令四十卷。晉職官志：著作郎始到職，必撰名臣傳一人。

侏儒一節　吳志潘濬傳注：武陵部從事樊伷叛，外白差萬人往討，濬曰：五千兵足可擒伷。伷實無才，昔嘗爲州人設饌，比至日中，食不可得，而十餘自起。此亦侏儒觀一節之驗也。按：成語似別有本，俟考。

朔方上書　後漢蔡邕傳：邕字伯喈，拜郎中，校書東觀。對災咎，譏刺寵臣，下獄。減死，徙朔方。上書自陳，奏其所著十意。注：自陳曰：臣自在布衣，常以爲漢書十志下盡王莽，光武以來，唯記紀傳，無續志者。故太傅胡廣略以所有舊事與臣，臣欲删定者一，所當接續者四，前志所無，臣欲著者五。分別首目，并書章左，唯陛下留神。

自敍山栖　劉峻見補注篇。又本傳：因遊東陽紫巖山，築室居焉。爲山栖志，其文甚美。又嘗爲自序，曰：「余自比馮敬通，而有同之者三，異之者四。」後詳自敍篇。

孝穆在齊　陳書徐陵傳：陵字孝穆。太清二年，兼通直散騎常侍。使魏，會齊受禪，陵累求復命，終拘留不遣。及齊送貞陽侯爲梁嗣，乃遣陵隨還。陳天嘉年，領大著作。按：「在齊有志梁史」之語，本傳、本集皆不見。

光伯自敍　隋儒林傳：劉炫字光伯。納言楊達舉炫博學，射策高第，除太學博士。歲餘，歸河間，于時盜賊蜂起，教授不行。乃自爲贊曰：通人自敍風徽，余敢仰均先達，徒以日迫桑榆，門徒雨散，殆及餘喘，薄言胸臆云云。

兩都　兩都賦，班固撰。見載文篇。

八詠　八詠，沈約撰。隱侯本集：一、登臺望秋月，二、會圃臨春風，三、歲暮愍衰草，四、霜來悲落桐，五、夕行聞夜鶴，六、晨征聽曉鴻，七、解珮去朝市，八、被褐守山東。坡詩虔州八境：八詠聊同沈隱侯。王注：沈約爲東陽太守，作八詠，寫於樓上。按東陽，今金華府。陸魯望二遺詩序云：東陽多名山，金華爲最。「守山東」，指此也。

羅含　晉文苑傳：羅含字君章。嘗夢一鳥，文彩異常，飛入口，自此藻思日新〔一〕。太守謝尚稱曰：「湘中琳琅。」於城西小洲上立茅屋，布衣蔬食，晏如也。徵正員郎，轉廷尉，致仕，門施行馬。

謝客　即謝靈運，見論贊篇。南史庾肩吾傳：謝客吐言天拔〔二〕，時有不拘，是其糟粕。謝弘微傳〔三〕：客兒，靈運小名〔四〕。異苑：靈運生於會稽，其家以子孫難得，送於錢塘杜明師養之，十五方還。故曰客兒。

蕭繹　蕭繹即梁元帝，參本紀。初封湘東王，頗有高名，與裴子野、劉顯、蕭子雲爲布衣之交，著作多行於世。

江淹　梁書江淹傳：淹字文通。少以文章顯，晚節才思微退，時人謂之才盡。所著述百餘篇并齊史十志。

温子昇　見敍事篇。

盧思道　北史盧玄傳：玄之孫思道，才學兼著。齊天保中，魏史成，思道多所非毀。周平齊，追赴長安。終散騎侍郎、參内史事。集二十卷〔五〕。

麗詞　文心雕龍有麗詞篇，論駢儷體，其文曰：造化賦形，支體必雙；神理爲用，事不孤立。心生文辭，高下相須。皋陶贊云：「罪疑惟輕，功疑惟重。」益陳謨云：「滿招損，謙受益。」豈營麗辭，率然成對。

江總　陳書：總字總持。家傳賜書，晝夜尋讀。文傷於浮豔，後主之世，總當權宰，日與宴游後庭，共陳暄、孔範等十餘人，謂之狎客。

庾信　北史文苑傳：庾信字子山。父肩吾，爲梁中庶子。徐摛爲右衛率。摛子陵及信並爲抄撰學士。父子東宫出入，恩莫與比隆。文並綺豔，世號「徐、庾體」焉。元帝即位，聘於西魏。屬大軍南伐，遂留長安，累遷開府儀同三司。

踳駮　莊子末篇：惠施多方，其道踳駮。魏都賦：謀踳駮於王義。按：乖舛也。本訓色雜，或作「踳駮」，義亦可借。後世書有作「蹐駮」者，蹐訓小步，失其義矣。

沮誦失路　升庵外集：倉頡、沮誦，共造文字，今世知有倉頡，不知有沮誦。按：沮誦失路，借言古筆不行也。又詳外篇正史篇。

靈均當軸　按：史記屈賈傳，但言屈原者名平，不言别有名字。所謂正則、靈均，蓋離騷自寓，即内美修能之寫象耳。離騷，見下篇。此言「靈均當軸」，借言以詞人當史局也。

傅玄有言　傅玄，見書事篇。其言即所撰論三史故事，評斷得失中語也。作「傅毅」者，非是。

陳尹　後漢班固傳：顯宗召固詣校書部，除蘭臺令史，與前睢陽令陳宗、長陵令尹敏，共成世祖本紀。困學紀聞：論衡云：陳平仲紀光武，漢家功德可觀見。未詳平仲何人。閻徵君若璩，據班固傳推知是陳宗字。袁宏後漢紀：南陽人尹敏字幼季，才學深通。上言讖書多近語俗辭。上非之。官止長陵令，與班彪善。

杜馬　馬援傳：援兄子嚴，字威卿。明德皇后既立，嚴慮致譏嫌，徙北地，皇后敕使移居洛陽。顯宗召見，嚴進對閑雅〔六〕，詔留仁壽闥，與校書郎杜撫、班固等雜定建武注記。

劉朱盧揚　後漢文苑傳：劉珍字秋孫。永初中，鄧太后詔珍與劉騊駼、馬融校定東觀百家。又詔與騊駼作建武以來名臣傳。又朱暉傳：暉孫穆〔七〕，字公叔，拜尚書。所著論奏二十篇。及卒，蔡邕與門人共述其體行，謚爲文忠先生。又盧植傳：植字子幹，拜議郎，與馬日磾、蔡邕、楊彪、韓説等補續漢紀。又楊震傳：震曾孫彪字文先。熹平中，公車徵拜議郎。注：華嶠書曰：與日磾、植、邕等著作東觀。按：四人傳中，朱穆不及續史事。

# 序傳第三十二

蓋作者自敘，其流出於中古乎？一無「乎」字。案屈原離騷經，其首章上陳氏族，下列祖考；先述厥生，次顯名字。自敘發迹，實基於此。釋：此以賦體自述，而遂開敘體者。降及司馬相如，始以自敘爲傳。然其所敘者，但記自少及長，立身行事而已。逮於祖先所出，則蔑爾無聞。釋：此則敘體所始，而不述其先者。至馬遷，又徵三閭之故事，放讀「仿」。文園之近作，模楷二家，勒成一卷。於是揚雄遵其舊轍，班固酌其餘波，自敘之篇，實煩於代。雖屬辭有異，而茲體無易。釋：至太史公，則歷述先世而敘體備，遂爲後代所宗。○已上是原始。

尋馬遷史記，上自軒轅，下窮漢武，疆宇修闊，道路綿長。故其自敘，始於氏出重黎，終於身爲太史。雖上下馳騁，終不越史記之年。釋：自此乃頂接史公，開出議論。班固漢書，止敘西京二百年事耳。其自敘也，則遠徵令尹，起楚文王之世；近録賓戲，當漢明帝之朝。苞括所及，一作「聞」。逾於本書遠矣。而後來敘傳，非止一家，競學孟堅，從風而靡。施於家諜，一作「譜」。猶或可通，列於國史，多一作「每」。見其失者矣。釋：此爲初段議論，言遷史本無斷限，故遠溯源流。班書止述本朝，而亦追敘遠代。此習一起，攀仰成風。

然自敘之爲義也，苟能隱己之短，稱其所長，斯言不謬，即爲實録。而相如自序，乃舊訛「及」。記其客游臨卭，竊妻卓氏，以春秋所諱，持爲美談。雖事或非虛，而理無可取。載之於傳，不其愧乎！又王充論衡之自紀也，述其父祖不肖，爲州閭所鄙，而已答以瞽頑舜神，鯀惡禹聖。夫自敍而言家世，固當以揚名顯親爲主，苟無其人，闕之可也。至若盛矜於己，而厚辱其先，此何異證父攘羊，學子名母？必責以名教，實三千之罪人也。**釋：**此兩層與論旨反離，言自敍之過，過在鋪張。而相如不嫌自汙，王充醜詆所生，是出情理之外者。

夫自媒自衒，士女之醜行。然則人莫我知，君子不舊作「所」，誤。恥。案孔氏論語有云：「十室之邑，必有忠信，」「不如某之好學也。」又曰：「吾每自一依經作「日三」。省吾身，爲人謀而不忠乎？與朋友交而不信乎？」又曰：「文王既没，文不在兹乎？」又曰：「吾之先一依經作「昔者吾」。友嘗從事於斯矣。」則聖達之舊無「之」字。立言也，時亦揚露己才，或托諷以見其情，或選與「巽」通。辭以顯其迹，終不盱衡自伐，攘袂公言。且命諸門人「各言一作「見」。爾志」，由也不讓，見嗤無禮。歷觀揚雄已降，其自敍也，始以誇尚爲宗。至魏文帝、傅玄、陶梅、恐誤，或當作「梅陶」。葛洪之徒，則又逾於此者矣。何則？身兼片善，行有微能，皆剖析具言，一一必載。豈所謂憲章前聖，謙以自牧者歟？**釋：**此節乃本篇正諷，爲自敍誇尚者進規。

又近古人倫，喜稱閥閲。其蓽門寒族，百代無聞，而辝角挺生，一朝暴貴，無不追述本系，妄承先哲。至若儀父、振鐸，並爲曹氏之初；淳維、當作「始均」。李陵，俱稱拓拔之始。河内舊訛作「南」。馬祖，遷、彪之説不同；吴興沈先，約、烱「先約烱」一作「約先後」，非。之言一作「序」。有異。斯皆不因真律，無假寧楹，直據經史，自成矛盾。則知揚姓之寓西蜀，班門之雄朔野，或胄纂伯僑，或家傳熊繹，恐自我作故，舊作「古」。失之彌遠者矣。蓋諂祭非鬼，神所不歆；致敬他親，人斯悖德。凡爲敍傳，宜詳此理。不知則闕，亦何傷乎？**釋**：末節極之於冒承非鬼，而誇情莫遏矣。

**按**：篇何以作？爲史家以自序殿全史而作也。史記而下有自序者，漢之班、宋之沈、南、北史之李，與史遷而四耳。而旁及於相如、揚雄者，史傳即其自傳也。又及於王充、魏文、傅玄、陶、葛諸人序見本集者，觸類而長，藉以起諷也。以龍門爲初式，以蘭臺爲踵事，以浼身證祖爲失體，以誇尚妄承爲進規，核而辯。迨後官局分編，序傳之例遂廢。

篇當次前序例、題目之間，恐是錯簡。

唐柳中敷論氏族曰：天子建德，因生賜姓。以國則齊、魯、秦、吴，以謚則文、武、成、宣，以官則司徒、司馬，以爵則王孫、公孫，以字則孟孫、叔孫，以居則東門、北郭，以地則三烏、五鹿，以事則巫、乙、匠、陶〔八〕。秦既滅學，公侯子孫，失其本系。漢始尚官，七相五公所由興也。魏立九品，置中正，尊世胄，卑貧士。晉、宋因之，賈氏、弼。王氏弘。譜學興焉。自有譜局，史職皆具。過江則爲僑姓，山東、關中號郡姓，代北則虜姓。凡三世有三公者曰膏粱〔九〕，有令僕者爲華腴。尚書領護而上者甲姓，九卿若方伯者乙姓，散騎太中者丙姓，吏部正員郎爲丁姓，謂之四姓。又唐書高儉傳曰：太宗以人尚閥閲，嫁娶取資，謂之賣昏。詔儉與韋挺等責天下譜諜，參考史傳，檢正真僞。進忠賢，退悖惡；先宗室，後外戚；退新門，進舊望；右膏粱，左寒畯。合二百九十三姓，千六百五十一家爲九等，號氏族志。後李義府恥其家無名〔一〇〕，更令孔志約、楊仁卿等裁廣義例，各以品位高下次之。縉紳恥焉，目爲勳格。至鄭漁仲作通志，謂五季以來，諸志録皆散佚云。譜胄源流興廢可考見者如此。史言賣昏求財，汩喪廉恥。至風教又薄，譜録都廢，而公靡常産之拘，士亡舊德之傳矣。然水心葉氏又言：叔向以欒、郤、胥、原、狐、續、慶、伯，降在皂隸，憂公室之卑矣。若夫志不必憂國，行不必及民，但爲門户，世有顯寵，如晉、宋王、謝，北方崔、盧，此叔孫豹所謂世禄，非不朽也。因閲此文，附記其説。

離騷陳氏族　篇首：帝高陽之苗裔兮，朕皇考曰伯庸。攝提貞於孟陬兮，惟庚寅吾以降。皇覽揆余於初度兮，肇錫余以嘉名。名余曰正則兮，字余曰靈均。按：庾信哀江南賦自陳氏族較詳。

相如自敘爲傳　按：漢書本傳，無自敘明文。證之後史，知其言固有本。隋書劉炫傳自爲贊曰：通儒司馬相如、揚子雲、馬季長〔一一〕、鄭康成等，皆自敘風徽，傳芳來葉云云。蓋子玄之前，古人已言之矣。

不越史記之年　太史公自序云：「卒述陶唐以來，至於麟止，自黄帝始。」按：此總紀史記全書也，而本序之始終亦括此三言。

遠徵近録　按：漢書敍傳，其首曰：班之先，令尹子文之後，其末以答賓戲終之。時則明帝永平年也。馬序推史官之由來，班則止於述姓，故史通有異辭。

竊妻　相如傳：相如游梁歸，臨邛令王吉爲具召之。時卓王孫女文君新寡，相如以琴心挑之。文君夜亡奔相如，遂與馳歸成都。

論衡自紀　自紀篇：王充者，會稽上虞人也，字仲任。其先本魏郡，從軍有功，封會稽陽亭。國絶〔一二〕，因家焉，以農桑爲業。世祖勇任氣，怨仇衆多。祖父汎擔載，就安錢唐縣，生子二：蒙、誦。誦即充父，與豪家丁伯等結怨，徙處上虞。按：瞽頑鯀惡，皆自紀中語。

學子名母　戰國魏策：宋人有學者，三年反而名其母。母曰：名我何也？其子曰：堯、舜名，天地名，母賢不過堯、舜，大不過天地，是以名母也。母曰：子於學盡行之乎？將有所不行也，願子之且以名母爲後也。

三千之罪　孝經五刑篇：子曰：「五刑之屬三千，而罪莫大於不孝。」

揚雄自敘　本傳顔注：晉灼曰：晉大夫無揚侯。師古曰：雄之自敘譜牒，稱揚侯，蓋疏謬也。據此可見雄傳皆自敘之文，其説必有所受也。前「相如自敘」注已見之。

魏文帝　典論自序歷述平董卓、脱張繡及論射、擊劍、彈棋之事，皆著於篇。

傅玄　玄字休奕。見書事篇。作傅子三篇，其自敘未見。

陶梅　其人無考。世説方正注：梅頤弟陶，字叔真。王敦咨議參軍。晉書：祖逖兄納問梅陶曰：君鄉里立月旦評，何如？曰：善褒惡貶，佳法也。王隱在坐，曰：尚書「三載考績」，何得月行褒貶？陶曰：此官法也。月旦，私法也。按：陶生許劭之鄉，好議論，自敘之作，或是其人。

葛洪　抱朴子自敘：余抄掇衆書，撮其精要。或曰：「玉屑盈車，不如全璧。」答曰：「泳員流者，採珠而捐蚌；登荆山者，拾玉而棄石。余猶擿孔翠之藻羽，脱犀象之角牙矣。」其自序世系，晉書本傳略採之。

儀父振鐸　大戴帝繫篇：顓頊玄孫陸終，娶鬼方氏，産六子，其五曰安，是爲曹姓。曹姓者，邾氏也。通志氏族略：武王封安之苗裔邾挾爲附庸，下至儀父，始見於經。按：邾儀父乃曹之後，非曹之先也。劉言稍借。史記：曹叔振鐸者，周武王弟也。武王既克殷紂，封叔振鐸於曹。

始均李陵　魏書序紀：黄帝以土德王。北俗謂「土」爲「托」，謂「后」爲「跋」，故以爲氏。其裔始均，入仕堯世，命爲田祖。爰歷三代，始均之裔不交南夏。積六十七世，至成皇帝，諱毛立，威振北方。宋書索虜傳：索頭虜姓托跋，其先李陵後也。按：舊本「始均」作「淳維」，淳維是匈奴遠祖，與拓跋無涉。「拓」通作「托」、「託」。

河内馬祖　按：太史公自序及晉書帝紀，同以漢初河内司馬卬爲祖。史通謂彪説不同，是司馬彪九州春秋敍姓別有所祖也。俟考。

吴興沈先　沈約宋書自序：沈子國，今汝南平輿沈亭是也，後以國爲氏。漢有曰戎字威卿者，光武封爲海昏縣侯〔一三〕，辭不受，避地徙居會稽烏程縣之餘不鄉，遂世家焉。順帝分會稽爲吴郡，靈帝分烏程爲永安，吴孫皓分吴郡爲吴興郡。晉平吴，改永安爲武康。史臣七世祖延始居縣東博陸里餘烏村。按：南史沈炯傳亦云吴興武康人。史通云炯言有異，未詳所本。

真律寧楹　未詳。

胄纂伯僑　揚雄傳：其先出自有周伯僑者，以支庶初食采於晉之揚，因氏焉。

家傳熊繹　漢書叙傳：班之先與楚同姓，令尹子文之後也。子文初生，虎乳之，楚人謂虎「班」，因氏焉。按：熊繹，楚先君也。

敬他　孝經聖治：不愛其親而愛他人者，謂之悖德；不敬其親而敬他人者，謂之悖禮。

## 煩省第三十三

昔荀卿有云：遠略近詳。舊作「録遠略近」，誤。則知史之詳略不均，其爲辨舊作「患」，誤。者久矣。**釋**：荀子語可作本篇題目，二句承接，竟似破承，舊本傳訛，遂與通篇牴牾。及干令升史議，歷詆諸家，而獨歸美左傳，云：「丘明能以三十卷之約，括囊二百四十年之事，靡有孑遺。斯蓋立言之高標，著作之良模也。」並史議原文。又張世偉著班馬優劣論，云：「遷叙三千年事，五十萬言，固叙二百四十年事，八十萬言。是班不如馬也。」並優劣論原文。然則自古論史之煩省者，咸以左氏爲得，史公爲次，孟堅爲甚。「甚」，舊作「非」，恐誤。自魏、晉已還，年祚轉促，而爲其國史亦不減班書。此則後來逾煩，其失彌甚者矣。**釋**：首提後史益煩爲論案，乃先舉干、張兩議，以啓辨端。

余以爲近史蕪累，誠則有諸，亦猶古「由」通。古今不同，勢使之然也。釋：揭「勢」字是篇的。輒求其本意，略而論之。釋：此下對兩議分辨。何者？當春秋之時，諸侯力争，各閉境相拒，關梁不通。其有一訛「言」。吉凶大事，見知於他國者，或因假道而方聞，或以通一作「同」。盟而始赴。苟異於是，則無得而稱。魯史所書，實用此道。至如秦、燕之據有西北，楚、越之大啓東南，地僻界一作「遠」，非。於諸戎，人罕通於上國。故載其行事，多有闕如。且其書自宣、成以前，三紀而成一卷，至昭、襄已下，數年而一作「各」。占一篇。是知國阻隔者，記載一作「事」。不詳，年淺近者，撰録多備。原注：杜預釋例云：文公已上六公，書日者二百四十九。宣公已下亦六公，書日者四百三十二。計年數略同，而日數加倍，此亦久遠遺落，不與近同也。是則傳者注書已先覺之矣。按：先後書日之文，見杜氏集解序疏。一本「書日」皆作「書國」，又「傳者」作「儒者」，並誤。此一作「左」。丘明隨聞見而成傳，何有故爲簡約者哉！釋：此節兩層，言左之約，左之勢也。况左亦有不能約之時，干之言豈定論乎！

及漢氏一作「時」。之有天下也，普天率土，無思不服。會計之吏，歲奏於闕廷；輶軒之使，月一作「日」。馳於郡國。作者居府於京兆「府」字舊訛在「京兆」下。徵事於四方，用使夷夏必聞，遠近無隔。故漢氏之史，所以倍增於春秋也。釋：此節言班有不得不煩之勢，張乃以爲不如馬，亦豈得爲定論乎！

降及東京，作者彌衆。至如名邦大都，地富才良，高門甲族，代一作「世」。多髦俊。邑老鄉賢，競爲別録；家牒宗譜，各成私傳。於是筆削所採，聞見益多。此中興之史，即後漢書也。所以又廣於前漢也。釋：由班而推後漢之煩，又其勢有必然者。但今范史短於班史，此蓋舉華、謝諸本而言，篇尾云華、謝所編，煩於班、馬是也。

夫英賢所出，何國而無？書之則與日月長懸，不書則與煙塵永滅。是以謝承尤一作「周」。悉江左，京洛事缺於三吳；陳壽偏委悉也。一作「安」，非。蜀中，巴、梁語詳於二或作「一」，非。國。蜀志最短，何以云然？恐兼壽所撰益部耆舊傳而言〔一四〕。如宋、齊受命，梁、陳握紀，或地比禹貢一州，或年方秦氏二世。夫地之偏小，年之窘迫，適使作者採訪易洽，巨細無遺，耆舊可詢，隱諱咸露。此小國之史，所以不減於大邦也。釋：更由漢而推之偏近之史，其煩又各因其勢也。

○已上皆循序推出。

夫論史之煩省者，一無「者」字。但當要一作「求」。其事有妄載，苦於榛蕪，言有闕書，傷於簡略，斯則可矣。必量世事之厚薄，限篇第以多少，理則不然。釋：數語一篇筋骨，論當否，不論多少，洵篤論也。且必謂丘明爲省也，若介葛辨犧於牛鳴，叔孫志夢於天壓，楚人教晉以拔旆，城者謳華以棄甲。此而畢書，豈得謂之省邪？且必謂漢書爲煩也，若武帝乞漿於柏父，陳平獻計於天山，長沙戲舞以請地，楊僕怙寵而移關。此而不録，豈得謂之煩邪？由斯而言，則史之煩省不中，衷也，不衷於一也。從可知矣。**釋：**此節更就干、張所論之二書，搜討其義，言彼所謂煩省之說，并亦未確也。

又古今有殊，澆淳不等。帝堯則天稱大，書惟一篇；周武觀兵孟津，言成三誓；伏羲止畫八卦，文王加以繫辭。俱爲大聖，行事若一，其豐儉不類，懸隔如斯。必以古方今，持彼喻此，如蚩尤、黄帝交戰阪泉，施於春秋則城濮、鄢陵之事也。有窮篡夏，少康中興，施於兩漢，則王莽、光武之事也。夫差既滅，句踐霸世，施於東晉，則桓玄、宋祖之事也。張儀、馬錯爲秦開蜀，施於三國，則鄧艾、鍾會之事也。而往之所載，其簡如彼；後一作「今」，非。之所書，其審如此。若使同後來於往世，「同後來」舊作「後來同」，誤。限一概以成書，將恐學者必訴其疏遺，尤其率略者矣。而議者苟嗤沈、蕭之所記，宋書、南齊書。事倍於孫、習；皆有晉史。華、謝之所編，皆後漢書。語煩於班、馬，此四句舊本雜亂不成語，録見篇後。不亦謬乎！故曰論史之煩省者，但當求其事有妄載，言有闕書，斯則可矣。必量世事之厚薄，限篇第以多少，理則不然，其斯之謂也。**釋：**後節更從煩一邊指證出與簡並勝之義，能令「勢」字身分愈高，而文情亦興會翔舞。

**按：**篇意都從荀卿子悟來。荀言久則論略，近則論詳，略則舉大，詳則舉小。持此四語，括此一篇，大致了了，不須復贅疏義也。其曰但論妄載闕書，不論厚薄多少，說理尤爲圓足。史通著論，不難其綜覈，難其寬和，如此篇醇乎醇者也。

此篇用意，與敍事三章大相逕庭，非前後違反也。彼以用筆言，此以載事言，會向此中參悟，乃可與言事增文簡之法。又内篇至此將竟，特以斡旋前論偏枯，更可識著書補救之法。

讀武帝乞漿一段，識史筆之謹嚴，見讀書之精密，遇此等不放過，便能處處得師。

遠略近詳　荀子非相篇：傳者，久則論略，近則論詳，略則舉大，詳則舉小。愚者聞其略而不知其詳，聞其詳而不知其大也。按：文之誤從劉勰文心來。文心云：荀況稱録遠略近，蓋文疑則闕，貴信史也。意亦自背。

令升世偉　令升，干寶字也，其説見二體篇。世偉，張輔字也，注見鑒識篇。

介葛　見言語篇。

天壓　昭四年：初，穆子去叔孫氏，及庚宗，遇婦人，私而宿焉。適齊，夢天壓己，弗勝。顧而見人，黑而上僂，號之曰：「牛助余！」乃勝之。既立，所宿庚宗之婦人獻以雉，曰：吾子長矣。見之，則所夢也，號之曰：「牛。」曰：「唯。」遂使爲豎，有寵。卒亂其室。

拔旆　宣十二：邲之戰，晉師奔，或以廣隊不能進。楚人惎之脱扃。少進，馬還。又惎之，拔旆投衡，乃出。顧曰：「吾不如大國之數奔也。」

棄甲　見言語篇。

乞漿柏父　郭注：上微行，嘗夜至柏谷，舍於逆旅。因從乞漿，主人翁曰：「無漿，正有溺耳。」且疑上爲奸盜，欲攻之。主人嫗覩上狀貌而異之，止其翁。翁不聽，嫗飲翁酒，縛之。乃殺雞爲食，以謝客。明日，上歸，召嫗賜金千斤。按：郭不言所出，後閱漢武故事得之。

獻計天山　漢書高帝紀：至平城，爲匈奴所圍七日，用陳平計得出。注：應劭曰：陳平使畫工圖美女，間遺閼氏，云欲獻之。閼氏畏其奪己寵，因謂單于曰：漢天子亦有神靈，得其地，非能有也。於是開一角，得出。鄭氏曰：計鄙陋，故秘。

長沙戲舞　漢書景十三王傳：長沙定王發母微，故王卑濕貧國。注：應劭曰：景帝後二年，諸王來朝。有詔更前稱壽歌舞，定王但張袖小舉手，左右笑其拙。上怪問之，對曰：「臣國小地狹，不足迴旋。」帝乃以武陵、零陵、桂陽益焉。

楊僕移關　漢書孝武紀：元鼎三年冬，徙函谷關於新安，以故關爲弘農縣。注：應劭曰：時樓船將軍楊僕數有大功，恥爲關外民。上書乞徙東關，以家財給其用度。武帝意亦好廣闊，於是徙關三百里。按：已上四條，皆所謂班氏不録者也。今詳考漢書，果皆別見。而郭本率以班書正文串録爲注，反似其言皆出史文者，豈不與本旨刺謬乎！至楊僕一條，但鈔酷吏本傳，尤與移關事無涉矣。只此校訂，頗費日力。後詳王本，大半得之，是其勝郭本處。

城濮鄢陵　城濮事在僖二十八，鄢陵事在成十六。所謂春秋晉、楚三大戰之二也。

有窮少康　有窮后羿，見人物篇。又左哀元：昔有過澆滅夏后相，后緡方娠，逃歸有仍，生少康焉。

澆求之，奔有虞。虞思妻之二姚，而邑諸綸。能布其德，以收夏衆。使女艾諜澆，復禹之績，祀夏配天。

王莽光武　二漢終始，傳紀載之，凡數卷。

桓玄宋祖　晉書之叛逆及諸葛長民、何無忌等傳〔一五〕，宋書之武帝紀及劉道規等傳，並載其事，亦數卷。

爲秦開蜀　戰國秦策：司馬錯與張儀争論於秦惠王前，起兵伐蜀，遂定蜀。史記略同。

鄧艾鍾會　魏志：鄧艾字士載。鍾會字士季，太傅繇小子也。司馬文王以蜀將姜維屢擾邊陲，大舉圖蜀。景元四年秋，下詔使鄧艾統諸軍三萬餘人趨甘松、沓中綴維，會統十萬衆，分從斜谷、駱谷入〔一六〕。移檄蜀將吏士民云云。按：魏志、蜀志及晉書文帝紀，其事專載、夾載不一册。

沈蕭四句　初注此書，案頭有二本，文異而誤同。正凝想間，張生玉穀至，共勘之。揀所兩有，汰所兩羨，而四句出，遂刊定之。後見別本，一字不爽也。二本大小書雜亂，謬誤録後：一本：議者苟嗤沈約休文，梁人。著宋書，衍字子顯。著齊書，蕭之所記，事倍於孫孫盛，字安國，晉人也。當晉書。鑿齒字彥威。亦著晉書。習、華、謝之所編，語煩於班、馬。又一本：議者苟嗤沈約、休文，梁人，著宋書。蕭衍、字子顯，著齊書。蕭所記事倍於孫。孫盛、字安國，晉人，著晉書。習鑿齒字彥威，亦著晉書。之所編，語煩於班、馬。按：二本皆正文夾注之互混也，其文不可以句。而「衍」字「當」字等之誤，更不待言。邢子才言：日思誤書，更是一適。余讀此悶極始悟，不禁爲之解頤。

## 校勘記

〔一〕自此藻思日新　「日」原作「出」，據晉書改。

〔二〕謝客吐言天拔　「拔」原作「授」，據南史改。

〔三〕謝弘微傳　「微」原作「毅」，據南史改。

〔四〕靈運小名　「名」原作「字」，據南史改。

〔五〕集二十卷　「二十」原作「三十」，據北史改。

〔六〕嚴進對閑雅　「閑」原作「閎」，據後漢書改。

〔七〕暉孫穆　「孫」原作「子」，據後漢書改。

〔八〕以事則巫乙匠陶　「匠」原作「卜」，據新唐書柳冲傳改。按風俗通姓氏篇作「巫卜陶匠」。

〔九〕凡三世有三公者曰膏粱　「公」原作「官」，據新唐書柳冲傳改。

〔一〇〕後李義府恥其家無名　「府」原作「甫」，據新、舊唐書改。

〔一一〕馬季長　「長」原作「卿」，據隋書改。

〔一二〕國絶　「絶」字據論衡補。

〔一三〕光武封爲海昏縣侯　「縣」字據宋書補。

〔一四〕恐兼壽所撰益部耆舊傳而言　「部」原作「都」，據華陽國志後賢志、隋志、新、舊唐志改。下同。

〔一五〕晉書之叛逆及諸葛長民何無忌等傳　「逆」原作「臣」，據晉書改。

〔一六〕分從斜谷駱谷入　「駱谷」原作「駱口」，據三國志改。

# 史通通釋卷十

## 内篇

### 雜述第三十四 雜述，謂史流之雜著。

在昔舊作「昔在」。三墳、五典、春秋、檮杌，即當作「皆」。上代帝王之書，中古諸侯之記。行諸歷代，以爲格言。**釋：**篇首所列，皆謂紀載正書，用以托起雜述。其餘外傳，則神農嘗藥，厥有本草；夏禹敷土，實著山經；世本辨姓，著自周室；家語載言，傳諸孔氏。是知偏記小説，自成一家。而能與正史參行，其所由來尚矣。**釋：**標出雜述家數，開自此類。

爰及近古，斯道漸煩。史氏流別，殊途并騖。**釋：**落到後所論列者。權而爲論，其流有十焉：一曰偏紀，一作「記」，後同。二曰小録，三曰逸事，四曰瑣言，五曰郡書，六曰家史，七曰別傳，八曰雜記，九曰地理書，十曰都邑簿。**釋：**先釐別其門類。夫皇王受命，有始有卒，作者著述，詳略難均。有權記當時，不終一代，若陸賈楚漢春秋、樂資山陽一有「公」字，一以偶句從删。載記、王韶本名韶之。晉安陸當作「帝」。紀、姚最舊脱「最」字。梁昭舊脱「昭」字。後略。此之謂偏紀者也。**釋：**此謂短述之書，但記近事，而非全史。普天率土，人物弘多，求其行事，罕能周悉，則有獨舉所知，編爲短部，若戴逵竹林名士、王粲漢末英雄、蕭世誠懷舊志、盧子行知己傳。此之謂小録者也。**釋：**此謂私志之書，各録知交，而非正史。國史之任，記事記言，視聽不該，必有遺逸。於是好奇之士，補其所亡，若和嶠汲冢紀年、葛洪西京雜記、顧協瑣語、謝綽拾遺。此之謂逸事者也。**釋：**此謂掇拾之書，可補史遺，用資參考。街談巷議，時有可觀，小説巵言，猶賢於己。故好事君子，無所棄諸，若劉義慶世説、裴榮期語林、孔思尚語録、陽玠松或作「松玠」。談藪。此之謂瑣言者也。**釋：**此謂諧噱之書，略供史料，止助談資。汝、潁奇士，江、漢英靈，人物所生，載光郡國。故鄉人學者，編而記之，若圈稱陳留耆舊、周斐一作「裴」。汝南先賢、陳壽益部耆舊、虞預會稽典録。此之謂郡書者也。**釋：**此謂鄉邦舊德之書，視史家爲繁。高門華胄，奕世載德，才子承家，思顯父母。由是紀其先烈，貽厥後來，若揚雄家諜、殷敬世傳、孫氏譜記、陸宗系歷。此之謂家史者也。**釋：**此謂門胄先烈之書，比史體爲炫。賢士貞女，類聚區分，雖百行殊途，而同歸於善。則有取其所好，各爲之録，若劉向列女、梁鴻逸民、二字恐誤，當云「高士」。趙采忠臣、徐廣孝子。此之謂別傳者也。**釋：**此謂甄録貞範之書，能補前史缺遺乃貴。陰陽爲炭，造化爲工，流形賦象，於何不育。求其怪物，有廣異聞，若祖台本名台之。志怪、干寶搜神、劉義慶幽明、劉敬叔異苑。此之謂雜記者也。**釋**：此謂搜采怪異之書，足當外史勸誡乃佳。九州土宇，萬國山川，物産殊宜，風化異俗，如各志其本國，足以明此一方，若盛弘之荆州記、常璩華陽國志、辛氏三秦、羅含湘中。此之謂地理書者也。**釋**：此兼風土人物言，其書亦史志地俗一類。帝王桑梓，列聖遺塵，經始之制，不恒厥所。苟能書其軌則，可以龜鏡將來，若潘岳關中、陸機洛陽、三輔黄圖、建康宮殿。此之謂都邑簿者也。**釋**：此指帝京規制言，其書亦史志都城一流。○已上十條，書四十種，各依其類，而舉其概。

大抵偏紀小録之書，皆記即日當時之事，求諸國史，最爲實録。然皆言多鄙樸，事罕圓備，終不能成其不刊，永播來葉，徒爲後生作者削稿之資焉。**釋**：自此以下論其得失。○首二條合論，詞似棄而實取，切見親知之作，足供史底也。逸事者，皆前史所遺，後人所記，求諸異説，爲益實多。及妄者爲之，則苟載傳聞，而無銓擇。由是真僞不別，是非相亂。如郭子横之洞冥，王子年之拾遺，全構虚辭，用驚愚俗。此其爲弊之甚者也。**釋**：第三條之得失。奇者易誕，故著此戒。瑣言者，多載當時辨對，流俗嘲謔，俾夫樞機者藉爲舌端，談話者將爲口實。及蔽者爲之，則有詆訐相戲，施諸祖宗，褻狎鄙言，出自牀笫，莫不昇之紀録，用爲雅言，固以無益風規，有傷名教者矣。**釋**：第四條之得失。此條所戒，宜用書紳。郡書者，矜其鄉賢，美其邦族，施於本國，頗得流行，置於他方，罕聞愛異。其有如常璩之詳審，劉昞或作「炳」，非。之該博，而能傳諸不朽，見美來裔者，蓋無幾焉。釋：第五條之得失。鄉賢升送，年增歲益，閱此爲之起疑。家史者，事惟三族，言止一門，正可行於室家，難以播於邦國。且箕裘不墮，則其録猶一作「雖」，非。存；苟薪構已亡，則斯文亦喪者矣。釋：第六條之得失。世家子當味其言。別傳者，不出胸臆，非由機杼，徒以博採前史，聚而成書。其有足以新言加之別説者，蓋不過十一而已。如寡聞末學之流，則深所嘉尚；至於探幽索隱之士，則無所取材。釋：第七條之得失。前注言能補闕遺乃貴者以此。雜記者，若論神仙之道，則服食鍊或作「練」。氣，可以益壽延年；語魑魅之途，則福善禍淫，可以懲惡勸善，斯則可矣。及謬者爲之，則苟談怪異，務述妖邪，求諸弘益，其義無取。釋：第八條之得失。前注言足當勸戒乃佳者以此。地理書者，若朱贛所採，浹於九州；闞駰所書，殫於四國。斯則言皆雅正，事無偏黨者矣。其有異於此者，則人自以爲樂土，家自以爲名都，競美所居，談過其實。又城池舊迹，山水得名，皆傳諸委巷，用爲故實，鄙哉！釋：第九條之得失。土名俚鄙之戒，居志館者擇之。都邑簿者，如宮闕、一作「闈」。陵廟、街廛、郭邑，辨其規模，明其制度，斯則可矣。及愚者爲之，則煩而且濫，博而無限，一有「故」字，或作「於」字，疑皆衍。論榱棟則尺寸皆書，記草木則根株必數，務求詳審，持此爲能。一訛「論」。遂使學者觀之，瞀亂而難紀也。釋：第十條之得失。宮闕尺寸、物產根株，似非無益。於是考兹十品，徵彼百家，則史之雜名，其流盡於此矣。至於其間得失紛糅，善惡相兼，既難爲覼縷，故粗陳梗概。且同自鄶，無足譏焉。**釋**：此節總結十品，拈出「史」字作眼。雖諸書不以史名，亦皆史之雜流也。又以不悉數者括其餘。

又案子之將史，本爲二説。然一脫「然」字。如呂氏、淮南、玄晏、抱朴，凡此諸子，多以敍事爲宗，舉而論之，抑亦史之雜也，但以名目有異，不復編於此科。**釋**：此又就子家者流剔出近史者以該之。

蓋語曰：「衆一作「聚」。星之明，不如一月之光。」歷觀自古，作者著述多矣。雖復門千户萬，波委雲集。而言皆瑣碎，事必叢殘。固難以接光塵於五傳，並輝烈於三史。古人以比玉屑滿篋，良有旨哉！**釋**：至此統攝全篇，先將雜家一抑。然則作「然而」用。蒭蕘之言，明王一作「主」。必擇；葑菲之體，詩人不棄。故學者有當作「欲」。博聞舊事，多識其恐當作「奇」。物，若不窺別録，不討異書，專治周、孔之章句，直守遷、固之紀傳，亦何能自致於此乎？且夫子有云：「多聞，擇其善者而從之。」「知之次也。」苟如是，則書有非聖，言多不經，學者博聞，蓋在擇之而已。**釋**：以揚筆收，而歸結到「擇」字。本諸太史「擇言尤雅」之「擇」，最是讀古隄防。

**按**：從上三十三篇，論正史者備矣。至是乃旁羅雜乘，洪纖靡遺，莊諧殫録，可謂具體鼓吹者乎？於正史則嚴核之，不嫌於孤；於雜乘則廣收之，必贏其類。可知子玄是書，盡意洗伐，特欲令著作之庭，浄無塵點耳，非教天下謾棄羣言也。

核羣史，道用猛矣，而如彼上篇，卒以持平者愜物情。收雜述，道用寬矣，而就中分論，仍以袪猥者閑文紀。猛以濟寬，寬以濟猛，其諸公孫僑之爲政，北宮文子所謂有禮者乎？

其流十，其舉似者四十。流别雖多，不離史屬，賾而不亂也。舉似似煩而約，約且取小，小册見收，大者可知也。約而盡也。

神農本草　宋艾晟本草序：神農舊經止於三卷，藥數百種。梁陶隱居因而倍之。唐于志寧傳：帝問本草、别録，對曰：班固惟記黄帝内外經，不載本草。至齊七録乃稱之。世謂神農氏嘗藥以拯含氣，而黄帝以前文字不傳，至桐、雷乃載篇册。然所載郡縣多在漢時，疑張仲景、華陀竄記其語〔一〕。别録者，魏、晉以來，吴普、李當之所記，其言華葉形色，附經爲説。故弘景合而録之。

夏禹山經　胡渭禹貢錐指：山海經十三篇，劉歆以爲出於唐、虞之際。列子曰：「大禹行而見之，伯益知而名之，夷堅聞而志之。」然其間可疑甚多。顔之推曰：「禹、益所記，而有長沙、零陵、諸暨，後人所羼也。」尤袤曰：「此先秦之書，非禹、伯翳作。」二説允當。

世本辨姓　漢藝文志：世本十五篇，古史官記黄帝以來訖春秋時諸侯大夫系謚名號〔二〕。

偏紀四種　陸賈楚漢春秋九卷，見春秋家。山陽載記，隋經籍志：樂資撰，十卷。按：山陽公謂漢獻帝，禪魏，降封。晉安帝紀，宋書：王韶之字休泰，私撰晉安帝陽秋，除著作佐郎，使續後事，訖義熙九年。善敍事。按：晉安帝紀即此陽秋也。舊作「安陸」，誤。又按：北史有王韶，乃隋之武臣。此以屬對省「之」字耳。梁昭後略，隋志：姚最撰，十卷。按：隋志無「昭」字，新、舊唐志並有「昭」字。

小録四種　竹林名士，隋志：竹林七賢論二卷，晉太子中庶子戴逵撰。唐志亦作七賢論。漢末英雄記，隋志：王粲撰，殘缺。蕭世誠懷舊志，隋、唐志：梁元帝撰，九卷。按：世誠，元帝字也，諱繹。見覈才篇。盧子行知己傳，隋、唐志：盧思道撰，一卷。按：子行，思道字也。

逸事四種　和嶠汲冢紀年，按：紀年見春秋家，皆簡編科斗文字。讀書志：所得凡八千五百一十四字，詔和嶠等以隸字寫之。西京雜記，新、舊唐志：葛洪撰，二卷。按：伯厚紀聞謂是吳均及蕭賁依託。顧協瑣語，隋志：一卷，梁金紫光禄大夫顧協撰。謝綽拾遺，見書志五行章。又書事篇言謝拾沈遺即此。

瑣言四種　劉義慶世説，見尚書家。裴榮期語林，見書事篇。隋志：裴啓撰。按：榮期蓋其字也。孔思尚語録，新、舊唐志作宋齊語録十卷〔三〕。亦見書志五行章。陽玠松談藪，書録解題：北齊秘書省正字北平陽玠松撰，事綜南北八朝，隋開皇中所述。

郡書四種　陳留耆舊傳，隋志：漢議郎圈稱撰，二卷。汝南先賢，隋志：魏周斐汝南先賢傳，五卷。舊唐志「斐」作「裴」。益部耆舊傳，隋志：陳壽撰，十四卷。會稽典録，隋志：虞預撰，二十四卷。

家史四種　揚雄家譜，漢書揚雄傳即採此爲之。其説詳序傳篇。殷敬世傳，唐志作殷氏家傳三卷，殷敬撰〔四〕。孫氏譜記，唐志：十五卷，無撰人名。陸宗系歷，唐志作吳郡陸氏宗系譜，陸景獻撰。

別傳四種　劉向列女傳，曾鞏序：劉向所序，凡八篇，隋志及崇文總目皆稱十五篇。嘉祐中，蘇頌定其書，復爲八篇。梁鴻逸民，後漢書本傳：鴻仰慕前世高士，爲四皓以下二十四人作頌。按：鴻所撰即此，不當云「逸民」。或因鴻在逸民傳中，有注字句旁者，傳寫誤耶？趙采忠臣傳，按：隋、唐志忠臣傳但有梁元帝撰，趙采無考。徐廣孝子傳，新、舊唐志：徐廣撰，三卷。

雜記四種　祖台之志怪，隋志：二卷。新、舊唐志作四卷。晉書：台之字元辰，官侍中、光禄大夫。干寶搜神記，隋志：三十卷〔五〕。劉義慶幽明録，隋、唐志並云幽明録二十卷〔六〕。劉敬叔異苑，隋志：宋給事劉敬叔撰，十卷。

地理書四種　盛弘之荆州記，隋志：宋臨川王侍郎盛弘之撰。常璩華陽國志，見補注篇。辛氏三秦，按：後漢李膺傳章懷注引之，以證「登龍門」語。其書宜未亡，而史志皆闕，卷帙無考。羅含湘中，文獻經籍考：湘中山水記三卷，晉耒陽羅含君章撰，范陽盧拯注。其書頗及隋、唐以後事，則後人附益也。又按：地理與郡書略有辨，郡書主人物，地理主風土。但其中華陽志似闌入。

都邑簿四種　潘岳關中記，唐志：一卷〔七〕，潘岳撰。宋中興書目以撰人爲葛洪，或是別本。陸機洛陽記，隋、唐志：一卷。三輔黄圖，見書志篇漢三輔典注。建康宫殿，無考。又按：都邑簿，志規制也，更與郡書、地理有辨。

洞冥拾遺　東漢郭憲洞冥序：武帝明俊特異之主〔八〕，東方朔滑稽浮誕以匡諫，洞心於道教，使冥迹之奥，昭然顯著。今籍舊史不載者，撰洞冥記四卷。子横，憲字也。梁蕭綺拾遺記序：拾遺記者，晉隴西王嘉字子年撰。皆殘缺。文起羲、炎，事訖西晉〔九〕，辭趣過誕，推理陳迹，蓋絶世而宏博矣。

劉昞　撰有敦煌實録十卷，涼書十卷。其人詳論贊、正史、點煩三篇。

朱贛闞駰　朱贛，按隋志地理書，陸澄合山海經已來一百六十家，並多零失，見存四十二家。又任昉地記增多陸本八十四家，亦多零失，見存唯十二家。今考其所列見存書，皆無朱贛撰九州書名，豈在零失中耶？前辛氏三秦當亦然。北史：闞駰，敦煌人，字玄陰。樂安王丕引爲從事中郎。撰十三州志。隋志：十三州志十卷〔一〇〕。

## 辨職第三十五 職一作「識」，誤。

夫設官分職，佇績課能，欲使上無虚授，一作「稱」。下無虚受，其難矣哉！昔漢文帝幸諸將營，而目周亞夫爲真將軍。嗟乎！必於史職求真，「求真」二字，或作「求其若之」，一作「求其若此」。斯乃特一無「特」字。爲難遇者矣。**釋**：泛從課職意刷出史職之難。

史之爲務，厥途有三焉。何則？彰善貶惡，不避强禦，若晉之董狐，齊之南史，此其上也。秉直者。編次勒成，鬱爲不朽，若魯之丘明，漢之子長，此其次也。勒巨册者。高才博學，名重一時，若周之史佚，楚之倚相，此其下也。徒多聞者。苟三者並闕，復何爲者哉？釋：以三層實其難，若是，則道在得人專任，不在設局監領矣。全籠起議。○已下將領局、居局二弊流水抉發。

昔魯叟之修春秋也，不藉三桓之勢；漢臣之著史記也，無假七貴之權。而近古每有撰述，必以大臣居首。釋：此下論領局之弊，落出近世故事。案晉起居注載康帝詔，盛稱著述任重，理藉親賢，或誤「覽」。遂以武陵王領秘書監。尋武陵才非河獻，河間獻王。識異淮南，而輒以彼藩翰，董斯邦籍，求諸稱職，無聞焉爾。釋：此推設領之始，即就初設抉出不稱來。既而齊撰禮書，舊作「國史」。和士開總知；唐修本草，徐世勣監統。夫使辟陽、長信，影和士開。指揮馬、鄭舊作「南、董」，亦因國史相承而誤。之前，周勃、張飛，影徐世勣。彈壓桐、雷之右，斯亦怪矣。釋：遞到因循故事，徒以貴幸、武夫監領，可笑。○不切定國史爲言，但指出所領非人以見例。觀其夾説本草，可知所舉士開總領，原用監禮。本文正以蹴起下句監史尤難耳。何人改易，強作解事。

大抵監史爲難，斯乃尤之尤一少「之尤」二字。者。若使直若南史，才若馬遷，精懃一作「勤」。不懈若揚子雲，諳識故事若應仲遠，兼斯具美，督彼羣才，使夫一無「夫」字。載言記事，藉爲模楷，搦管操觚，歸其儀一作「準」。的，斯則可矣。釋：作一拗折，筆情轉動。但今之從政則不然，凡居斯職者，必恩幸貴臣，凡庸賤品，飽食安步，坐嘯畫諾，若斯而已矣。釋：正寫官貴無文，虛糜高踞之狀。夫人既不知善之爲善，則亦不知惡之爲惡。故凡所引進，皆非其才，或以勢利見升，或以干祈取一作「致」。擢。遂使當官效用，江左以不樂爲謡；拜職辨名，洛中以不閑爲説。言之可爲大噱，一作「笑」。可爲長歎也。**釋**：至此透後一層，言惟領局寡識，遂致所引非人，轉令敦古之士不樂就職矣。領局之弊，至此勒住。

曾試論之，世之從仕者，若使之爲將也，而才無韜略；使之爲吏也，而術靡循良；使之屬文也，而匪閑於辭賦；使之講學也，而不習於經典。斯則負乘致寇，悔吝旋及。雖五尺童兒，猶知調笑者矣。**釋**：入此一喻，作上下轉樞，領局、居局俱含。唯夫修史者則不然。或當官卒歲，竟無刊述，而人莫之省一作「知」。也；或輒不自揆，輕弄筆端，而人莫之見也。兩「人」字仍帶領局者。由斯而言，彼史曹者，崇扃峻宇，深附九重，雖地處禁中，而人同方外。可以養拙，可以藏愚，繡衣直指所不能繩，强項申威所不能及。斯固素餐一作「食」。之窟宅，尸禄之淵藪也。凡有國有家者，何事於斯職哉！**釋**：此層蒙領局者，卸入居局纂修者。言領局之設，杜散佚也，遂緣清禁，開置史曹，馴致曠勤同匿，流爲偷閑奥窟矣。

昔子貢欲去告朔之餼羊，子曰：「爾愛其羊，我愛其禮。」又語云：「雖無老成人，尚有典刑。」觀歷代之置史臣，有同嬉戲，而竟不廢其職者，蓋存夫愛禮，吝彼典刑者乎！**釋**：就虚循故事頓宕一筆。

昔丘明之修傳也，以避時難；子長之立記也，藏於名山；班固之成書也，出自家庭；

陳壽之草一作「爲」。志也，創於私室。然則古來賢儁，立言垂後，何必身居廨宇，迹參僚屬，而後成其事乎？**釋**：此正證設局纂修之非古，而「參僚屬」句即繳歸領局者，運筆又捷。是以深識之士，知其若斯，退居清靜，杜門不出，成其一家，獨斷而已。豈與夫冠猴獻狀，評議其得失者哉！

**釋**：結言惟其如是，志士所以恥居之也。仍對領局作收。○皆自寓之辭。

**按**：内篇研辨史事，無剩義矣。至是竟作史局議一篇終之。尋夫左氏以來，三國而往，編年紀傳，都非局課。自東觀開而局興焉，馴而修必於局矣，馴而局且置監矣，江左、河朔，踵成故事。爰暨有唐，定制加嚴。史館則移入省中，監修則通敕朝宰。凡所爲禁防程督之具，靡弗備至，而古風由是盡變，而叢弊相仍益滋。劉氏原始要終，至説病處，領者、修者，分層遞勘。如扁、倉之胗疾，抉根因，尅傳染，探癥結，真可謂洞垣一方。吁！室創山藏之轍，不可復循。而儒生迂議，卒自孤行不廢。如此篇是。

此議對蕭至忠輩發，與忤時篇相照。

真將軍　絳侯世家：亞夫軍細柳。上自勞軍。先驅至，不得入。都尉曰：軍中聞將軍令，不聞天子詔。居無何，上至壁門，士吏曰：「將軍約，軍中不得馳驅。」天子乃按轡徐行。成禮而去。文帝曰：「嗟乎！此真將軍也。」

史佚　「佚」，書作「逸」。洛誥：王命周公後，作册逸告。孔傳：王爲册書，使史逸告伯禽封命之書。左成四：季文子曰：「史佚之志有之。」杜注：史佚，周文王太史。

倚相　左昭十二：左史倚相趨過，王曰：「是良史也，子善視之。是能讀三墳、五典、八索、九丘。」外傳楚語：王孫圉曰：「有左史倚相，能道訓典，以敍百物，以朝夕獻善敗於寡君，使寡君無忘先王之業。」

晉起居注　隋經籍志自晉泰始起，至晉元熙，凡二十部。又晉起居注三百一十七卷，宋北徐州主簿劉道會撰。

武陵王　晉書：武陵王晞字道叔，康帝建元初領秘書監。晞無學術而有武幹，爲桓温所忌。

河獻淮南　漢書：河間獻王德，孝景皇帝子。被服造次，必於儒者。山東之儒，多從之游。又：淮南王安好書，致賓客。詳自敍篇。

禮書士開總知　北齊恩倖傳：和士開解悟捷疾，世祖性好握槊，士開善此戲，因此親狎。世祖踐祚，加開府。後主深委仗之。又先得幸於胡太后，封淮陽王。又魏收傳：後主即位，收掌詔誥，除尚書右僕射。總議監修五禮事，奏請趙彦深、和士開、徐之才共監。

本草世勣監統　舊唐書李勣傳：勣，曹州人，本姓徐，名世勣。以犯太宗諱，單名勣焉，賜姓李氏，封英國公。又吕才傳：右監門長史蘇敬言陶弘景本草多舛謬。詔中書令許敬宗與才及李淳風并諸名醫增損舊本，仍令司空李勣總監定之，並圖，合成五十四卷。

辟陽長信　荀悦高后紀：徙辟陽侯審食其爲左丞相〔二〕。初，吕后獲於楚，食其以舍人侍，得幸。及爲丞相，不典治，監宫中事。通鑑秦紀：文信侯以舍人嫪毐爲宦者，進太后。太后幸之，封毐長信侯。

馬鄭　見補注篇。

周勃張飛　史記世家：絳侯周勃者，沛人也。爲材官引强。高祖初起，勃以中涓從攻戰。木强，不好文學。惠帝時，以列侯爲太尉。蜀志：張飛字益德，涿人也。先主長阪之走，飛拒後，據水斷橋，瞋目横矛曰：「身是張益德也。」敵無敢近者。所過戰克。封西鄉侯，謚桓侯。按：「益德」，華陽國志作「翼德」。

桐雷　舊注：荒史：黄帝主醫藥之臣，有岐伯、雷公、俞跗、巫彭、桐君，凡五人。岐伯、雷公作内經，桐君能處方盄。按：二字連稱，于志寧傳亦有之。見雜述篇注。

應仲遠　後漢：應劭字仲遠。詳自敍篇。

坐嘯畫諾　後漢黨錮傳序：汝南太守宗資任功曹范滂，南陽太守成瑨亦委功曹岑晊。二郡爲謡曰：「汝南太守范孟博，南陽宗資主畫諾。南陽太守岑公孝，弘農成瑨但坐嘯。」

不樂不閑　二句未詳。

史曹地處禁中　舊書職官志：歷代史官隸秘書省著作局，貞觀三年始移史館於禁中〔一二〕，在門下省北。辛相監修國史，遂成故事。及大明宫成，置於門下省南。館門東西有棗樹七十四株〔一三〕。至開元二十五年，又移中書省北，以舊尚藥局充館地〔一四〕。按：史館第三移，已在作史通事後，總之皆在禁近也。

語云雖無老成　後漢孔融傳：融性好士，與蔡邕素善。邕卒後，有虎賁士貌類於邕，融每酒酣，引與同坐，曰：「雖無老成人，尚有典刑。」按：史通蓋用此語，謂貌似而實不稱也。故不曰詩云，而曰語云。

丘明避時　見申左序述漢書藝文志語。

成書家庭　班固傳：固以父彪所續前史未詳，乃潛精研思，欲就其業。有人上告固私改國史者，郡上其書，顯宗甚奇之。

草志私室　陳壽傳：壽領本郡中正，撰魏吴蜀三國志。既卒，范頵上表曰：陳壽作志，明乎得失，願垂採録。於是詔下河南尹、洛陽令，就家寫其書。按：此二條正史篇亦見之。

冠猴獻狀　漢蓋寬饒傳：平恩侯許伯入第，丞相、御史皆賀。寬饒不往，請之，乃往。酒酣樂作，長信少府檀長卿起舞，爲沐猴與狗鬭，坐皆大笑。寬饒卬視屋而歎。按：獻狀，媚態也。許伯，外戚恩澤侯。

# 自敍第三十六

予幼奉庭訓，早游文學。**釋**：直敍起，不衍世系，是自敍著書體，非史家敍傳體也。年在紈綺，便受古文尚書。每苦其辭艱瑣，難爲諷讀。雖屢逢捶撻，而其業不成。嘗聞家君爲諸兄講春秋左氏傳，每廢書而聽。逮講畢，即爲諸兄説之。因竊歎曰：「若使書皆如此，吾不復怠矣。」釋：首表平生與史爲緣，殆由宿植。先君奇其意，於是始授以左氏，期年而講誦都畢。于時年甫十有二矣。所講雖未能深解，而大義略舉。父兄欲令博觀義舊作「議」。疏，精此一經。辭以獲麟已後，未見其事，乞且觀餘部，以廣異聞。次又讀史、漢、三國志。既欲知古今沿革，曆數相承，於是觸類而觀，不假師訓。自漢中興已降，迄乎皇家實録，年十有七，而窺覽略周。其所讀書，多因假賃，雖部帙殘缺，篇第有遺，至於敍事之紀綱，立言之梗概，亦粗知之矣。釋：由其宿植之優，遂得年未弱冠，創通全史，胸貯皂白。

但于時將求仕進，兼習揣摩，至於專心諸史，我則未暇。釋：四語略頓。洎年登弱冠，射策登朝，於是思有餘閑，獲遂一作「遂其」。本願。旅一作「旋」，非。游京洛，頗積歲年，公私借書，恣情披閱。至如一代之史，分爲數家，其間雜記小書，又競爲異説，莫不鑽研穿鑿，盡其利害。釋：至是并史流旁雜，靡不兼綜矣。加以自小觀書，喜談名理，其所悟者，皆得之襟亦作「衿」。腑，非由染習。故始在總角，讀班、謝兩漢，便怪前書不應有一脱「有」字。古今人表，後書宜爲更始立紀。當時聞者，共責以爲舊脱「爲」字。童子何知，而敢輕議前哲。於是赧然自失，無辭以對。其後見張衡、范曄集，果以二史疑當作「事」。爲非。其有暗合於古人者，蓋不可勝紀。始知流俗之士，難與之言。凡有異同，蓄諸方寸。釋：至是則進退羣言，中有定主矣。

及年以「已」通。過一多「而」字。立，言悟日多，常恨時無同好，可與言者。維東海徐堅，晚與之遇，相得甚歡，雖古者伯牙之識鍾期，管仲之知鮑叔，牙、期、管、鮑倒用，有味。不是過也。復有永城朱敬則、沛國劉允濟、義舊誤作「吴」。興薛謙光、河南元行冲、陳留吴兢、壽春裴懷古，亦以言議見許，道術相知。所有榷揚，得盡懷抱。每云：「德不孤，必有鄰，四海之內，知我者不過數子而已矣。」釋：此蒙上節俗難與言，深致知音不孤之喜。

昔仲尼以睿聖明哲，天縱多能，覩史籍之繁文，懼覽者之不一，删詩爲三百篇，約史記以修春秋，贊易道以黜八索，述職方以除九丘，討論墳、典，斷自唐、虞，以迄於周。其文不刊，爲後王法。自兹厥後，史籍逾多，苟非命世大才，孰能刊正其失？嗟予小子，敢當此任！其於史傳也，嘗欲自班、馬已降，訖於姚、一脱「姚」字。李、令狐、顔、孔諸書，莫不因其舊義，普加釐革。但以無夫子之名，而輒行夫子之事，將恐致一脱「致」字。驚末一作「愚」。俗，取咎時人，徒有其勞，而莫之見賞。所以每握管歎息，遲回者久之。非欲之而不能，實能之而不敢舊作「欲」，誤。也。釋：此節敍到欲出手眼釐定羣史，志擬春秋，姑爲前却之詞。

既朝廷有知意恐「音」字之訛。者，遂以載筆見推。由是三爲史臣，再入東觀。原注：則天朝爲著作佐郎，轉左史。今上初即位，又除著作。長安中，以本官兼修國史。會遷中書舍人，暫罷其任。神龍元年，又以本官兼修國史，迄今不之改。今之史館，即古之東觀也。每惟皇家受命，多歷年所，史官所編，粗惟紀録。起居、實録之類則有之。至於紀傳及志，則皆未有其書。長安中，一作「年」，一作「中年」。會奉詔預修唐疑當作「國」。史。及今上中宗。即位，又敕撰則天大聖皇后實録。凡所著述，嘗欲行其舊議。而當時同作諸士及監修貴臣，每與其當有「言」字。鑿枘相違，齟齬難入。故其恐當作「有」。所載削，皆與俗浮沈。雖自謂依違苟從，然猶大爲史官所嫉。嗟乎！雖任當其職，而吾道不行；見用於時，而美恐當作「善」。志不遂。「善志」用左氏郲黑肱傳語。鬱怏孤憤，無以寄懷。必寢而不言，嘿而無述，又恐没世之後，誰知予者。故退而私撰史通，以見其志。

**釋**：此方敍到正面。由職居史局，直道難行，姑作史通，以露本志。

昔漢世劉安著書，號曰淮南子。其書牢籠天地，博極古今，上自太公，下至商鞅。其錯綜經緯，自謂兼於數家，無遺力矣。**釋**：自此以下，歷舉往昔傳書，以啓自托之端。將淮南作引。淮南之書不專一路，故用另述。然自淮南已後，作者無絶。一作「絶無」。必商榷而言，則其流又衆。**釋**：四句上下作紐。蓋仲尼既殁，微言不行；史公著書，是非多謬。由是百家諸子，詭説異辭，務爲小辨，破彼大道，故揚雄法言生焉。**釋**：法言主談理。儒者之書，博而寡要，得其糟粕，失其菁華。而流俗鄙夫，貴遠賤近，傳兹恐當作「轉滋」。牴牾，自相欺惑，故王充論衡生焉。**釋**：論衡主徵據。民者，冥也，冥然罔知，率彼愚蒙，牆面而視。或訛音鄙句，莫究本源，或守株膠柱，動多拘忌，故應劭風俗通生焉。**釋**：風俗通主博洽。五常異稟，百行殊執，一作「軌」。能有兼偏，知有長短。苟隨才而任使，則片善不遺，必求備而後用，則舉世莫可，故劉劭人物志生焉。

釋：人物志主辨材。夫開國承家，立身立事，一文一武，或出或處，雖賢愚壤隔，善惡區分，苟時無品藻，則理難銓一作「錯」，非。綜，故陸景典語生焉。釋：典語主評品。詞人屬文，其體非一，譬甘辛殊味，丹素異彩，後來祖述，識味一訛「殊」。圓通，家有詆訶，人相掎摭，故劉勰文心生焉。釋：文心雕龍主文章體裁。○每書各有標旨，看其舉義簡當。

若史通之爲書也，蓋傷當時載筆之士，其義不純。思欲辨其指歸，殫其體統。夫其書雖以史爲主，而餘波所及，上窮王道，下掞人倫，總括萬殊，包吞千有。自法言已降，迄於文心而往，固一脱「固」字。以納諸胸中，曾不慸音蔕，或誤作「蔕」。芥者矣。釋：此節隱括諸書與史通相爲吐納，託出著書本領。夫其爲義也，有與奪焉，有褒貶焉，有鑒誡焉，一脱此四字。有諷刺焉。其爲貫穿者深矣，其爲網羅者密矣，其所商略者遠矣，其所發明者多矣。蓋談經者惡聞服、杜之嗤，論史者憎言班、馬之失。而此書多譏往哲，喜述前非。獲罪於時，固其宜矣。猶冀知音君子，時有觀焉。尼父有云：「罪我者春秋，知我者春秋。」抑一脱此六字。斯之謂也。釋：至此收到史通作而「竊取」之義見，遂欲上擬春秋，與前迴應。

昔梁徵士劉孝標作敍傳，其自比於馮敬通者有三。而予輒不自揆，亦竊比於揚子雲者有四焉。釋：此下又專以子雲爲比者，蓋自摹作此書之身分，以俟後世相知定文，寄意綿遠也。何者？揚雄嘗好雕蟲小技，老而悔其少作。余幼喜詩賦，而壯都不爲，恥以文士得名，期以述者自命。其似一也。釋：第一層，在未作史通前，見志氣。揚雄草玄，累年不就，當時聞者，莫不哂其徒勞。余撰史通，亦屢移寒暑。悠悠塵俗，共以爲愚。其似二也。釋：第二層，在方作史通時，見功力。揚雄撰法言，時人競尤其妄，故作解嘲漢書作「謿」。以詶一訛「訓」。之。余著史通，見者亦互言其短，故作釋蒙唐書本傳不著。以拒之。其似三也。釋：第三層，在既作史通後，見主張。揚雄少爲范踆、漢書作「逡」。劉歆所重，及聞其撰太玄經，則嘲以恐蓋醬瓿。然劉、范之重雄者，蓋貴其文彩若長揚、羽獵之流耳。如太玄深奧，理難「理難」一作「難以」。探賾。既絶窺逾，故加譏誚。余初好文筆，頗獲譽於當時。晚談史傳，遂減價於知己。其似四也。釋：第四層，通前後時情而言，見知希自貴。夫才唯下劣，而迹類先賢。是用銘之於心，持一訛「特」。以自慰。

釋：鈎勒四似。

抑猶有遺恨，懼不似揚雄者有一焉。何者？雄之玄經始成，雖爲當時所賤，而桓譚以爲數百年外，其書必傳。其後張衡、陸績果以爲絶倫參聖。夫以史通方諸太玄，今之君山，即徐、堅。朱敬則。等數君是也。後來張、陸，則未之知耳。嗟乎！儻使平子不出，公紀陸績。不生，將恐此書與糞土同捐，煙燼俱滅。後之識者，無得而觀。此予所以撫卷漣洏，涙盡而繼之以血也。釋：末一層，似却如旋，以疑爲信。今時後日，問世只在徵心。從對面顯意。○自「昔梁徵士」至此，一重一掩，煙景無邊。

**按**：史通非史也，而史肆也。故於正集之終，擬史作敍。亦不全乎敍傳也，而專乎敍書也，體例然也。其始循年銓綜，其中况古著述，其末待後論定。其骨岸然，其味油然。篇中云：貫穿者深矣，網羅者密矣，商略者遠矣，發明者多矣。又云：談經惡聞服、杜之嗤，論史憎言馬、班之失。而多譏往哲，獲罪固宜。由今觀之，所言皆驗。蓋攻劉見智者，鮮有不索其瘢；而繼唐編史者，罔敢不持其律。乃好勝之私，與同然之是，交據而不能自斷，卒出於騁辯之一途。陰用其言，而顯訾其書，吾不知其何説也！

曷言乎陰用其言也？曰：第取唐後成書印證之，斷可見矣。自其以編年、紀傳辨塗轍也，而二體之式定。自其以史記、漢書昭去取也，而斷代之例行。自其斥秦紀於未帝之先也，而開創無冒越之篇。自其擬世家以隨時所適也，而載記有變通之義。自其論后妃稱紀或寄外戚皆非也，而傳首始正。自其論篇贊複衍，更增銘體尤贅也，而駢韻都捐。自其力排班志之五行也，而災祥屏讖緯之蕪。自其痛詆魏收之標題也，而稱謂絶誕妄之目。自其以書地因習爲失實也，而邑里一遵時制。自其以敍事煩飾爲深誡也，而瑣噱半落刊章。約舉數端，後史可覆。謂之陰用其言，不可概見哉！夫古今人不相及，望兩漢之雄俊則道遠，效六朝之藻飾則真喪。唯夫約法嚴，修辭潔，可以學企，可使質全。爲之嚮道者，史通也。綜往飭歸，功亦博矣。故同一書也，耳食者曰「工訶古人」，心喻者曰「導吾先路」。願以告具眼讀書者。

每讀新、舊書徐堅等七人傳，益使人想重劉公，不敢哆口謾也。七人者，皆皎皎亮節士也。語有之，臣非能相人，能觀人之友也。其弗爽矣夫！

東海徐堅　舊書本傳：徐堅少好學，遍覽經史。王方慶善三禮之學，常就質疑，又賞其文章典實。

楊再思曰：「此鳳閣舍人樣。」開元十三年，改麗正書院爲集賢院，以堅爲學士，副張說知院事。堅多識典故，前後修撰格式、氏族及國史。凡七入書府。新書儒學傳：堅寬厚長者。太平公主用事，武攸曁屢邀請堅，堅不許。帝大酺集賢，幔舍在百司上。張說令揭大榜以侈其寵。堅望見，遽命撤之，曰：「君子烏取多尚人。」卒年七十餘，謚曰文。按：徐、朱諸人皆劉氏石友，義取品概互證，故採掇加詳。

牙期管鮑　列子湯問篇：伯牙善鼓琴，鍾子期善聽曲。每奏，子期輒窮其趣。伯牙歎曰：「善哉！善哉！」「吾於何逃聲哉！」又力命篇：管夷吾、鮑叔牙二人相友甚戚，管仲嘗歎曰：「生我者父母，知我者鮑子也。」

永城朱敬則　舊書本傳：敬則字少連。長安三年，同鳳閣鸞臺平章事，兼修國史。張易之、昌宗嘗命畫工圖寫武三思等十八人形像，號爲高士圖。每引敬則，固辭不就。其高潔守正如此。與三從兄同居四十餘年，財産無異。新書：敬則請高史官選，以求名才。韋安石嘗閱其稿史，歎曰：董狐何以加！史官權重宰相，古聖君賢臣所以畏懼也。

沛國劉允濟　舊書本傳：允濟少孤，事母甚謹。弱冠，除著作佐郎。嘗采魯哀公後十二世，接戰國，爲魯後春秋。長安中，兼修國史。新書：允濟嘗曰：「史官善惡必書」，「此權顧輕哉！而班生受金，陳壽求米，僕乃視如浮雲耳。」

義興薛謙光　舊書薛登傳：登本名謙光，博涉文史。每談論前代故事，必廣引證驗，有如目擊。與徐堅、劉子玄齊名友善。景雲中，拜御史大夫。僧惠範恃太平公主權勢，逼奪百姓。將加彈奏，或請寢之。謙光曰：「憲臺理冤滯，何所迴避。朝彈暮黜亦可矣。」遂奏之，反爲所構出。開元中，轉太子賓客。以與太子同名，敕賜名登。卒年七十三。

河南元行沖　舊書本傳：行沖博學多通，狄仁傑甚重之。性不阿順，嘗謂仁傑曰：「下之事上，猶蓄聚以自資也。」「脯腊膎胰，以供滋膳，參术芝桂，以防痾疾。」「門下賓客堪充旨味者多，願以小人備一藥物。」拜太常少卿。行沖以本族出於後魏，而未有編年之史，乃撰魏典三十卷。事詳文簡，爲學者所稱。秘書監馬懷素卒，詔行沖代其職。表請通撰古今書目，爲羣書四録。卒年七十七。按行沖又嘗著論，辯晉元帝出小吏牛金之誣，今見雜説中篇「牛繼馬後」注。

陳留吴兢　新書本傳：兢貫知經史，方直寡諧比。魏元忠、朱敬則薦兢才堪論撰，詔修國史。天寶初卒，年八十。兢敘事簡核，號良史。初與劉子玄撰定武后實録，敘張昌宗誘張説誣證魏元忠事，頗言説已然可，賴宋璟等激勵苦切，故轉禍爲忠。不然，皇嗣且殆。後説爲相，讀之心不善，知兢所爲，即從容謬謂曰：「劉生書魏齊公事，不少假借，奈何？」兢曰：「子玄已亡，不可受誣地下。兢實書之，其草故在。」説屢蘄改，辭曰：「徇公之情，何名實録。」卒不改，世謂今董狐云。

壽春裴懷古　舊書良吏傳：懷古爲監察御史。聖曆中，閻知微充使往突厥，懷古監其軍。至虜廷，默啜立知微南面可汗，將授懷古僞職。懷古不從，將殺之，抗辭曰：「寧守忠以就死，不毁節以求生。請就斬所。」乃禁錮隨軍。後竄歸。終幽州都督。新書：懷古清介審慎，在幽州時，韓琬以監察御史監軍，稱其馭士信，臨財廉，爲國名將云。按：所舉知友七人，唯懷古不參史局，故未及之。

覩史籍至訖於周　凡八句，皆孔安國尚書序原文。

淮南子　漢淮南王傳：安爲人好書，招致賓客方術之士數千人，作爲内書二十一篇，外書甚衆。又有中篇八卷，言神仙黄白之術，亦二十餘萬言。別見採撰篇。按：本處蓋指内書言，即今所傳鴻烈解。

法言論衡　揚雄法言，見論贊篇。王充論衡，見採撰篇。

風俗通　後漢應奉傳：子劭，字仲遠，撰風俗通，以辨物類名號，識時俗嫌疑。劭自敘：俗間行語，衆所共傳，積非習貫，莫能原察。聊以不才，舉爾所知。傳曰：百里不同風，千里不同俗。爲政之要，辯風正俗，最其上也。昔畫者曰，犬馬最難，鬼魅最易。犬馬旦暮在人之前，不類不可，故難。鬼魅無形，無形者不見，故易。今俗語雖云浮淺，然其難矣。補按：節首「民者，冥也」，語本晉書刑法志王導等議。

人物志　三國魏志：劉劭字孔才。黄初中尚書郎。作皇覽，作新律篇，著律略論，作都官考課條，作説略，著樂論。凡所撰述，法論、人物志之類百餘篇。阮逸序：予好閱古書，於史部中得劉劭人物志十二篇。其述性品之上下，才質之兼偏，研幽摘微，一貫於道，誠一家之善志也。

典語　隋志儒家注：典語十卷，典語別二卷，並吴中夏督陸景撰，亡。新、舊唐志：陸景典訓十卷。

按：是書隋志云亡，唐志乃有十卷者存，而知幾又見之，則亡者當但指别二卷也。或作「語」，或作「訓」，未知孰是？

文心　南史文學傳：劉勰字彦和，梁天監中，東宫通事舍人。撰文心雕龍五十篇，論古今文體。其序略云：予齒在踰立，嘗夜夢執丹漆之禮器，隨仲尼而南行。寤而喜曰：唯文章之用，實經典枝條，五禮資之以成，六典因之致用。於是論之。既成，沈約取讀，謂深得文理，常陳之几案。

孝標比敬通　梁文學劉峻傳：峻字孝標。其自序略曰：余自比馮敬通，而有同之者三，異之者四。敬通雄才冠世，志剛金石；余雖不及之，而節亮慷慨，一同也。敬通值中興明君，而終不試用；余逢命世英主，亦擯斥當年，二同也。敬通有忌妻，至身操井臼；余有悍室，亦家道轗軻，三同也。其異之四曰：敬通雖芝殘蕙焚，而爲名賢所慕，風流郁烈，久而彌盛；余聲塵寂漠，世不吾知，將同秋草，此四異也。按：敬通，後漢馮衍字。

蔕芥　相如子虛賦〔一五〕：吞若雲夢者八九，於其胸中曾不蔕芥。李善注：刺鯁也。字典：亦作蔕。又作蒂，蒂芥之蒂，顔師古音蠆；果蒂之蒂，唐韻音帝。

揚雄草撰　漢書本傳：哀帝時，雄方草太玄，有以自守，泊如也。或謿雄以玄尚白，而雄解之，號曰解謿。雄好古而樂道，用心於内，不求於外。時唯劉歆及范逡敬焉。而鉅鹿侯芭嘗從雄居，受其太玄、法言。劉歆亦觀之，謂雄曰：空自苦，吾恐後人用覆醬瓿也。桓譚曰：必傳，顧譚不及見也。張衡與崔子玉書：乃者披讀太玄經，知子雲極陰陽之數，心實與五經擬。玄四百歲其興乎？

陸績述玄：雄受氣純和，韜真含道，建立玄經，與聖人同趣。桓譚謂之絶倫。又法言宋宋咸序：法言者，蓋時有請問，子雲用聖人之法以應答之也。東晉李軌爲之注。

淚盡繼血　說苑權謀篇：下蔡威公事。

**體統**亡。

**紕繆**亡。

**弛張**亡。

**按**：三亡篇，舊本僅見内篇目録之末，今依目補列於此。但自敍後不應更有餘篇。嘗閲章宫講山堂考索，紕繆篇綴在煩省之下，其二篇者不復及。而先舉其總曰五十餘篇，則固有其文，而莫定其原次耳。再考唐書本傳云，著史通内外四十九篇。與今行本數合，毋亦史氏疏於原始乎？

## 校勘記

〔一〕疑張仲景華陀竄記其語　「語」字據新唐書補。

〔二〕諸侯大夫系謚名號　「系謚名號」四字漢書無。

〔三〕新舊唐志作宋齊語録十卷　「宋」字據新、舊唐書補。

〔四〕殷敬撰　舊唐書「殷敬」下有「等」字。

〔五〕隋志三十卷　「三十」原作「十」，據隋書改。

〔六〕隋唐志並云幽明録二十卷　「幽明」下原有「撰」字，據隋書、新、舊唐書删。「二十」新、舊唐書作「三十」。

〔七〕潘岳關中記唐志一卷　「唐志」原作「隋唐志」，按隋志不載是書，今删。

〔八〕武帝明俊特異之主　「異」原作「達」，據洞冥記改。

〔九〕事訖西晉　「訖」原作「記」，據拾遺記改。

〔一〇〕撰十三州志隋志十三州志十卷　「十三州志」原作「十州志」，據魏書、北史、隋書、新、舊唐書改。「隋志」原作「唐志」，按十三州志，隋、唐志皆著録，隋志作「十卷」，新、舊唐志作「十四卷」，故改作「隋志」。

〔一一〕徙辟陽侯審食其爲左丞相　「左」原作「右」，據前漢紀改。

〔一二〕貞觀三年始移史館於禁中　「館」原作「局」，據舊唐書改。

〔一三〕館門東西有棗樹七十四株　「株」原作「根」，據舊唐書改。

〔一四〕以舊尚藥局充館地　「尚藥局」，舊唐書作「尚樂院」，唐會要作「尚藥局内藥院」。

〔一五〕相如子虛賦　「子虛」原作「上林」，據史記、漢書、文選改。

# 史通通釋卷十一

## 外篇

### 史官建置第一

舊有注曰「總十四條」，非也。其文本通首一片，循代分節可耳。

夫人寓形天地，其生也若蜉蝣之在世，如白駒之過隙，發端庸淺。猶且恥當年而功不立，疾没世而名不聞。上起帝王，下窮匹庶，近則朝廷之士，遠則山林之客，諒其於功也名也，莫不汲汲焉孜孜焉。夫如是者何哉？皆以圖不朽之事也。何者而稱不朽乎？蓋書名竹帛而已。釋：原史之所爲作也。史者千秋金鏡，只從名心落想，故曰庸淺。向使世無竹帛，時闕史官，雖堯、舜之與桀、紂，伊、周之與莽、卓，夷、惠之與跖、蹻，商、冒俱弑父者。之與曾、閔，但一作「俱」。一從物化。墳土未乾，則善惡不分，妍媸永滅者矣。苟史官不絶，竹帛長存，則其人已亡，杳成空寂，而其事如在，皎同星漢。釋：折出有史之功用。用使後之學者，坐披囊篋，而神交萬古，不出户庭，而窮覽千載，見賢而思齊，見不賢而内自省。若乃春秋成而逆子懼，南史至而賊臣書，其記事載言也則如彼，其勸善懲惡也又如此。由斯而言，則史之爲用，其利甚博，乃生人之急務，爲國家之要道。有國有家者，其可缺之哉！故備陳其事，編之於後。**釋**：末總括其功用。

**按**：此一段似是儱侗總冒，第言史之用重，而無專注之語，似於史官、正史二篇皆可通用。又其舉意出辭，頗淺庸近俗，宜可芟薙。

蓋史之建官，其來尚矣。昔軒轅氏受命，倉頡、沮誦實居其職。至於三代，其數漸繁。案周官、禮記，有太史、小史、内史、外史、左史、右史之名。太史掌國之六典，小史掌邦國之志，内史掌書王命，外史掌書使乎四方，左史記言，右史記事。曲禮曰：「史載筆，大事書之於策，小事簡牘而已。」大戴禮曰：「太子既冠成人，免於保傅，則有司過之史。」韓詩外傳云：「據法守職而不敢爲非者，太史令也。」斯則史官之作，肇自黄帝，備於周室，名目既多，職務咸異。至於諸侯列國，亦各有史官，求其位號，一同王者。**釋**：自首至此，遠徵古來史職之名，以及王朝、侯國兼設之制。

至如孔甲、尹逸，名重夏、殷，史佚、倚相，譽高周、楚，晉則伯黶司籍，魯則丘明受經，此並歷代史臣之可得言者。降及戰國，史氏無廢。蓋一無「蓋」字。趙鞅，晉之一大夫爾，一有

「猶」字。有直臣書過，操簡筆於門下。田文，齊之一公子爾，每坐對賓客，侍史記於屏風。至若秦、趙二主澠池交會，各命其御史書某年某月鼓瑟、鼓缶。此則春秋「君舉必書」之一本「之」字重二。義也。釋：此層徵古昔史臣姓氏迹略見於史傳者，王朝、侯國皆有。

然則作「然而」用。官雖無闕，而書尚有遺，故史臣等差，莫辨其序。釋：四語統繳下，言諸職中太史尤重也。皆就太史一職言之。案呂氏春秋曰：夏太史終古見桀惑亂，載其圖法出奔商。商太呂覽作「內」。史向摯依呂覽作「向摯」。舊本作「高摯」，誤。見紂迷亂，載其圖法出奔周。晉太史屠黍見晉之亂，亦以其圖法歸周。又春秋晉、齊太史書趙、宣二。崔襄二十五。之弑；鄭公孫黑强與於盟，使太史書其名，且曰七子。昭二年，上文所引皆不書年，此三字疑衍。晉韓宣子來聘，觀書於太史氏，見易象與魯春秋，曰：「周禮盡在魯矣。」然則諸史之任，太史其最優乎？至秦有天下，太史令胡母敬作博學章。此則自夏迄秦，斯職無改者矣。釋：徵諸古籍，凡述史事，皆稱太史，可見諸名銜中太史尤爲專職也。○此處當分節，舊本連下，便少斷制。

按：此當爲第一節，是建置原始之正文，宜至秦爲截。其前統徵史官名迹，其後專歸太史一官，爲漢法緣起也。

此篇本通首直下，非分條體也。循代爲節，從古先發端。舊本劃條小注，皆非原文，並去之。

倉頡沮誦　說文原敍：黃帝之史倉頡，見鳥獸蹏迒之迹，初造書契。後漢獻紀沮儁注[一]：風俗通曰：「沮，姓也，黄帝史官沮誦之後。」衛恆四體書勢科斗古文勢序云：「昔在黄帝，創制造物，有沮誦、倉頡者，始作書契以代結繩。蓋覩鳥迹以興思也。」其字勢云：「黄帝之史沮誦、倉頡，眺彼鳥迹，始作書契。」按：荒略之世，史官有無，奚庸深究。如上所列，亦可據而言已。郭、黄諸本曾不知採此，但執所謂歸雲集者，硜硜辯駁，太似不必。

孔甲尹逸　舊注：歸雲集云：孔甲，黄帝主書史之臣。執青纂記，言動惟實。又史記云：武王立於社南，召公奭贊采，師尚父牽牲，尹佚筴祝。按：「逸」通「佚」，疑即史佚。今以二人屬夏、殷，豈别有據邪？

伯黶司籍　見書志篇籍談注。

趙鞅直臣　説苑：昔周舍事趙簡子，立於門三日。簡子問之，舍曰：願爲諤諤之臣，墨筆操牘，司君之過而書之。日有記，月有效，歲有得也。簡子説。

田文侍史　孟嘗君傳：孟嘗君待客坐語，屏風後常有侍史，主記君所與客語。

澠池會　廉藺列傳：趙王與秦王會澠池，秦王酒酣，請趙王鼓瑟。秦御史前，書曰「某年月日秦王令趙王鼓瑟」。藺相如奉盆缻秦王，秦王不懌，爲一擊缻。相如召趙御史，書曰「某年月日秦王爲趙王擊缻」。

終古向摯　吕覽先識：凡國之亡也，有道者必先去。夏太史令終古出其圖法，執而泣之。夏桀迷惑愈甚，乃出奔如商。殷内史向摯見紂之愈亂迷惑也，於是載其圖法，出亡之周。晉太史屠黍見晉公之驕而無德義也，以其圖法歸周。高誘解：晉出公之太史也。

且曰七子　左昭元：鄭爲游楚亂故，鄭伯及其大夫盟于公孫段氏，罕虎、公孫僑、公孫段、印段、游吉、駟帶私盟于閨門之外，實薰隧。公孫黑强與於盟，使太史書其名，且曰七子。

博學章　漢藝文小學家：倉頡七章者，秦丞相李斯所作也。爰歷六章者，車府令趙高所作也。博學七章者，太史令胡母敬所作也。文字多取史籀篇，而篆體頗異，所謂秦篆者也。

漢興之世，武帝又置太史公，位在丞相上，以司馬談爲之。漢法，天下計書先上太史，副上丞相。敍事如春秋。及談卒，子遷嗣。遷卒，宣帝以其官爲令，行太史公文書而已。

釋：跟前太史說下。徵諸漢初，職專記載，最爲隆重，其後漸輕。尋自古太史之職，雖以一無「以」字。著述爲宗，而兼掌曆象、日月、陰陽、管窺天器，一作「度」。數。司馬遷既殁，後之續史記者，若褚先生、劉向、馮商、揚雄之徒，並以別職來知史務。於是太史之署，非復記言之司。故張衡、單颺、王立、高堂隆等，其當官見稱，唯知占候而已。釋：申明上意。謂記載反屬他職，而本職反專占候矣。

按：此爲第二節。愚意分節之法宜從三代爲界，前用遠古作頭，後用漢興居首，分割尤爲定當也。史通通部論史，而任史職者史官也，故外篇首詳其建置，意綦重焉。漢興，司馬氏父子相繼爲太史公，而史記始作，故太史一官，遠溯終、向，下逮談、遷，名又綦重焉。至孝宣之後，專司占候，而其名始輕，官亦尋改。自是蘭臺、東觀著作之名，以漸改稱矣。此節實史氏職名沿革之關鍵也。

馬貴與象緯考序本此。

武帝又置至行文書而已　並太史公自序如淳注之文。按：如淳據衛宏漢儀注云云，臣瓚非之，以爲百官表無太史公，有太史令。索隱因之，以爲「公」者，遷所著書尊其父云「公」也，而所作實遷之詞。衛宏稱位丞相上，謬也。正義又非之，曰虞喜志林云：古者主天官者皆上公，自周至漢，其職轉卑，然朝會坐位猶居公上，尊天之道也。諸説相非不定，録以備考。

兼掌曆象　前注已顯。又按：太史公自序：談爲太史公，曰：「余自上世，嘗顯功名於虞夏，典天官事。」報任安書：「文史星曆，近乎卜祝之間。」後漢百官志：太史令一人，六百石。本注曰：掌天時星曆。注：漢官曰：太史待詔三十七人，分治曆、龜、廬宅、日時、易筮、典禳、雨、醫等事。

褚劉馮揚知史務　史記孝武紀注：韋稜曰：褚顗家傳云，少孫，宣帝時爲博士，事大儒王式，故號爲先生。續太史公書。漢藝文志：孝武建藏書之策，置寫書之官。至成帝時，詔光禄大夫劉向校經傳諸子。又向本傳：採取詩、書所載賢貞及孽嬖者，序次爲列女傳，及採傳記行事，著新序、説苑。又藝文志：馮商續太史公七篇。韋昭曰：馮商受詔續太史公十餘篇，在班彪別録。商字子高。師古曰：七略云：商與孟柳俱待詔，頗序列傳，未卒。又：儒家者流，蓋出於司徒之官，助人君明教化者也。揚雄所序三十八篇，太玄、法言云云。按：向、雄知史務，又見正史篇。但如志傳所稱，皆不言知史務，未詳何據。

張單王高知占候　後漢張衡傳：衡字平子。安帝徵拜郎中，再遷太史令。遂研覈陰陽，作渾天儀，著靈憲、算罔論。　又方術傳：單颺舉孝廉，稍遷太史令。餘見書志篇。　王立未詳。　魏志：高堂隆字升平，魯高堂生後也。明帝即位，爲給事中。遷侍中，領太史令。注：魏略曰：太史推步，爲太和曆。帝以隆學問優深，天文又精，詔與尚書郎楊偉、太史待詔駱禄參共推校。

當王莽代漢，改置柱下五史，秩如御史。聽事，侍傍記迹言行，蓋效古者動則左史書之，當有「言則右史書之」六字，今缺。此其義也。

**按**：此爲第三節。莽何足志，而班史百官表言「王莽篡位，慕從古官」。蓋其時多所變改，史職名銜亦見紛更。史既載之，故劉亦及之。

柱下五史　王莽傳：居攝元年，莽置柱下五史，秩如御史。聽政事，侍旁記疏言行。

漢氏中興，明帝以班固爲蘭臺令史，詔撰光武本紀及諸列傳、載記。又楊子山爲郡上計吏，獻所作哀牢傳，爲帝所異，徵詣蘭臺。斯則蘭臺之職，一有「者」字。蓋當時著述之所也。自章、和已後，圖籍盛於東觀。凡撰漢記，此當有「者」字。相繼在乎其中，而都爲舊訛

「謂」。著作，任著作之務也。時未立著作之名，故「謂」字誤。竟無它稱。

**按**：第四節志後漢也。蘭臺、東觀，著作之所也；班固、楊子山，著作之人也。前漢百官表不載史職，而有太史公書可據。後漢更無專稱，故但以其所其人證之。

子山於史，未見成書，然能爲哀牢立傳，亦可以驗史才矣。史通故與班氏並舉。

蘭臺令史　前漢百官表：御史大夫，秦官，有兩丞。一曰中丞，在殿中蘭臺，掌圖籍秘書。後漢百官志：蘭臺令史，六百石。本注曰：掌奏及印工文書。按：令史自太尉、司徒以下，諸府屬多有之，非史局屬員之專稱。

楊子山　後漢書：楊終字子山，成都人。年十三爲郡小吏，顯宗徵詣蘭臺，拜校書郎。按：傳無哀牢傳之文。論衡佚文篇：子山爲上計吏，見三府作哀牢傳不成。歸郡作上，孝明奇之，徵在蘭臺。後漢郡國志〔二〕：哀牢，永平中置，故牢王國。按：今爲雲南永昌府。

東觀　見前，又見後節。

當魏太和中，始置著作郎，職隸中書，其官即周之左史也。晉元康初，又職隸秘書，著作郎一人，謂之大著作，專掌史任，又置佐著作郎八人。宋、齊已來，以「佐」名施於「作」下。**原注**：改佐著作郎爲著作佐郎。○**釋**：此上述設官。舊事，佐郎職知博採，正郎資以草傳，如正、佐有失，則秘監職思舊訛作「司」。其憂。其有才堪撰述，學綜文史，雖居他官，或兼領著作。

亦有雖爲秘書監，而仍領著作郎者。釋：此層通之以兼掌，見才難之意。若中朝曹魏、西晉。之華嶠、陳壽、陸機、束皙，江左專稱東晉。之王隱、虞預、干寶、孫盛，宋之徐爰、蘇寶生，梁之沈約、裴子野，斯並史官之尤美，著作之妙選也。而齊、梁二代又置修隋志作「撰」。史學士，陳氏因循，無所變革，若劉陟、一作「涉」，誤。謝昊、顧野王、許善心之類是也。釋：此層標舉名其職者以證之。

按：第五節述魏、晉及南朝也，著作之名始於此。其列出諸人氏名，意不在表其人，意在舉其名銜，證當時職制耳。

中秘著作　晉書職官志：著作郎，周左史之任也。漢東京圖籍在東觀，故使名儒著作東觀，尚未名官。魏明帝太和中，始有其官。及晉惠帝元康二年，詔曰：著作舊屬中書，而秘書既典文籍，今以中書著作爲秘書著作。於是改隸秘書省。其大與佐一人、八人，悉同本文。隋百官志：秘書省著作佐郎人數亦同。梁初又有撰史學士。

束皙　晉書本傳：皙字廣微，漢疏廣後也。王莽末，去「疏」之「足」，改姓焉。少游國學，張華召皙爲掾，轉佐著作郎，撰晉書帝紀、十志。遷博士，著作如故。

蘇寶生　正史篇：孝建初，敕南臺侍御史蘇寶山續造諸傳，元嘉名臣皆其所撰。寶山被誅云云。按：「寶生」訛作「寶山」。正史篇舊本如此，今刊正，有注。

劉謝顧許　隋經籍志：齊紀十卷，劉陟撰。唐舊志作齊書八卷，新志作十三卷。又隋志：梁書四十九卷，梁中書郎謝吴撰，本一百卷。唐志作三十四卷。陳書：顧野王字希馮，吴人。後主在東宫，除太子率更令。尋領大著作，掌國史，知梁史事。撰通史要略一百卷，國史紀傳二百卷，未就而卒。又文學傳：許亨字亨道，領大著作。子善心，早知名。北史文苑：善心字務本，對策高第〔三〕，授度支郎中，補撰史學士。善心述成父志，修續家書。其序傳末述著作之意曰：「自入京邑，隨見補葺，略成七十卷。」「凡稱史臣者，皆先君所言；下稱名案者，皆善心補闕。」按：本節所引十六人，或見前卷，或無傳而有所著，史書略可考見。

至若偏隅僭國，夷狄僞朝，求其史官，亦有可言者。**釋**：起四句總領蜀、吴及諸胡。案蜀志稱王崇補東觀，許蓋掌禮儀，又郤正爲秘書郎，廣求益部書籍。斯則典校無闕，屬辭有所矣。而陳壽評云「蜀不置史官」者，得非厚誣諸葛乎？別有曲筆篇，内篇第二十五。言之詳矣。**釋**：已上言蜀。吴歸命侯舊脱「侯」字。時，有左右二國史之職，薛瑩爲其左，華覈爲其右。又周處自左國史遷東觀令。以斯考察，則其班秩可知。**釋**：已上言吴。○此二國所謂偏隅也。「僭」字貼吴説。○舊本此處截段，非。僞漢嘉平初，劉聰年號。公師彧以太中大夫領左國史，撰其國君臣紀傳。前涼張駿時，劉慶遷儒林郎、中常侍，在東苑撰其國書。蜀李義門訂本有「李」字，他本無。與西涼二一作「三」，非。朝記事，委之門下。南涼主烏孤舊作「孫」，誤。初定霸基，欲造國紀，以其參軍郭舊作「郎」，恐訛。韶爲國紀祭酒，使撰録時事。自餘僞主，一訛作「事」。多置著作官，若前趙之和苞，後燕之董統是也。釋：已上錯舉五胡十六國有可徵者及之，其無者不及也。此總所謂僞朝也。

按：第六節旁及偏小僭僞，最爲周密。舊本截作二條，則於節首四提句不全，故當合之。又諸評不知以人證職，而泛覈史才，浮文妨要，是謂顧子失母。

王崇許蓋　陳壽蜀志并松之注皆無考。而劉氏顧云「志稱」，所稱果何志邪？或謂壽又撰蜀古志，儻載之耶？然言古則不及三國時人明矣。惟常璩華陽國志有述作王崇，名見卷末，官爲蜀守，而不言曾補東觀。至掌儀許蓋，仍亦絕無其人也。懸置之，以俟後有補者。抑嘗見高江村士奇天禄識餘有考史一條，其言蜀史，則取此立論。然漫襲其文，不書所出，至所出何本，了不推尋也。竊慨讀書底裏求到地者，天下鮮矣。

郤正爲秘書　蜀志本傳：正字令先，弱冠能屬文。入爲秘書吏，轉令史，遷郎，至令。又孟光傳：後進文士秘書郎郤正，數從光諮訪。

蜀不置史官　蜀後主評：國不置史，注記無官，是以行事多遺，災異靡書。諸葛亮雖達於爲政，凡此之類，猶有未周焉。

歸命侯　吴後主也，見摸擬篇。

薛左華右　吴志薛綜傳：綜子瑩，字道言，爲秘府中書郎。孫晧初，領少傅，以事徙廣州。右國史華覈疏留之，晧召瑩還，爲左國史。又華覈傳：覈字永先，武進人。孫晧即位，後遷東觀令〔四〕，領右國史。

周處左史　晉書本傳：處仕吴，爲東觀左丞，餘見書志篇後論。

公師彧　見晉書載記劉元海、聰二傳〔五〕，止書太中大夫，無領左史撰記傳之文。

劉慶　見晉書張軌傳。軌孫駿時，載有從事劉慶諫討辛晏語，不及東苑撰史事。叢書崔鴻録略有云：命西曹掾集閣内外事付索綏，著涼春秋，亦不及劉慶也。

蜀李西涼　蜀李者，國號成，後改稱漢。正史篇云：「常璩撰漢書十卷，後入晉秘閣，改爲蜀李書。」故此云蜀李也。晉載記：蜀李雄興學校，置史官。録略：西涼李暠起静恭堂以議朝政，立泮宫，增高門學生〔六〕。按：劉云「二朝記事，委之門下」，當在其時也。

南涼郭韶　晉載記南涼傳：秃髮烏孤稱武威王，梁昶、韓疋、張昶、郭韶，中州之才令，官方授才，咸得其所。按：舊本作「郎韶」，疑即郭韶也。但本傳與叢書録略皆不載國紀祭酒官。

和苞　見晉載記劉曜傳。苞與喬豫諫營壽陵，曜悦，封爲平輿子。隋經籍志：漢趙記十卷，和苞撰。

董統　晉載記後燕傳及録略皆缺其人。按：公師彧以下，皆證諸國有史官也。事當具十六國春秋，而崔本已亡，但與正史篇十六國一條互證之，略可見矣。

元魏初稱制，即有史臣，雜取他官，不恆或作「常」。厥職。故如崔浩、高閭之徒，唯知知，如御史知雜之「知」。著述，而未列名號。其後始於秘書置著作局，正郎二人，佐郎四人。其佐三史者，「三史」，一作「參史」，下同，未詳。不過一二而已。普泰前廢帝元。或訛作「晉秦」。以來，三史稍替，別置修史局，其職有六人。釋：此上徵其建置。當代都之時，史臣每上奉王言，下詢國俗，兼取工於翻譯者，來直或訛「置」。史曹。及洛京之末，孝文遷洛。朝議又以爲國史當專任代人，謂部人。不宜歸之漢士。於是以谷纂、郭本注以綦儁易之。山偉更主文籍。凡經二十餘年，其事闕而不載。斯蓋猶秉夷禮，有互鄉之風者焉。釋：此層述其任用。

**按**：第七節述元魏史職也。置郎略仿魏、晉，而添設翻譯則國語傳，偏任代人則史事廢，稍寓褒貶焉。

元魏史臣　官氏志：天興四年，罷外蘭臺御史，總屬内省。其太和中，百官著令，秘書監在從第二品中。

崔浩高閭　崔浩見直書篇。魏書高閭傳：閭字閻士，早孤，文才儁偉。本名驢，司徒崔浩見而奇之，乃改爲閭而字之。徵拜中書侍郎〔七〕，領東徐州刺史，以功進爵爲侯，加昭武將軍。爲中書令，委以機密。軍國書檄、詔令，亦高允之流〔八〕，稱爲「二高」。

谷纂　魏書谷渾傳：渾，昌黎人。曾孫纂，字靈紹，領侍御史，稍遷著作郎。又監國史，不能有所緝綴。郭注：以綦儁易谷纂。儁字檲顯，其先代人，散騎常侍、驃騎大將軍，與山偉合傳。

山偉　魏書本傳：偉字仲才，其先代人。領著作郎，除安東將軍，秘書監，仍著作。初，尒朱兆之入洛，官守奔散。國史典書高法顯密埋史書，故不遺落。偉自以爲功，訴求爵賞，遂封東阿伯。按：本節「國史專任代人」六句，並隱括偉傳之文。其中儁、偉並稱，與傳合，郭注殊有見。

高齊及周，迄於隋氏，其史官以大臣統領者，謂之監修。國史自領，則近循魏代，遠效江南，參雜其間，變通而已。**釋：**統述三朝如此。唯周建六官，改著作之正郎爲上士，佐郎爲下士，名諡當作「號」。雖易，而班秩不殊。**釋：**宇文襲古周官，故抽述。如魏收之擅名河朔，高齊。柳虬之獨步關右，宇文周。王劭、魏澹展效於開皇之朝，諸葛潁、劉炫宣功於大業之世，亦各一時也。**釋：**各舉其人以徵之。

**按：**第八節述高齊、宇文周而并及於隋也。

前辨職篇云大臣領史局，自晉康帝始。而本篇於晉代不言，至此始見，乍疑前後不符。及觀下文「近循魏代，遠效江南」之云，乃知文章有互藏之用。凡研辨古制，必彼此參詳，愈得定準。書固不可以輕心掉也。

上士下士　隋百官志：周太祖方隅粗定，改創章程，遠師周之建職。其所制班序，內命，上士三命，下士一命。注：內命，謂王朝之臣。

柳虬　周書本傳：虬字仲蟠，不事容飾。馮翊王元季海徵爲行臺郎中，掌文翰。因使見太祖，被留。虬上疏：言古者立史官，非但書事，所以爲監誡也。漢、魏以還，密爲記注，無益當時。縱能直筆，人莫之知。何止物興横議，亦且異端互起。故班固致受金之名，陳壽有求米之論。伏請諸記事者，當朝顯言其狀，然後付之史閣，庶令是非明著，得失無隱。事遂施行。秘書雖領著作，不參史事。自虬爲丞，始令兼掌焉。

魏澹　見本紀篇魏著作注。

諸葛潁　隋書文學傳：「潁字漢，建康人。煬帝即位，遷著作郎。帝嘗贈潁詩曰：『實録資平允，傳芳導後昆。』其見待遇如此。撰鑾駕北巡、幸江都道里、洛陽古今等記。

劉炫　見覈才篇注。又隋儒林傳：「炫與著作郎王劭同修國史，又與諸術者修天文、律曆，兼於内史省考定羣言。内史令李德林甚禮之。炫嘗曰：『省官不如省事，省事不如省心。』牛弘甚善其言。」

暨皇家之建國也，乃別置史館，通籍禁門。西京則與鸞渚爲鄰，東都則與鳳池相接。而一無「而」字。館宇華麗，酒饌豐厚，得厠其流者，實一時之美事。**釋**：首述國典敦崇史職，密近清華。至咸亨年，以職司多濫，高宗喟然而稱曰：「朕甚懵焉。」乃命所司曲加推擇，如有居其職而闕其才者，皆不得預於修撰。**原注**：詔曰：「修撰國史，義存典實，自非操履忠正，識量該通，才學有聞，難堪斯任。如聞近日以來，但居此職，即知修撰，非唯編緝訛舛，亦恐洩漏史事。自今宜遣史司，精簡堪修史人，灼然爲衆所推者，録名進内。自餘雖居史職，不得輒聞見所修史籍及未行用國史等之事。」○**按**：此注一本混作大書，非是。

由是史臣拜職，多取外司，著作一曹，殆一作「始」。成虛設。此四句，即制詔中「雖居史職不得輒聞見所修」等句之意。凡有筆削，畢歸於餘館。語意不甚清豁，恐有訛字。**釋**：中段述事局之大概。始自武德，迄乎長壽，其間若李仁實以直辭見憚，敬播以敍事推工，許敬宗之矯妄，牛鳳及之狂惑，此其善惡尤著者也。**釋**：末亦證舉任職之人。○此獨善惡兼舉，由其胸中皂白積而不化，一涉筆輒露乖角。是其少涵養處，非本篇正義也。

**按**：第九節述本朝史局之制也。敍盛典則備其辭，敍事局則略其概，蓋志體應爾。至其節尾之末融，小注論之矣。

史官建置正局盡此。

史館通籍禁門　見内篇辨職篇。

鸞渚鳳池　即謂鸞臺、鳳閣。舊唐志：龍朔二年，改門下省爲東臺，中書省爲西臺。太后光宅元年，改門下爲鸞臺，中書爲鳳閣。神龍初復舊。按：兩省之名起魏、晉間，門下則黄門、給、諫、遺、補等官屬之，杜詩晚出左掖，即此。中書則主書、通事舍人等官屬之，開元中又號紫薇省。兩省並近禁門，故亦通謂之北省，南則尚書省也。又按：文兼兩京言，武后臨朝在東京也。程大昌雍録多誤。

李仁實　舊唐令狐德棻傳：自武德已後，有鄧世隆、顧胤、李延壽、李仁實前後修撰國史，爲當時所稱。仁實，頓丘人，官左史。正史篇：仁實續撰于志寧、許敬宗、李義府等傳，載言記事，見推直筆。

敬播　唐儒學傳：敬播，蒲州人，貞觀初進士。時顏師古、孔穎達撰次隋史，詔播詣秘書内省參纂。再遷著作佐郎，兼修國史。又與令狐德棻等撰晉書，大抵凡例皆播所發也。房玄齡嘗稱播陳壽之流。

許敬宗　舊書本傳：敬宗，善心子。貞觀中，除著作郎，兼修國史。龍朔中，拜太子少師〔九〕。自掌知國史，記事阿曲，虚美隱惡。高祖、太宗兩朝實録，其敬播所修者多詳直。敬宗以己愛憎曲事删改，論者尤之。

牛鳳及　新、舊書俱無專傳。王訓故：牛鳳及，長壽中撰唐書，自武德終弘道，爲百有十卷。按此書唐藝文志不録，宋晁、陳、鄭、馬諸公亦莫之及。大抵其人其書見棄於有道久矣。

又案晉令，書名。著作郎掌起居集注，彙集而注記之。撰録諸言行動伐舊載史籍者。釋：本節另述起居注一職。○首述晉制，則兼編舊籍。元魏置起居令史，每行幸宴會，則在御左右，記一作「紀」。録帝言及賓客酬對。後別置修起居注二人，多以餘官兼掌。釋：至元魏則專掌當時記録，但多他官兼職耳。至隋，以史部散官及校書、正字閑於述注者修之，納言監領其事。煬帝以爲古有内史、外史，今既有著作，是外史。宜立起居。是内史。遂置起居舍人二員，職隸中書省。如庾自直、崔祖濬、虞世南、蔡允恭等〔一〇〕，咸居其職，時謂得人。釋：隋代起居之職，則始無正員，至煬帝乃始專置。皇家因之，又加置起居郎二員，職與舍人同。此之舍人，亦曰起居舍人。每天子臨軒，侍立於玉階之下，郎居其左，舍人居其右。人主有命，則逼階延首而聽之，退而編録，以爲起居注。龍朔中，改名左史、右史。今上即位，仍從國初之號焉。高祖、太宗時，有令狐德棻、吕才、蕭鈞、褚遂良、上官儀；高宗、則天時，有李安期、顧胤、高智周、張太素、凌季友。斯並當時得名，朝廷所屬者一無「者」字。也。**釋**：唐制，起居郎與舍人同職分侍。夫起居注者，編次甲子之書，至於策命、章奏、封拜、薨免，莫不隨事記録，言惟二字恐當作「載言」。詳審。凡欲撰帝紀者，皆稱恐是「藉」字之訛。王本作「因」。之以成功。即依義門訂本。一無「即」字，一誤作「命」字。今爲載筆之別曹，立言之貳職。故略述其事，附於斯篇。**釋**：找此一層，特爲此官作注脚也。

**按**：第十節別述起居注一職，所謂載筆之別曹也。載筆者，開局纂修之員，已前所述皆是。起居注則專掌侍朝記録，杜子美詩云：「地分清切任才賢，舍人退食收封事。」正詠是官也。以其與泛稱史官者職有攸分，故曰述附於斯。

庾崔虞蔡　隋文學傳：庾自直，大業初，授著作郎。性恭慎，不妄交游，以本官知起居舍人事。唐書姚思廉傳附：隋煬帝時，詔與起居舍人崔祖濬修區宇圖志。又虞世南傳：世南字伯施〔一二〕，餘姚人。隋大業中，累官秘書郎。煬帝疾其峭直，弗甚用。又文藝傳：蔡允恭，仕歷起居舍人。

煬帝遺教宮人，允恭恥之，數稱疾。授内史舍人，俾入宮，固辭。又按：隋書虞綽傳云：綽與虞世南、庾自直、蔡允恭等常居禁中，文翰待詔，恩盼隆洽。

郎左舍人右　唐百官志：唐之官制，大抵皆沿隋故。門下省之屬，起居郎二人，從六品上，掌録天子起居法度。後復置起居舍人二人，從六品上，掌録如記事之制。天子居正殿，則郎居左，舍人居右，有命，俯陛以聽，退而書之。若仗在紫宸内閤，則夾香案分立殿下，直第二螭首，和墨濡筆皆即坳處，時號「螭頭」。

令狐德棻　唐書本傳：德棻博貫文史。武德初，爲起居舍人，遷秘書丞。建言近代無正史。梁、陳、齊、周、隋史修撰之原〔一二〕，自德棻發之。

吕才　唐書本傳：貞觀時，祖孝孫增損樂律，王珪、魏徵盛稱才製尺諧契，即召直弘文館。帝病陰陽家書多僞惡，世益拘畏，命才删落煩訛，掇可用者。才於持論，儒而不俚。按：本傳闕書起居官。

蕭鈞　唐書蕭瑀傳：瑀從子鈞，永徽中，累遷諫議大夫、弘文館學士。左武候屬盧文操盜庫財，高宗以當自盗罪死。鈞曰：恐天下謂「陛下重貨輕法，任喜怒」。帝曰：「真諫議也。」按：亦闕書起居官。

褚遂良　唐書本傳：遂良字登善。貞觀中，累遷起居郎，工隸楷。帝曰：「卿記起居，人君得觀之否？」對曰：「今之起居，古左右史也。善惡必記，戒人主不爲非法，未聞天子自觀史也。」帝曰：「朕有不善，卿必記邪？」對曰：「臣職載筆，君舉必書。」劉洎曰：「使遂良不記，天下之人亦記之矣。」

上官儀　唐書本傳：儀字游韶，涉貫墳典。貞觀初，擢進士第，授弘文館直學士，遷秘書郎。太宗每屬文，遣儀視稿。轉起居郎。高宗時，武后得志，深惡儀，許敬宗構儀大逆，死。自褚遂良等元老屠覆，獨儀納忠。自是政歸於后，而帝拱手矣。

李安期　唐書李百藥傳：百藥七歲能屬文。子安期，亦七歲屬文。父貶桂州，遇盜，將加刃，安期泣請代，盜釋之。貞觀初，爲符璽郎。高宗即位，遷中書舍人，尋同東西臺三品。自德林至安期，三世掌制誥。

顧胤　令狐德棻傳附：胤，吴人。父覽，隋秘書學士。胤，永徽中起居郎，兼修國史。以撰太宗實録勞加朝散大夫、弘文館學士。論次國史，終司文郎。

高智周　唐書本傳：智周，晉陵人。第進士，擢秘書郎、弘文館直學士。三遷蘭臺大夫。儀鳳初，進同中書門下三品。是時崔知温等修國史，智周監蒞。致仕，卒。年八十二。

張太素凌季友　太素見言語篇。季友無傳。

又案詩邶風静女之三章，君子取其彤管。夫彤管者，女史記事規誨之所執也。**釋**：就詩指出女史之古名。古者人君，外朝則有國史，内朝則有女史，内之與外，其任皆同。故晉獻惑亂，驪姬夜泣，床笫之私，房中之事，不得掩焉。楚昭王宴游，蔡姬對以其願，王顧謂史：「書之，此十二字舊本無之，必是脱文。無此十二字不成語矣。蔡姬許從孤死矣。」夫宴私而有書事之册，蓋受命者即女史之流乎？釋：就晉、楚事證出宴私有記，則可見女史之置職。至漢武帝時，有禁中起居注；明德馬皇后撰明帝起居注。凡斯著述，似出宫中，求其職司，未聞位號。釋：又以兩漢禁中撰述爲證。隋世王劭上疏，請依古法，復置女史之班，具録内儀，付於外省。周禮宫人、女史之職，掌於天官。此疏猶存此意。文帝不許，遂不施行。釋：終以隋世奏置不行結之。○舊本此處連下節，非是。

按：第十一節更是空中建議之詞。謂女史亦當修職，古有證據，卒莫興行，可惜也。該舉史職至此，備悉包羅，識議卓絶。

考唐志，内官如六尚司記、掌言、司簿、典闈、掌籍等職，皆載有女史員額，史通何不及之？蓋所謂録内儀、付外省之制既格不行，則女史雖設猶不設也。

彤管　毛傳：古者后夫人，必有女史彤管之法。鄭箋：彤管，筆赤管也。按：静女四句，本左定九傳注之文。

驪姬夜泣　外傳晉語：優施教驪姬夜半而泣，謂公曰：君盍殺我。無以一妾亂百姓。又曰：君盍老而授之政。彼得所索，乃可釋君。公曰：不可，我將圖之。

蔡姬許從　列女傳：楚昭王宴游，蔡姬在左，越姬參右。乃顧二姬曰：樂乎？願與子生若此，死若此。蔡姬曰：婢子之身，乃比于妃嬪，固願生同樂，死同時。王顧謂史：「書之，蔡姬許從孤死矣。」

至漢武帝八句　其文與隋經籍志起居注述語略同。再與載文篇注參看。

大抵自古史官，其沿革廢置如此。**釋**：二句是總統兜結建置之文。夫仲尼修春秋，公羊高疑脱穀梁赤。作傳。漢、魏之陸賈、魚豢，晉、宋之張璠、范曄，雖身非史職，而私撰國書。若斯人者，有異於是。故不復詳而録之。**釋**：以官非史職而史有成書者終焉。

**按**：第十二節兩句作一截，是爲總收。八句另一截，是爲以不詳詳之，蔑復遺餘矣。

夫爲史之道，其流有二。何者？書事記言，出自當時之簡；勒成删定，歸於後來之筆。然則當時草創者，資乎博聞實録，若董狐、南史是也；後來經始者，貴乎儁識通才，若班固、陳壽是也。**釋**：先指其分。必論其事業，前後不同。然相須而成，其歸一揆。本音上聲。

**按**：第十三節判出當時、後日之二流，匯爲相須成業之一揆。以此歸宿史事，亦辨晰，亦融洽，如畫沙，如連璐，而論文於兜羅收裹處，更復矩疊規重。

○**釋**：卒歸於同。

觀夫周、秦已往，史官之取人，其詳不可得而聞也。至於漢、魏已降，則可得而言。然多竊虛號，有聲無實。釋：此八字是末節之主。案劉、後漢。曹魏志。二史，皆當代所撰，能成其事者，蓋唯劉珍、蔡邕、王沈、魚豢之徒耳。而舊史載其同作，非止一家，如王逸、阮籍亦預其列。一訛作「例」。且叔師研尋章句，儒生之腐者也；嗣宗沈湎麴櫱，酒徒之狂者也。斯豈能錯綜一作「措置」。時事，裁成國典乎？釋：借二史所列逸、籍二人爲附名起例。

而近代趨競之士，尤喜居於史職，至於措辭下筆者，十無一二焉。既而書成繕寫，則署名同獻；爵賞既行，則攘袂爭受。遂使是非無準，真僞相雜，是非真僞，指列名言。生則厚誣當時，死則致惑來代。而書之譜傳，借一作「以」。爲美談；載之碑碣，增其壯觀。舊本：既而自歷行事，稱其所長，則云「某代著某書，某年成某史。加封若干户，獲賜若干段」。諸如此説，往往而有。遂使讀者皆以爲名實相符，功賞相副。○此段一本作夾注，一本作正文。按：若作正文，其文複沓無理。作夾注者亦誤。既非疏體，又無別義。亦無「既而」二字起法。細玩之，蓋是初本如此，後來改就今本，失於塗汰，編書者混綴其間，實乃羡文耳。昔魏帝有言：一脱「言」字。「舜、禹之事，吾知之矣。」此其舊作「則」。效歟！釋：引言取義，譏其無實盜名也。末節蓋慨憤之辭。

**按**：此爲篇尾末節，其言仍與自敍、忤時一合，相熟處難忘，習氣如此。節内細書，反覆研辨，悟到失汰羡文，私喜得解，自謂有功古人。

論史必原職史之官，猶買珠并買其匱也，故首外篇焉。其爲體也主考稽，其爲文也主敍述，與史家職官志同方，爲杜、鄭、馬三通發軔。

通觀之，有提有束，有挨編，有抽并，元元本本，一氣呵成，烏得以條列之例例之？

王逸　後漢文苑傳：逸字叔師，順帝時爲侍中。著楚辭章句行於世。賦、誄、雜文凡二十一篇。

按：逸列名史事，未詳。

阮籍　晉書本傳：籍字嗣宗。父瑀，魏丞相掾。籍嗜酒，能嘯。魏、晉之際，名士少有全者，由是不與世事，酣飲爲常。聞步兵厨營人善釀，有貯酒三百斛，乃求爲步兵校尉。又王沈傳：沈與阮籍共撰魏書。

魏帝有言　魏志文紀注：魏春秋曰：帝升壇禮畢，顧謂羣臣曰：「舜、禹之事，吾知之矣。」

## 校勘記

〔一〕後漢獻紀沮儁注　「後」字據後漢書補。

〔二〕後漢郡國志　「郡國」原作「地理」，據後漢書改。

〔三〕對策高第　「第」原作「等」，據北史改。

〔四〕後遷東觀令　「遷」原作「入」，「令」原作「今」，均據三國志改。

〔五〕見晉書載記劉元海聰二傳　「元海」原作「淵」，據晉書改。

〔六〕增高門學生　「生」原作「士」，據晉書改。

〔七〕徵拜中書侍郎　按魏書高閭傳作「徵拜中書博士，和平末，遷中書侍郎。」

〔八〕亦高允之流　「亦」字據魏書補。

〔九〕拜太子少師　「師」原作「傅」，據新、舊唐書改。

〔一〇〕庾自直崔祖濬虞世南蔡允恭等　「祖濬」原作「濬祖」，據新、舊唐書改，下同。

〔一一〕世南字伯施　「施」原作「起」，據新、舊唐書改。

〔一二〕梁陳齊周隋史修撰之原　「史」原作「事」，據新、舊唐書改。

# 史通通釋卷十二

## 外篇

### 古今正史第二　舊注「總十八條」四字，按之不合，削之。

易曰：「上古結繩以理，後世聖人易之以書契。」儒疑當作「傳」，蓋指注經者。者云：伏羲氏「始畫八卦，造書契，以代結繩之政，由是文籍生焉。」又曰：「伏羲、神農、黃帝之書謂之『三墳』，言大道也；少昊、顓頊、高辛、唐、虞之書謂之『五典』，言常道也。」春秋傳載楚左史疑當有「倚相」二字。能讀三墳、五典，禮記曰：「外史掌三皇、五帝之書。」由斯而言，則墳、典文義，三、五史一作「典」。策，至於春秋之時猶大行於世。釋：已上是原始之文。爰及後古，一作「世」。其書不傳，惟唐、虞已降，可得言者。然自堯而往，聖賢猶述，求其一二，仿佛存焉。而後來諸子，廣造奇說，造唐、虞已上之說。其語不經，其書非聖。故馬遷有言：「神農已前，吾不知矣。」班固亦曰：「顓頊之事，未可明也。」斯則墳、典所記，無得而稱者焉。**釋**：此層言荒遠無稽，不足證據。蓋是撇掠之文。

**按**：第一節爲正史發端，是裝頭體，不作正文用。

舊本有「右説三墳、五典」一行。是以無徵不信之書爲史家首項，殊與節末文義自相違反矣。凡此皆非原有之文，今概削之。後仿此。

伏羲氏至言常道也　並尚書孔安國序文。

神農已前　史記貨殖傳：老子曰：「至治之極，」「民各甘其食，美其服，安其俗，」「至老死不相往來。」太史公曰：「神農已前，吾不知已。」

顓頊之事　漢書司馬遷傳贊曰：唐、虞已前，雖有遺文，其語不經。故言黄帝、顓頊之事，未可明也。

案一無「案」字。堯、舜相承，已見墳、典；周監二代，各有書籍。至孔子討論其義，删爲尚書，始自唐堯，下終秦穆，其言百篇，而各爲之序。**釋**：數語提清尚書原本。屬秦爲不道，坑儒禁學，孔子之末孫曰一多「孔」字。惠，壁藏其書。漢室龍興，旁求儒雅，聞故秦博士伏勝能傳其業，詔太常使掌故一本作「固」，據漢書作「故」。晁錯受焉。時伏生年且百歲，言不可曉，口授其書，纔二十九篇。自是傳其學者有歐陽氏、大小夏侯。宣帝時，復有河内女子得泰誓一篇獻之，與伏生所誦合三十篇，行之於世。其篇所載年月不與序相符會，又與左傳、國語、孟子所引泰誓不同，故漢、魏諸儒**原注**：謂馬融、鄭玄、王肅也。咸疑其繆。**釋**：一番顯晦。

古文尚書者，即孔惠之所藏，科斗之文字也。魯恭王壞孔子舊宅，始得之於壁中。博士孔安國以校伏生所誦，增多二十五篇，更以隸古字寫之，編爲四十六卷。司馬遷「遷」字舊訛在「故」字下。屢訪一作「採」。其事，故多有古説。安國又受詔爲之訓傳。值武帝末，巫蠱事起，經籍道息，不獲奏上，藏諸私家。劉向取校歐陽、大小夏侯三家經文，脱誤甚衆。至於後漢，孔氏之本遂絶。其有見於經典者，諸儒皆謂之逸書。**原注**：謂馬融、鄭玄、杜預也。王肅亦注今文尚書，而大與古文孔傳相類，或肅私見其本而獨秘之乎？**釋**：又一番顯晦。

晉元帝時，豫章一多「王」字。内史梅賾始以孔傳奏上，而缺舜典一篇，乃取肅之堯典，從「慎徽」以下分爲舜典以續之。自是歐陽、大小夏侯家等學，馬融、鄭玄、王肅諸注廢，而古文孔傳獨行，列於學官，或作「宫」，非。永爲世範。

齊建武中，吴興人姚方興孔穎達作「方興」。隋書「方」字在下。採馬、王之義以造孔傳舜典，云於大航隋書作「杭」。購得，詣闕以獻。舉朝集議，咸以爲非。**原注**：梁武帝時，博士議曰：孔叙稱伏生誤合五篇，蓋文句相連，所以成合。舜典必有「曰若稽古」，伏生雖云昏耄，何容□□。由是遂不見用也。○**按**：誤合五篇者，孔序云：伏生以舜典合於堯典，益稷合於皋陶謨，盤庚三篇合爲一，康王之誥合於顧命也。及江陵板蕩，其文入北，中原學者得而異之，隋學當作「博」。士劉炫遂取此一篇列諸本第。故今人所習尚書舜典，元出於姚氏者焉。**釋**：至此所述始爲定著今本。

**按**：第二節述尚書也。史通卷首六家，冠以尚書、春秋爲史家之祖，故茲敘列古今正史，亦必從二經起元。本節雖次第二，實正史之初節也。顛末依據，節節詳明，自此節始。

百篇之序　書經傳説：班固曰：孔子纂書凡百篇，而爲之序，言其作意。孔疏：此序知孔子作者，以緯文而知也。檢此百篇，凡有六十三序。明居、咸有一德、立政、無逸不序所由，同序而別篇者三十三篇，通明居等四篇爲三十七篇，加六十三即百篇也。

孔惠壁藏　漢藝文志注：師古曰：家語云孔騰字子襄，畏秦法，藏尚書於夫子舊堂壁中〔一〕。而漢記尹敏傳云孔鮒所藏，二説不同。按：隋志又不同，云孔子末孫惠藏之。史通同隋志。

隸古字寫　孔序作「隸古定」。閻若璩按：隸古定，是一行科斗書，一行真書。孔穎達所謂「就古文體，從隸定之。存古爲可慕，隸文爲可識」也。按：隸即今之真書。

伏生歐陽夏侯河内女　漢儒林傳：伏生，濟南人也。治尚書，教濟南張生及歐陽生。歐陽生授兒寬，寬授歐陽生子。世傳至曾孫高、高孫地餘。由是有歐陽氏學。夏侯勝，其先夏侯都尉，從濟南張生受尚書。傳族子始昌，始昌傳勝，勝傳從兄子建，建又事歐陽高。由是有大小夏侯之學。注：伏生名勝。　隋經籍志：河内女子得泰誓一篇，獻之。

馬遷屢訪　漢儒林傳：孔氏有古文尚書，孔安國得之。安國爲諫大夫，司馬遷從安國問義。故遷載堯典、禹貢、洪範、微子、金縢諸篇，多古文說。

王肅梅賾　王見尚書家，梅見鑒識篇。按：此節所述，内篇中多已散見。合取漢書藝文志、儒林傳、隋書經籍志，並孔安國尚書序，孔穎達舜典疏互證之，則其文皆具矣。

劉炫　字光伯，除太學博士，見覈才篇。又隋書本傳：自爲狀云：禮、詩、尚書、公羊、左傳、孔、鄭、王、何等注，雖義有精粗，並堪講授。著有尚書等經術議百餘卷。

當周室微弱，諸侯力爭，孔子應聘不遇，自衛而歸。乃與魯君子左丘明觀書於太史氏，因魯史記而一誤作「所」。作春秋。上遵周公遺制，下明將來之法，自隱及哀一有「盡」字。十二公行事。**釋**：已上言春秋之經，已下言傳。經成以授弟子，弟子退而異言。丘明恐失其真，故論本事而爲傳，明夫子不以空言說經也。春秋所貶當世君臣，其事實皆形於傳，故隱其書而不宣，所以免時難也。**釋**：述傳先揭左氏。

及末世，口說流行，故有公羊、穀梁、鄒、夾之傳。鄒氏無師，夾氏有録無書，故不顯於世。漢興，董仲舒、公孫弘並治公羊，其傳習者有嚴、顏二家之學。宣帝即位，聞衛太子私好穀梁，乃召名儒蔡千秋、蕭望之等大議殿中，因置博士。**釋**：次及公、穀及鄒、夾，而就四傳中抽存公、穀二家。

平帝初，立左氏。逮於後漢，儒者數廷毀之。會博士李封卒，遂不復補。一作「用」。逮一無「逮」字。和帝元興十一年，鄭興父子奏請重立於學官。至魏、晉，其書漸行，而二傳亦廢。今所用左氏本，即杜預所注者。**釋**：後卒專歸左氏。

**按**：第三節述春秋也。而必牽連傳家者，春秋與尚書不同，尚書義具經中，春秋事詳傳内，故原經者必原傳。其説已著於六家也。傳凡五家，而舉一左氏。冠四，公、穀、鄒、夾。併四歸兩，公、穀。抽三左、公、穀。剩一，左氏。則專以左傳爲主中主焉。五傳顯晦，不以優劣言，但以乘除言，考古之體則然。尚書、春秋傳在六家篇只辨家數，在本篇必求原委。一略一詳，各適分際。

本節又爲編年體立根脚。

丘明恐失真　十二諸侯年表：孔子西觀周室，論史記舊聞，興於魯而次春秋。七十子之徒，口受其傳指，爲有所刺譏褒諱挹損之文。魯君子左丘明懼弟子人人異端，各失其真，因具論其語，成左氏春秋。

公羊穀梁　何休公羊序疏：戴弘序云：子夏傳公羊高，高傳其子平，平傳子地，地傳子敢，敢傳子壽。至漢景帝時，壽乃共弟子胡母子都著於竹帛。隋經籍志：子都授嬴公，嬴公授孟卿，孟卿授眭孟，眭孟授嚴彭祖、顔安樂，故後漢公羊有嚴氏、顔氏之學。范甯穀梁序疏：穀梁子名淑，字元始，一曰赤，受經於子夏，爲經作傳。傳孫卿，孫卿傳申公，申公傳蔡千秋[二]。漢宣帝好穀梁，擢千秋爲郎。

鄒夾　漢藝文志：鄒氏傳十一卷。夾氏傳十一卷，有録無書。又春秋述：鄒氏無師，夾氏未有書。

董公孫治公羊　董仲舒見二體篇。公孫弘傳：家貧，牧豕海上。年四十餘，乃學春秋雜説。漢儒林傳：胡毋生子都治公羊春秋，爲景帝博士，與董仲舒同業。年老歸教於齊，公孫弘亦頗受焉。又：瑕丘江公受穀梁於魯申公。上使與仲舒議，不如仲舒。而丞相公孫弘本爲公羊學，比輯其議，卒用董生。於是上尊公羊家，詔太子受公羊春秋。由是公羊大興。

穀梁蔡蕭議置　按：漢書儒林傳：沛蔡千秋字少君。蕭望之傳：望之字長倩。又儒林傳：戾太子受公羊，既通，復私問穀梁而善之。宣帝以問韋賢、夏侯勝，皆言宜興穀梁。時千秋爲郎，擢爲諫大夫、郎中户將。選郎十人從受，積十餘歲，皆明習。乃召五經名儒太子太傅蕭望之等，大議殿中，平同異[三]。議三十餘事，多從穀梁。由是穀梁之學大盛。

李封　後漢儒林傳：建武中，鄭興、陳元傳春秋左氏學，韓歆欲爲左氏立博士，未決。陳元上書訟，遂以魏郡李封爲博士。羣儒蔽固者，數廷争之。及封卒，光武重違衆議，因不復補。

鄭興父子　後漢書本傳：鄭興字少贛，少學公羊春秋，晚善左氏傳，積精深思。將門人從劉歆講正大義，歆使撰條例章句訓詁。世言左氏者，多祖於興，而賈逵自傳其父業，故有鄭、賈之學。子衆，字仲師，從父受左氏春秋，精力於學，作春秋難記條例。建初六年，代鄧彪爲大司農，受詔作春秋删十九篇。

杜預注　見鑒識篇。

又嘗春秋之世，諸侯國自有史。故孔子求衆家史記，而得百二十國書。如楚之書，鄭之志，魯之春秋，魏之紀年，此其可得言者。**釋**：雜述諸書，爲國語作引。左丘明既配經立傳，又撰諸異同，號曰外一訛「小」。傳國語，二十一篇。斯蓋採書志等文，非唯魯之史記而已。**釋**：述國語。楚、漢之際，有好事者，録自古帝王、公侯、卿大夫之世，終乎秦末，號曰世本，十五篇。春秋之後，七雄並争，秦并諸侯，則有戰國策三十三篇。漢興，太中大夫陸賈紀録時功，一作「政」。作楚漢春秋九篇。**釋**：此述春秋已後迄於漢初諸書。○舊本連下段。

**按**：第四節介在二經之後，史記之前，作上下束峽。蓋正史以二經爲發原之祖，以史記爲別子之宗，法應分別標舉。舊本此節與下一連，殊失斷制。

百二十國書　見首篇左傳家百國春秋注。

左丘明至末　多採班彪傳略論之文。

孝武之世，太史公司馬談欲錯綜古今，勒成一史，其意未就而卒。子遷乃述父遺志，採左傳、國語，删世本、戰國策，據楚、漢列國舊本脱「國」字，今照班彪略論補。時事，上自黄帝，下訖麟止，一誤作「趾」。作十二本紀、十表、八書、三十世家、七十列傳，凡百三十篇，都謂之史記。厥協一本二字倒置。六經異傳，整齊百家雜言，藏諸名山，副在京師，以俟後聖君子。

**釋**：已上正原史記。至宣帝時，遷外孫楊惲祖述其書，遂宣布焉。而十篇未成，有録而已。**原注**：張晏漢書注云：十篇，遷殁後亡失。此説非也。○**按**：王本此注作大書。元、成之間，一多「會稽」二字。褚先生更補其缺，作武帝紀、三王世家，龜策、日者等傳，古本脱「等」字，今本於「等傳」下有「其龜策日者」五字。辭多鄙陋，非遷本意也。**釋**：此述書成已後事。晉散騎常侍巴西譙周，以遷書周、秦已上或採家人諸子，不專據正經，於是作古史考二十五篇，皆憑舊典以糾一作「讋」。其繆。今則與史記並行於代焉。**釋**：此述後人糾舉事。

**按**：第五節述史記也。考班史藝文志原本七略，未立史部，以太史公書附著春秋之後。至隋經籍志，繼經標史，史記升居部元，遂爲定次。故須如此列節也。

孝武之世至百三十篇　皆班彪傳略論之文。

厥協五句　太史公自序原文。

外孫楊惲　漢書楊敞傳：敞子惲，字子幼，以忠任爲郎，補常侍騎。惲母，司馬遷女也。惲始讀外祖太史公記，頗爲春秋，以材能稱。

十篇未成等句　太史公自序裴注及漢書顔注所引張晏語並同。晏語原無「龜策日者」複句，張守節别引則有之。

譙周六句　譙周，見摸擬篇。其六句之文，見晉書司馬彪傳。「家人諸子」，彪傳作「俗語百家」，而史通兩見其語，皆作「家人」。當是王、臧輩舊本之文，譙周原句如此也。

史記所書，年止漢武，太初已班彪傳作「以」。後，闕而不録。其後劉向、向子歆及諸好事者，若馮商、衛衡、揚雄、史岑、梁審、肆仁、晉馮、段肅、班固集作「段肅」，固本傳作「殷肅」。金丹、馮衍、韋融、蕭奮、劉恂等相次撰續，迄於哀、平間，猶名史記。釋：首原作漢書緣起。至建武中，司徒掾班彪以爲其言鄙俗，不足以踵前史；又雄、歆褒美僞新，一作「僞褒新室」，又一本「新室」作「新莽」。誤後惑衆，不當垂之後代者也。於是採其舊事，旁貫異聞，作後傳六十五篇。其子固以父所撰未盡一家，乃起元高皇，終乎王莽，十有二世，二百三十年，綜其行事，上下通洽，爲漢書紀、表、志、傳百篇。其事未畢，會有上書云固私改作史記者，有詔京兆收繫，悉録家書封上。固弟超詣闕自陳，明帝引見，言固續父所作，不敢改易舊書，帝意乃解。即出固，徵詣校書，受詔卒業。經二十餘載，至章帝建初中乃成。釋：此正述作漢書。

固後坐竇氏事，卒於洛陽獄，書頗散亂，莫能綜理。其妹曹大家博學能屬文，奉詔校敘。又選高才郎馬融等十人，從大家受舊作「授」。讀。其八表及天文志等，猶未克成，多是待詔東觀馬續所作。而古今人表尤一無「尤」字。不類本書。釋：此述續補事。始自漢末，迄乎陳世，爲其注解者凡二十五家，至於專門受業，遂一無「遂」字。與五經相亞。釋：此兼及注家也。

○已上皆言前漢紀傳體。

初，漢獻帝以固書文煩難省，乃詔侍中荀悅依左氏傳體一無「體」字。刪爲漢紀三十篇，命秘書給紙筆。經五六一無「六」字。年乃就。其言簡要，亦與紀舊作「本」，誤。傳並行。**釋**：此另述荀氏編年紀。

**按**：第六節述班氏漢書及荀悅漢紀也。文雖煩簡不齊，却是二體並舉。舊本但以「說漢書」三字作標段，拈一放一，既於節意不全，且使史體偏缺矣。内篇之首云「四家久廢，二體角立，」豈忘此提唱耶？

太初後闕　二句用彪、固本傳原文。章懷注：太初，武帝年號。

劉向等十五人　此十五人並在班史未作之前。今按：向、歆、揚雄自有傳，馮商見藝文志，史岑見本集人物篇，晉馮、段肅見後漢班固傳，馮衍自有傳。餘七人未詳。

其言鄙俗　并前「好事者」等句，亦採撮班傳之文。

雄歆美新　文選：劇秦、美新，揚子雲撰。王莽傳：少阿、羲和，劉歆與博士諸儒曰：攝皇帝制禮作樂，茂成天功。發得周禮，以明因監。非聖哲之至，孰能若茲！楚元王傳：王莽篡位，歆爲國師。

採其舊事至建初乃成　參用漢書敍傳及范書彪、固傳之文。

坐竇氏事　固本傳：永元初，大將軍竇憲出征匈奴，以固爲中護軍，與參議。及憲敗，固坐免。初，洛陽令种兢嘗行，固奴干其車騎，畏憲不敢發，心銜之。至是捕繫固，死獄中。

曹大家　後漢列女傳：扶風曹世叔妻者，同郡班彪之女也。名昭，字惠班，一名姬。博學高才。世叔早卒，有節行。兄固著漢書未竟，和帝詔昭踵成之。

馬續所作　後漢書：馬援兄子嚴，嚴七子，唯續、融知名。續字季則，博觀羣集，善九章算術〔四〕。王訓故：順帝時，漢書始出，多未能通。馬融從班昭受讀。後詔融兄續繼昭成之。

注解二十五家　師古漢書敍例：諸家注釋，雖見氏名，至於爵里，頗或難知。傳無所存，具列如左。按：爵里文煩，今但以氏名列之。荀悅、服虔、應劭，並後漢人。伏儼、劉德、鄭氏、李斐、李奇〔五〕，皆不著代。鄧展、文頴、張揖、蘇林、如淳、孟康，並魏人。張晏、項昭，皆不著代。韋昭，吳人。晉灼、劉寶、郭璞、蔡謨，並晉人。臣瓚、崔浩，後魏人。以上師古所述，止二十三人。合師古亦止二十四人，其一人不可詳矣〔六〕。又按：臣瓚，不著姓，宋景文筆記以爲于瓚，而水經注嘗引及之，乃薛瓚也。見李衎筆記跋。

荀悅漢紀　見左傳家。又荀本序：撮敍表志，總爲帝紀。通比其事，例繫年月。大略粗舉，凡爲三十卷，數十餘萬言。省約易習，無妨本書，有便於用，其旨云爾。

在漢中興，明帝始詔班固與睢陽令陳宗、長陵令尹敏、司隸從事孟異班固傳作「異」，舊本作「冀」。作世祖本紀，並撰功臣及新市、平林、公孫述事，作列傳、載記二十八篇。**釋**：歷述後漢書纂輯層節，是爲第一層。

自是以來，春秋考紀此句舊本作「春秋世」三字，王本「世」字下空一字。亦以煥炳，而忠臣義士莫之撰勒。於是又詔史官謁者僕射劉珍及諫議大夫李尤或訛作「充」。雜作記，表，名臣、節士、儒林、外戚諸傳，起自建武，光武元。訖乎永初。安帝元。事業垂竟而珍、尤一作「等」。繼卒。復命侍中伏無忌與諫議大夫黄景作諸王、王子、功臣、恩澤侯表，南單于、西羌傳，地理志。

**釋**：第二層。

至元嘉元年，桓帝元。復令太中大夫邊韶、大軍營司馬崔寔、議郎朱穆、曹壽雜作孝穆、崇二皇「孝穆」五字，傳寫訛脱，當作「獻穆、孝崇二皇后」。及順烈皇后傳，又增外戚傳入安思等后，儒林傳入崔篆諸人。寔、壽又與議郎延篤雜作百官表，順帝功臣孫程、郭願及鄭衆、蔡倫等傳。凡百十有四篇，號曰漢記。**釋**：第三層。

熹舊訛「嘉」。平中，熹平是靈帝改元。光禄大夫馬日磾，議郎蔡邕、楊彪、盧植著作東觀，接續紀傳之可成者，而邕別作朝會、車服二志。後坐事徙朔方，上書求還，續成十志。本傳作「十意」。會董卓作亂，大駕此二字，一本脱。西遷，史臣廢棄，舊文散佚。及一無「及」字。在許都，楊彪頗存注記。至於名賢君子，自永一作「本」，誤。初已下闕續。**釋**：第四層。

魏黄初中，文帝元。唯著先賢表，故漢一脱「漢」字。記殘缺，至晉無成。**釋**：自漢訖魏，以「無成」二字作一勒。泰始中，晉武帝元。秘書丞司馬彪始討論衆書，一作「説」，一作「作」。今依彪傳。綴其所聞，起元傳作「於」。光武，終於孝獻，録世十二，編年二百，通綜上下，旁引傳作「貫」。庶事，爲紀、志、傳凡八十依本傳。舊作「一十三」。篇，號曰續漢書。又散騎常侍華嶠删定東觀記爲漢後或作「後漢」，誤。書，帝紀十二、或訛作「三」。皇后紀二、典十、一作「十典」，又以「三譜」置「十典」上。列傳七十、譜三，嶠本傳作「三譜序傳目録」。總九十七或誤作「二」。篇。其十典竟不成而卒。釋：入晉以來，虨、嶠兩編爲第五、第六層。自斯已往，已往，猶云已上，總前而言也。舊作「後」，非。作者相繼，爲編年者四族，創紀傳者五家，推其所長，華氏居最。而遭晉室東徙，三惟一存。所存惟三分之一也。釋：此八句總前，又一勒。按：已上所述編年語少，紀傳語多，要是二體雙勒也。節内「四族」、「五家」二句，勿滑過。

至宋宣城太守范曄，乃廣集學徒，窮覽舊籍，删煩補略，作後漢書，凡十紀、十志、八十列傳，合爲百篇。會曄以罪被收，其十志亦未成而死。釋：紀傳體結到范書止。先是，晉東陽太守袁宏抄撮漢氏後書，依荀悦體，著後漢紀三十或誤作「十三」。篇。釋：編年體結到袁紀止。世言漢中興史者，唯范、袁一作「袁范」。二家而已。釋：二句專結二書，爲本節六層束勒〔七〕。

按：第七節述後漢諸史也，亦紀傳、編年二體並述。自漢中興，下暨劉宋，時閲四朝，作者尤夥，故其敘述源流，較他史倍煩。

始詔班固至二十八篇　皆本後漢書班固傳之文。

春秋考紀　漢書敍傳：爲春秋考紀、表、志、傳凡百篇。師古注：春秋考紀，謂帝紀也。虨、固本傳章懷注：謂帝紀考覈時事，具四時以立言，如春秋之經也。按：帝紀通有此稱，史通用成語也。

舊本、王本皆訛脱失考。

劉珍李尤　劉珍見覈才篇。後漢文苑傳：李尤字伯仁，和帝時召詣東觀，拜蘭臺令史。安帝時爲諫議大夫。詔與謁者僕射劉珍等俱撰漢記。按：珍、尤二人同傳同事。郭本誤作李充。充在獨行傳，無預史職，注乃引傳爲徵，不考之甚。

伏無忌黄景　後漢伏湛傳：湛封不其侯，傳爵至玄孫無忌。桓帝元嘉中，詔無忌與黄景、崔寔等共撰漢記。

邊崔朱曹延　後漢文苑傳：邊韶字孝先，桓帝時徵拜太中大夫，著作東觀。崔駰傳：駰孫寔，字子真。一名台，字元始。才美能高，召拜議郎，與邊韶、延篤著作東觀。朱穆見覈才篇。曹壽，舊注：字世叔，即娶班彪女昭者也。延篤傳：篤字叔堅。桓帝以博士徵，拜議郎，與朱穆、邊韶共著作東觀。按：五人著作互見，惟曹壽無共職之文。

雜作后傳　後漢皇后紀：獻穆曹皇后諱節，魏公曹操之中女也。魏受禪，遣使求璽綬。后怒，呼使者入，親數讓之，以璽抵軒下，涕泣横流曰：「天不祚爾！」孝崇匽皇后諱明，蠡吾侯媵妾，生桓帝。和平元年，就博陵，尊爲皇后。順烈梁皇后諱妠，大將軍商之女。后以德進，不敢有驕專之心。安思閻皇后，元初元年入掖庭。二年，立爲皇后。延平四年帝崩，臨朝。按：後漢皇后稱紀，始自華嶠，而范曄因之。其先本稱傳也。

儒林崔篆　按：今范書儒林傳不載崔篆。

順帝功臣及蔡倫傳　按：今范書孫程、鄭衆、蔡倫並在宦者傳，唯郭願不收。蔡倫，即用樹膚、麻頭始造爲紙者。

馬蔡楊盧　袁術傳注：決録注曰：馬日磾字翁叔，融之族子。與楊彪、盧植、蔡邕典校中書，歷位九卿，遂登台輔。蔡邕、楊彪、盧植並見覈才篇。諸人著作各互見。彪傳注：彪與日磾、植、邕著作東觀。植傳：植與日磾、邕、彪補續漢紀。邕傳：董卓被誅，王允收邕，日磾馳謂允曰：「伯喈曠世逸才，多識漢事，當續成後史，爲一代大典。且忠孝素著，所坐無名乎？」允不聽。日磾退而告人曰：「王公其不長世乎！善人，國之紀也；著作，國之典也。滅紀廢典，其能久乎？」邕死獄中。適作靈紀及十意，又補諸列傳四十二篇。因李傕之亂，湮没多不存。

秘書丞司馬彪至續漢書　並與晉書司馬彪傳同文。按：彪字紹統，高陽王睦之長子也〔八〕。泰始中爲秘書郎，轉丞。

散騎常侍至九十七篇　與晉書華嶠傳所次篇目正同。嶠見二體篇。又按本傳：嶠以皇后配天作合，前史作外戚傳以繼末編，非其義也。故易爲皇后紀，以次帝紀；又改志爲典，以有堯典故也。而改名漢紀爲漢後書，奏之。詔朝臣會議，咸以嶠有實録之風，藏之秘府。

范曄　宋書本傳：曄字蔚宗，彭城王義康冠軍參軍，遷尚書郎。左遷宣城太守，乃删衆家後漢書爲一家之作。後以狂悖誅。獄中與甥姪書以自序曰〔九〕：吾狂釁覆滅，豈復可言。常恥作文士。文患其事盡於形，情急於藻，義牽其旨，韻移其意。常謂情志所託，故當以意爲主，以文傳意。此中曲有成理，自謂頗識其數云云。

十志未成　陳氏書録：志三十卷，司馬彪撰。梁劉昭補注，曄本書未嘗有志也，乃借舊志注以補之。其後紀傳孤行，而志不顯。至本朝乾興初，判國子監孫奭始建議合之，而不著其爲彪書也。今考章懷注所引稱續漢志者，文與今志同，信其爲彪書不疑。按：唐時范史，其補志本與紀傳合行，見編次篇。又范紀注載宋書謝儼傳云：十志託儼搜撰，曄敗，悉蠟以覆車，今闕。容齋四筆亦及之。異説備考。

後漢紀　晉文苑傳：袁宏字彦伯。父勖，臨汝令。謝尚鎮牛渚，引宏參其軍事。語見點煩篇。後出爲東陽郡，撰後漢紀三十卷。隋、唐志編年類：先有張璠撰者，前於左傳家見之，宏即採摭璠紀爲之也。宏紀自序：史傳之興，所以通古今而篤名教也。丘明之作，廣大悉備。史遷剖判建立，班固源流因籍，荀悦經綸，足爲嘉史。今因前代遺事，略舉義教所歸。末吏區區，注疏而已。

　魏史，黄初、太和中始命尚書衛覬、繆襲草創紀傳，累載不成。又命侍中韋誕、應璩、秘書監一無「監」字。王沈，大將軍從事中郎阮籍，司徒右長史孫該，司隸校尉傅玄等，復共撰一作「擇」。定。其後王沈獨就其業，勒成魏書四十四卷。其書多爲時諱，殊非實録。**釋**：此一段原魏志起本，皆魏世所撰者。此下本應入蜀志起本，而蜀無史局敕授之書，故闕之。

吴大帝之季年，始命太史令丁孚、郎中項峻撰吴書。孚、峻一作「峻孚」俱非史才，其文不足紀録。至少帝時，更敕韋曜、周昭、薛瑩、梁廣、華覈訪求往事，相與記述。並作之中，曜、一作「推」。瑩爲首。當歸命侯時，昭、廣一作「廣昭」。先亡，曜、瑩徙黜，史官久闕，書遂無聞。覈表請召一無「召」字。曜、瑩續成前史，其後曜獨終其書，定爲五十五卷。**釋**：此段原吴志起本，亦吴有國時所撰。

至晉受命，海内大同，著作陳壽乃集三國史，前但述二國，此云三國者，據陳所撰書爲言也。撰爲國志，凡六十五篇。夏侯湛時亦著魏書，見壽所作，便壞己草而罷。及壽卒，梁州大中正范頵表言國志明乎得失，辭多勸誡，有益風化，願垂採録。於是詔下河南尹，就家寫其書。**釋**：此段述陳壽撰志，並其書出顯之事。

先是，魏時京兆魚豢私撰魏略，事止明帝。其後孫盛撰魏氏春秋，王隱撰蜀記，張勃撰吴録，異聞錯出，其流最一作「甚」。多。宋文帝以國志載事一作「紀」。傷於簡略，乃命中書郎裴松之兼採衆書，補注其闕。由是世一無「世」字。言三國志者，以裴注爲本焉。**釋**：末段述裴注相輔而行。

**按**：第八節述承祚三國志也。馬、班而後，史家之作，高簡無如此書。然簡失則略，非得西鄉注輔之，徵事考言，減趣不少。故後段持詳裴作。前於補注篇以煩蕪刺之，而於此必以注本全之，論取嚴，文取備也。

曲筆、史官二篇深斥蜀無史職之言，謂陳壽厚誣其君相。然觀此節，蜀志之先，獨無撰著，又似壽言未必盡誣。意或官局雖存，而敕修不預與？抑子玄尊崇史體，回護武鄉，姑爲斡全之説歟？

衞覬繆襲　魏志衞覬傳：覬字伯儒，拜侍中。與王粲並典制度，受詔典著作，又爲魏官儀。劉劭傳：劭同時東海繆襲亦有才學，多所述敘。注：文章志曰：「襲字熙伯，辟御史大夫。」

誕璩沈籍該玄　劉劭傳附：光禄大夫京兆韋誕。注：文章敍録曰：誕字仲將，善屬辭章。王粲傳附：應璩，官至侍中。注：文章敍録曰：璩字休璉，善書記。齊王即位，典著作。王沈見敍事篇。晉書本傳云：「與荀顗、阮籍共撰魏書。」阮籍見史官建置篇。劉劭傳附：陳郡太守任城孫該。注：文章敍録曰：該字公達，年二十爲郎中，著魏書。晉書傅玄傳：魏除郎中，與東海繆施俱以時譽選入著作，撰集魏書。又見書事篇。按：繆施或即魏志之繆襲否？俟考。

吴大帝至召瑩續史　大段皆華覈疏文，見吴志薛瑩傳。其中韋曜、薛、華三人，並見史官篇。其丁孚、項峻、周昭、梁廣四人，並見覈疏，吴志皆無傳。

曜終其書　按：曜終其書，史無明文。據裴松之注，有稱韋曜吴書者，可知終之者曜矣。

著作陳至寫其書　與陳壽傳同文。陳壽見漢書家。

夏侯湛　晉書本傳：湛字孝若，與潘岳友善，每行止同輿接席，市都謂之連璧。除散騎常侍。著論三十餘篇，别爲一家之言。

異聞錯出　按：裴松之注所引漢、晉間羣書，凡百有餘種。其録魏事者，則有魚豢魏略、孫盛魏氏春秋、王沈魏書、陰澹魏紀、荀勖文章敍録、曹瞞傳、魏武故事、褒賞令、漢魏春秋、典論、魏末傳、魏名臣奏、魏世譜等。其録蜀事者，則有王隱蜀記、譙周蜀本紀、陳壽益部耆舊傳又雜記、常璩華陽國志、郭冲五事、張儼嘿記、諸葛集等。其録吴事者，則有張勃吴録、吴冲吴歷、韋曜吴書、虞溥江表傳、環氏吴記、會稽典録等。其統録者，則有司馬彪續漢書、九州春秋、謝承後漢書、張璠袁宏後漢紀、華嶠漢後書、孔衍漢魏尚書、習鑿齒漢晉春秋、獻帝春秋、獻帝紀、獻帝起居注、山陽公載記、漢末名士録、先賢行狀、英雄記、干寶晉紀、虞預晉書、王隱晉書、陸機晉惠起居注、晉陽秋、晉諸公贊、陳留耆舊傳、徐衆異同評、高士傳、文士傳、列士傳、神仙傳、列異傳、文章志等。又有諸名臣列傳、名族世譜、名人集等，多不可悉數也。所述皆異辭，故言異聞錯出。

裴松之補注　見補注篇。

晉史，洛京時，著作郎陸機始撰三祖紀，佐著作郎一脱「郎」字。束晳又撰十志。會中朝喪亂，其書不存。先是，歷陽令陳郡一作「留」。王銓一誤作「鈐」，下同。有著述才，每私録晉事舊誤作「晉書」。及功臣行狀，未就而卒。子隱，博學多聞，郭作「文」。受父遺業，西都事迹，多所詳究。過江爲著作郎，受詔撰晉史。爲其同僚虞預所訴，舊作「斥」，誤。坐事免官。家貧無資，書未遂就，乃依征西將軍庾亮於武昌鎮。亮給其紙筆，由是獲成，凡爲晉書八十九卷。咸康六年，始詣闕奏上。隱雖好述作，而辭拙才鈍。其書編次有序者，皆銓所修；章句混漫者，必隱所作。時尚書郎領國史干寶亦撰晉紀，自宣迄愍七帝，五十三年，凡二十二卷。其書簡略，直而能婉，甚爲當時所稱。**釋**：自節首至此所述，盡西晉而止。

晉江左史，一有「官」字。自鄧粲、孫盛、檀道鸞、王韶之王韶之，舊在檀道鸞上。已下，相次繼作。遠則偏記兩帝，近則唯敍八舊作「六」，誤。朝。至宋湘東太守何法盛，始撰晉中興書，勒成一家，首尾該備。**釋**：此層述東晉書。齊隱士東莞臧榮緒又集東、西二史，合成一書。**釋**：此三句述兩書始合。

皇家貞觀中，有詔以前後晉一脫「晉」字。史十有八家，制作雖多，未能盡善，乃敕史官更加纂録。採正典與雜或作「舊」。說數十餘部，兼引僞史十六國書，爲紀一訛「記」。十、志二十、列傳七十、載記三十，并敍例、目録合爲百三十二卷。自是言晉史者，皆棄其舊本，內有編年體，並棄之矣。競從新撰者焉。**釋**：歸到唐初重修晉書，遂爲行本。○自此本定，而晉缺編年矣。故一體單行。

**按**：第九節述唐修晉書也。敍舊本詳，敍新本簡，與後漢史相類。上起三國，下終五季，棄編年而行紀傳，史體偏缺者五百餘年。至宋司馬氏光始有通鑑之作，而後史家二體到今兩行。墜緒復續，厥功偉哉。

晉之後，宋、齊正史外，尚有裴、吳二編年，卒亦失傳。

陸機束皙　陸機撰晉紀，見隋、唐志。其書已見本紀篇。彼注有存疑之説，宜參會。束皙見史官篇，撰帝紀、十志。

王銓並子隱及虞預　並見二體及曲筆篇。

私録晉事　見二體篇王、虞注。

干寶晉紀　見左傳家。按：干書是編年體，自新晉書行而其書遂廢也。

鄧孫檀王　鄧粲，見序例篇，著元明紀十篇。孫盛見論贊篇，著晉陽秋。檀道鸞見序例篇，撰續晉陽秋。王韶之見雜述篇。宋書本傳：韶之父偉之，有志尚。泰元、隆安時事，小大悉録。韶之因此私撰晉安帝陽秋。既成，時人謂宜居史職，即除著作佐郎，使續後事，訖義熙九年。

遠兩帝近八朝　按：東晉凡十一帝，起元、明，盡安、恭。鄧粲止撰元、明紀，是遠兩帝也。其後王韶之續至安帝之義熙，而恭帝不入紀，是近八朝也。

何法盛　宋書無傳。隋經籍志：晉中興書七十八卷，起東晉，宋湘東太守何法盛撰。按：法盛書有掠取郗紹之説，附見雜説中篇。

臧榮緒　齊書高逸傳：臧榮緒，東莞莒人，純篤好學。括東、西晉爲一書，紀、録、志、傳百一十卷。隱居京口教授，南徐州辟西曹，舉秀才，不就〔一〇〕。太祖爲揚州，徵爲主簿，不到。

貞觀纂録　舊書房玄齡傳：貞觀十八年，玄齡與褚遂良受詔重撰晉書。於是奏請許敬宗、來濟、陸元仕、劉子翼、令狐德棻、李義府、薛元超、上官儀等八人，分功撰録。以臧榮緒晉書爲主，參考詳洽。然史官多文詠之士，好採碎事，競爲綺豔。李淳風修天文、律曆、五行三志，最可觀。太宗自著宣、武二帝、陸機、王羲之四論，於是總題曰「御撰」，凡一百三十卷。通志略：古者修書，成於一家。至唐始用衆手，晉、隋二書是也。

晉史十八家　按：隋、唐二志正史部凡八家，其撰人則王隱、虞預、朱鳳、何法盛、謝靈運、臧榮緒、蕭子雲、蕭子顯也。編年部凡十一家，其撰人則陸機、干寶、曹嘉之、習鑿齒、鄧粲、張盛、劉謙之、王韶之、徐廣、檀道鸞、郭季産也。據志，蓋十九家。豈緣習氏書獨主漢斥魏，以爲異議，遂廢不用歟？又按：雜説篇有「曹、干、孫、檀皆不之取」之語，是就既修後言。此云十八家，則兼舉之，是就敕修之始，羅致羣書言。

十六國書　詳後第十三節。

宋史，元嘉中，文帝元。著作郎何承天草創紀傳。自此以外，悉委奉朝請山謙之補承天殘缺。後又命裴松之續成國史。松之尋卒，史佐孫冲之表求別自創立，爲一家之一無「之」字。言。孝建初，孝武元。又敕南臺侍御史蘇寶生或訛「山」，下同。續造諸傳，元嘉名臣皆其所撰。寶生被誅，大明孝武改元。六年，又命著作郎徐爰踵成前作。爰因何、孫、山、蘇所述，勒爲一作「成」。一書，其臧質、魯爽、王僧達諸傳，又皆孝武自造，而序事多虛，難以取信。自永光廢帝元。已後，至禪讓十餘年中，闕而不載。**釋**：已上原宋世所撰。

至齊著作郎沈約，更補綴所遺，製成新舊訛作「雜」。史。始一脫「始」字。自義熙肇號，晉安帝改元。終乎昇明三年，順帝末。爲紀十、志三十、列傳六十，合百卷，名曰宋書。**釋**：此述沈氏宋書。○已上言紀傳體。永明末，其書既行，河東裴子野更删爲宋略二十卷。沈約見而歎曰：「吾所不逮也。」**釋**：此述裴略，係編年體。由是世之言宋史者，以裴略爲上，沈書次之。

**按**：第十節述劉宋二史也，紀傳、編年兼舉。

江淹有言：「修史之難，無出於志。」而世頗疑三國及南北之梁、陳、齊、周四朝皆無志，以爲欠事，不知實無缺也。斷限篇云：「宋史上括魏朝，隋書仰苞梁代。」已見其端矣。惜此節不另詳宋史之所該，不若後十八節補述隋志之爲明備耳。及晚明太倉朱明鎬著史糾，嘗言蜀、魏、吳之志入於宋書，梁、陳、齊、周之志入於隋書，在史法宜改。其言可補此節之遺。改不改姑勿論，而使觀史者恍然悟志體之皆全，洵讀古破迷一快語也。明鎬字昭芑，老布衣，見梅村集。蔡焯云。

何山裴孫蘇　何承天，宋書本傳：五歲失父，母徐博學，幼漸義訓，儒史該覽。除著作佐郎，撰國史。山謙之見徐爰傳。裴松之見補注篇。又本傳：領國子博士，續何承天國史，未及撰述。孫沖之見臧質傳，晉秘書監盛曾孫也。又見鄧琬傳，以附逆敗誅，不及撰史事。蘇寶生亦見徐爰傳。又見王僧達傳，云蘇寶者，名寶生，本寒門，有文義之美。官至南臺侍御史、江寧令。坐知高闍反，不啓聞，誅。按：高闍者，與沙門釋曇標相誑爲亂者也〔二一〕。

徐爰　宋書恩倖傳：爰本名瑗，字長玉。歷治吏勞，遷左丞。先是，元嘉中，使著作郎何承天草創國史。世祖初，又使奉朝請山謙之、南臺御史蘇寶生踵成之。六年，又以爰領著作，使終其業。爰雖因前作，而專爲一家之書。爰便僻善事人，長於傅會，故委寄尤重。前見二體篇。

臧魯王諸傳　在宋書列傳第三十四、三十五。諸人皆稱兵爲亂者。

沈裴　沈約見二體篇，裴子野見左傳家。

齊史，江淹始受詔著述，以爲史之所難，無出於志，故先著十一作「其」，非。志，以見其才。沈約復著齊紀二十篇。釋：已上原齊世所撰。○此下當有文云。梁天監中，太尉録事蕭子顯啓撰齊史。書成，表奏之，詔付秘閣。起昇明宋順帝元。之年，盡永元東昏元。之代，此八句諸本脱簡，今據本傳補入。寧冒妄綴之譏，不敢疏率了事也。爲此亦補字。紀八、志十一、列傳四十，合成五十九篇。釋：此述子顯齊書。○已上述紀傳體。

時奉朝請吳均亦表請撰齊史，乞給起居注并羣臣行狀。有詔：「齊氏故事，布在流俗，聞見既多，可自搜訪也。」均遂撰齊春秋三十篇。其書稱梁帝爲齊明佐命，帝惡其實，詔燔之。然其私本竟能與蕭氏所撰並傳於後。釋：此述吳均書，係編年體。

按：第十一節述南齊二史也，亦紀傳、編年兼舉。○已上二節，考隋、唐志，裴、吴二書並入編年部，而史通内篇之首，亦以附左傳家，不與沈、蕭本同門。以此知宋、齊兩代亦二體兼舉。惜此二書後竟廢亡，愚是以歎五百年史體偏缺也。

江淹十志　梁書本傳：淹字文通，起家南徐州從事〔一二〕。建元初，爲建安王記室，參掌詔册，并典國史。鄭樵通志序：江淹有言：「修史之難，無出於志。」誠以志者，憲章之所繫，非老於典故不能爲也。按：隋志：江淹齊史十三卷〔一三〕，亡。南史本傳云：與司徒左長史檀超共爲條例，爲王儉所駁，所撰十三篇竟無次序。即指此也。其傳末云：齊史十志行於世〔一四〕。

沈約齊紀　見二體篇。又本傳：所著齊紀二十卷。

蕭子顯啓撰齊史　啓撰諸句，見梁書本傳。按：沈紀、蕭書各自爲史。舊本脱去「蕭子顯啓撰」等句，遂與沈約混爲一書。而本文「二十篇」之下綴有「紀八、志十一、列傳四十，合成五十九篇」凡十六字，如何著解？且其後又有「與蕭氏所撰並傳」之語，根從何處來耶？蕭傳有明文，齊書非逸史，其爲脱簡，灼然無疑，故敢斗膽補入。

吴均齊春秋　見左傳家。

梁史，武帝時，沈約與給事中周興嗣、步兵校尉鮑行卿、秘書監謝昊相承撰録，已有百篇。值承聖元帝元。淪没，並從焚蕩。廬江何之元、沛國劉璠以所聞見究其始末，合撰梁典三十篇，而紀傳之書未有其作。陳祠部郎中姚察有志撰勒，施功未周。謂加功於前人所未完者。但既當朝務，兼知一作「修」，非。國史，至於陳亡，其書不就。釋：此段述梁史之作，其功未就。○舊本此處與下段分節，未是。

陳史，初有吴郡顧野王、北地傅縡各爲撰史學士，其武、文二帝紀即顧、傅所修。太建初，宣帝元。中書郎陸瓊續撰諸篇，事傷煩雜。姚察就加删改，粗有條貫。及江東不守，持以入關。隋文帝嘗索梁、陳事迹，察具一訛作「且」。以所成每篇續奏，而依違荏苒，竟未絶筆。釋：此段述陳史之作，前功亦未就。○兩史皆姚察未竟之業也。自「隋文帝」五句，已梁、陳合舉矣。

皇家貞觀初，其子思廉爲著作郎，奉詔撰成二史。於是憑其舊稿，加以新録，彌歷九載，方始畢功。定王本作「述」。爲梁書五十卷、陳書三十六卷，今並行世焉。釋：此合述兩史之成，成於姚氏父子繼述之功也。○二代亦缺編年書。○敍二代史事，至此猶未了。越至北齊、周、隋三史後，另節了之。

按：第十二節述梁、陳二代之史也。二史皆前代未成，成於本朝。又皆父業未就，就於子述，故用變例合述之體。看節末一段自明。編者不察，率意割裂，其非元始分支益信。

沈周鮑謝撰録　沈約屢見。又梁書本傳：著高祖紀十四卷。周興嗣，梁文學傳：字思纂，爲員外散騎郎，佐撰國史。遷給事中〔一五〕，撰史如故。唐藝文志：周興嗣梁皇帝實録五卷。鮑行卿，梁書無傳。唐志：鮑行卿乘輿飛龍記二卷。謝昊，梁書無傳，見前卷第五節。

何劉合撰梁典　按：陳書何之元、周書劉璠二傳，各言撰梁典三十卷，隋、唐二志亦皆分載二典。而史通以爲二人合撰，則梁典祇是一書耳，足正二志之歧出。

陳史顧傅所修　顧野王，見前卷第五節。傅縡，陳書本傳：字宜事，北地人。梁太清末，攜母南奔。俄丁母憂，在兵亂之中居喪禮，哀毀骨立。世祖召爲撰史學士。唐志：顧野王陳書三卷，傅縡陳書三卷。

陸瓊續撰　陳書本傳：瓊字伯玉，有至性。從祖襄歎曰：「此兒必荷門基，所謂一不爲少。」領大著作。隋志：陳書四十二卷，訖宣帝，陳吏部尚書陸瓊撰。

姚察並子思廉　姚察，見題目篇。唐書思廉傳：思廉本名簡，以字行，陳吏部尚書察之子。授秦王府文學。王即位，改著作郎、弘文館學士。詔與魏徵共撰梁、陳書。思廉採謝炅、顧野王等諸家言，推究綜括，爲梁、陳二家史，以卒父業。按：謝炅，隋志作謝昊。

十六國史，前趙劉聰時，領左國史公師彧撰高祖劉淵。本紀及功臣傳二十人，甚得良史之體。凌修譖其訕謗先帝，聰怒而誅之。劉曜時，平輿子封號。和苞撰漢一脱「漢」字。趙記十篇，事止當年，不終曜滅。**釋**：前趙匈奴劉氏史第一。揭過公師彧書，以和苞所撰作勒。

後趙石勒命其臣徐光、宗歷、傅暢、鄭愔等撰上黨國記、起居注、趙書。其後又令王蘭、陳宴、程陰、徐機等相次撰述。至石虎，並令刊削，使勒功業不傳。其後燕太傅長史田融、宋尚書庫部郎郭仲産、北中郎參軍王度追撰二舊無「二」字。石事，集爲舊無「爲」字。鄴都記、趙記一作「紀」。等書。釋：後趙羯種石氏史第二。揭過徐、王等書，以田融、王度等所撰作勒。

前燕慕容廆、皝、儁、暐。有起居注，杜輔全疑「詮」字脱旁。録以爲燕紀。後燕垂、寶、盛、熙。建興元年，董統受詔草創後書，著本紀并佐命功臣、王公列傳，合三十卷。慕容垂稱其敍事富贍，足成一家之言。但褒述過美，有慚董、史之直。其後申秀、范亨各取前後二燕合成一史。釋：前、後燕鮮卑慕容氏史第三、第四。揭過杜、董等書，以范亨等所撰作勒。

南燕有趙郡王景暉，嘗事德、超，南燕二主名。撰二主起居注。超亡，仕於馮氏，官至中書令，仍撰南燕録六卷。釋：南燕亦慕容氏史第五。揭過起居注，以南燕録作勒。

蜀初號曰成，後改稱漢。李勢散騎常侍常璩撰漢書十卷。後入晉秘閣，改爲蜀李一脱「李」字。書。璩又撰華陽國志，具載李氏興滅。釋：蜀成賨人李氏史第六。以常璩所撰二書作勒。

前涼張駿十五年，命其西曹邊瀏集内外事以付秀才索綏，作涼國春秋五十卷。又張重華護軍參軍劉慶在東苑「苑」通。專修國史二十餘年，著涼記十二卷。建康太守索暉、一作「琿」。從事中郎劉昞又各著涼書。釋：前涼安定張氏史第七。所述撰人凡四，唯此無專勒。

前秦苻堅。史官，初有趙淵、車敬、梁熙、韋譚相繼著述。苻堅嘗取而觀之，見苟太后幸李威事，怒而焚滅其本。後著作郎董誼追録舊語，十不一存。及宋武帝入關，曾訪秦國事，又命梁州刺史吉翰問諸仇池，並無所獲。先是，秦秘書郎趙整參撰國史，值秦滅，隱於商一作「南」。洛山，著書不輟，有馮翊、車頻助其經費。一作「始」。整卒，翰乃啓頻纂成其書，以元嘉九年起，至二十八年方罷，定爲三卷。而年月失次，首尾不倫。河東裴景仁又正其訛僻，刪爲秦紀十一篇。釋：前秦氐人苻氏史第八。揭過趙淵等六七人書，以裴景仁所撰作勒。

後秦姚弋仲。扶風馬僧虔、河東衞隆景並著秦史。及姚氏之滅，殘缺者多。泓從弟和都，仕魏爲左民尚書，又追撰秦紀十卷。釋：後秦羌種姚氏史第九。揭過馬、衞等書，以姚和都所撰作勒。

夏赫連勃勃。天水趙思羣、北地張淵，於真興、勃勃元。承光昌元。之一無「之」字。世，並受命著其國書。及統萬夏城。之亡，多見焚燒。一脱「燒」字。釋：夏國匈奴部赫連氏第十，其史無存。

西涼李暠。與西秦，乞伏國仁。○此下誤衍「北燕」二字。其史或當代所書，或他邦所録。此下當補「累經遷轉，今並失傳」八字。釋：西涼狄道李氏第十一；西秦鮮卑乞伏第十二。二國史亦無存。段龜龍記呂氏，後涼。宗欽記沮渠氏，北涼。失名記舊本「宗欽記」誤粘「禿髮」，脱去沮渠一家，今照史補此六字。禿髮氏，南涼。韓顯宗記舊衍「呂」字。馮氏。北燕。唯有舊訛「此」。三者本有四種，其一失名，故云三者。可知，自餘不詳誰作。釋：後涼氐酋呂光第十三；北涼盧水胡沮渠蒙遜第十四；南涼托跋禿髮烏孤第十五；北燕信都馮跋第十六。四國皆有史，而一失名，並作一勒。○從上所述，皆爲崔氏春秋起本也。

魏世黃門侍郎崔鴻，乃考覈衆家，辨其同異，除煩補闕，錯綜綱紀，易其國書曰録，主一訛「正」。紀曰傳，都謂之十六國春秋。鴻始以景明之初魏世宗宣武元。求諸國逸史，逮正一訛「至」。始元年，亦宣武元。鴻集稽備，而一本有「以」字。一本「而」作「已」，屬上句。猶闕蜀事，不果成書。推求十有五年，始於江東購獲，乃增其篇目，勒爲一百二此三字舊訛作「十」。卷。鴻殁後，永安中，魏莊帝元。其子繕寫奏上，請藏諸秘閣。由是僞史宣布，大行於時。**釋**：歸到崔書都爲一集，始成通行定本。

**按**：第十三節述十六國春秋也。雖不得並於正史，而巖疆分據，地亘川遼，戎馬交馳，事關江介，其書顧可廢哉！顧崔氏書自宋史藝文志、馬貴與通考皆已闕載，至明乃有屠喬孫之本。賀燦然序之曰：「晉記流行，崔書放散。遷之博考旁稽，綴遺搜逸，爰訂斯編。」吁！何其不學也。屠果博聞，欲起斯廢，毋假初名，毋襲原數。謹循纂體，顯號補亡，各於正史載記之餘，人見書其人，事見書其事，而條疏其下曰某人見某書，某事見某書，豈不卓爾大雅，功高津逮哉！乃計不出此，而匿所自來，掩非己有，舉一切真書，胥變而爲贋書。愚因是歎書之禍，焚棄者猶小，竄亂者甚焉，冒出者又甚焉，明穆、神之際是已。時則有若豐坊之魯詩世學，矯語傳經；王某之天禄閣外史，侈稱蓄古。紛紛仿效，僞種朋興。若屠氏者，其爲冒出，猶在陰陽形影間，視彼諸家，差當末減耳。或云杭本漢魏叢書所收十六短録故是彦鸞之舊，是說也余猶疑之。

十六國史　史通所記諸零雜短卷，當時已多刊落，無從蔓引。然細尋節中諸所勾勒，恰與隋、唐二志歷歷相符。按：隋志前趙則漢趙記十卷〔一六〕，唐志作十四卷，和苞撰。後趙則趙書十卷，唐志作二十卷，僞燕太傅長史田融撰。又二石傳二卷，二石僞事二卷，唐志作六卷，晉北中郎參軍王度撰。前燕則燕書二十卷，記慕容儁事，僞燕尚書范亨撰。南燕則南燕録六卷，記慕容德事，僞燕中書郎王景暉撰。蜀成則唐志有漢之書十卷，蜀李書九卷，華陽國志十三卷，並常璩撰。前涼則隋志有涼書十卷，敦煌實録十卷，唐志作二十卷，並劉景撰。唐諱「昞」，劉景即劉昞也。前秦則秦記十一卷，宋殿中將軍裴景仁撰，杜惠明注。後秦則秦記十卷，記姚萇事，魏左民尚書姚和都撰。夏則隋、唐二志皆無書。西涼、西秦，二志亦無書。後涼則二志皆有涼記十卷，記吕光事，僞涼著作佐郎段龜龍撰。北涼則二志皆有涼書十卷，注云「沮渠國史」，不著撰人。據本文及史，當即是宗欽。南涼則二志皆有托跋涼録十卷，撰人缺，今作失名。北燕則二志皆有燕志十卷，記馮跋事，並云魏侍中高閭撰。而魏書韓顯宗傳有撰馮志十卷之文，與本文合，恐即與高閭合作。已上十六國史，史通人書俱缺者，惟夏與西涼、西秦也，而二志亦此三國無書。其餘雖有失名，互證皆合。於此頗得讀書細意之樂。

崔鴻十六國春秋　見探賾篇。又魏書本傳：子子元，永安中奏其父書曰：臣亡考鴻，任屬記言，刊著趙、燕、秦、夏、涼、蜀等遺載，爲之贊序。先朝之日，草構悉了，唯有李雄蜀書，搜索未獲。闕兹一國，遲留未成。去正光三年，購訪始得，討論適訖，而先臣棄世。凡十六國，名爲春秋，一百二卷。今繕寫一本，敢以仰呈，儻或淺陋，不回睿賞，乞藏秘閣，以廣異家。○附記：前秦之姓，晉書載記曰：蒲洪以其孫堅初生，背有「艸付臣又土」之文，改姓苻。而世説識鑒篇注引車頻秦書曰：蒲洪詐稱讖文，改姓苻，言己當王，應符命也。堅生，背赤色，隱起若篆文。其説與晉書異。愚按：車頻言徵符命，背篆不言何文，而頻即前秦時人，則姓當爲「符」，宜可信。晉書後出，「艸付」五字自別有本，亦安知非竹付之訛耶？世徒以國史爲正，然頻書幸留片羽，孝標亦在唐前，詎不足當互證之資耶？附記之，亦足廣異家也。又古本他書説符堅往往從竹，雖艸頭、竹頭古人通寫，然義固不相奸也。

附録　按：屠氏不著採録書名，難據以爲正證，要其語決非無本。史通此節所列人氏，與於史事者四十二人，不與史事者一人。今就屠書有者附見之，又有別見諸史及本集他篇者，亦拈出之。前趙公師彧，善相人，劉淵深相崇敬。後官太中大夫，爲劉聰所誅。和苞，劉曜時諫營壽陵，封平輿子。二人史官篇亦見。後趙徐光字季武，頓邱人，石勒記室參軍。遷中書令，領秘書監。傅暢字世道，北地人，爲大將軍右司馬。諳識朝儀，勒器之。作晉諸公敍讚二十卷、公卿故事九卷。南燕王景暉，苻秦太史令高魯之甥也。魯遣暉隨獻玉璽於慕容德，留仕德。著南燕録六卷。蜀成常璩，亦作「據」。屠録與補注等篇所記略同。前涼索綏字士艾，敦煌人。幼舉孝廉，又舉秀才，爲儒林祭酒。張駿命集閣内外事付綏。著涼春秋五十卷。劉昞，屠録與點煩篇略同。前秦李威字伯龍，苟太后之姑子也。威有辟陽之寵，史官載之。後苻堅見其事，將罪。著作郎車敬等已死，乃止。趙整字文業，一名正。年十八，爲堅著作郎。情度敏達，信佛法，遁迹商洛山。專精經律。後秦姚和都，仕至左兵尚書，撰秦紀十卷，記姚萇時事。赫連夏趙逸字思羣，天水人，仕姚興。爲勃勃所虜，拜著作郎。張淵，不知何處人，自云嘗仕苻堅。堅敗，仕姚興父子。泓滅入夏，爲太史令。北涼宗欽字景若，金城人，博綜羣言。仕沮渠蒙遜，爲中書郎，撰涼記十卷。已上名見屠本者凡十五人。又別見者：范亨，見魏書崔浩傳，下節注及之。吉翰，宋書有傳。馮翊，池陽人。裴景仁，見南史及世説注。韓顯宗，見魏書，韓麒麟子也，字茂親。又散見本集者：董統，見直書篇；劉慶，見史官篇。餘闕考者，俟續見補。

元魏史，道武時，始令鄧淵著國記，唯一脱「唯」字。爲十卷，而條例未成。暨乎明元，廢而不述。神麚二年，太武元。又詔集諸文士崔浩、浩弟覽、高讜、舊作「闓」，誤。鄧潁、晁繼、一訛「維」。范亨、黄輔等撰國書，爲三舊脱「三」字。十卷。又特命浩總監史任，務從實録。復以中書郎高允、散騎侍郎張偉並參著作，續成前史「史」字疑衍。書，敘述國事，無隱所一無「所」字。惡，而刊石寫之，以示行路。浩坐此夷三族，同作死者百二十八人。自是遂廢史官。**釋**：此述魏史初時事。至文成帝和平元年，始復其職，而以高允典著作，修國記。允年已九十，手目俱衰。時有校書郎一有「中」字。劉模，長於緝綴，乃令執筆而口占授之。如是者五六歲。所成篇卷，模有力焉。**釋**：此述續修事。

初，國記自鄧、崔以下，皆相承作編年體。至孝文太和十一年，詔秘書丞李彪、著作郎崔光始分爲紀傳異科。宣武時，命邢巒追撰孝文起居注。既而崔光、王舊脱「王」字。遵業補續，下訖孝明之世。温子昇復修孝莊一訛「武」。紀，濟陰王暉業撰辨宗室録。魏史官私官私，謂官本、私本。所撰，盡於斯矣。**釋**：此述分體撰次等事。○已上皆在魏世。

齊天保二年，顯祖元。敕秘書監魏收博採舊聞，勒成一史。又命一作「令」。刁柔、辛元植、房延祐、睦一訛「陸」。仲讓、裴昂之、高孝幹等助其編次。收所取史官，懼相淩忽，故刁、辛諸子並乏史才，唯以仿佛學流，憑附得進。於是大徵百家譜狀，斟酌以成魏書。上自道武，下終孝靖，紀、傳與志凡百三十卷。**釋**：此正述魏收撰魏書。收諂齊氏，於魏室多不平。既黨北朝，又厚誣江左。性憎勝己，喜念舊惡，甲門盛德與之有怨者，莫不被以醜言，没其善事。遷怒所至，毀及高曾。書成始奏，詔收於尚書省與諸家論討。前後列訴者百有餘人。時尚書令楊遵彦，一代貴臣，勢傾朝野，收撰其家傳甚美，是以深被黨援。諸訟史者皆獲重罰，或有一無「有」字。斃於獄中。羣怨謗聲不息。孝昭世，敕收更加研審，然後宣布於外。武成武成，孝武弟世祖謚也。王本改作「書成」，非。嘗訪諸羣臣，猶云不實，又令治改，其所變易甚多。由是世薄其書，號爲「穢史」。**釋**：此段加一層評論。

至隋開皇，敕著作郎魏澹與顔之推、辛德源更撰魏書，矯正收失。澹以西魏爲真，東魏爲僞，故文、恭列紀，孝靖稱傳。合紀、傳、論例，總九十二篇。煬帝以澹書猶未能善，又敕左僕射楊素別撰，學士潘徽、褚亮、歐陽詢等佐之。會素薨而止。今世稱魏史者，猶以收本爲主焉。**釋**：此帶述魏澹書，而以世尚收書勒住。

按：第十四節述後魏書也。其初但作編年體，其後專行紀傳書。公最不滿收書，故加多一段評泊，然亦以托起敕改耳。本處勿粘看。

鄧淵國記　魏書本傳：淵字彥海。太祖定中原，擢爲著作郎，詔淵撰國記。淵造十餘卷，惟次年月起居行事而已，未有體例。

崔浩等撰國書　事見直書篇。又崔浩傳：初，太祖詔尚書郎鄧淵著國記，未成。逮於太宗，廢而不述。神麚二年，詔集諸文人撰録，浩及弟覽、高讜、鄧潁、晁繼、范亨、黄輔等共參著作，敍成國書三十卷。按：鄧潁即鄧淵子。

中書郎高允至模有力焉　事詳魏書高允傳及儒林張偉傳，劉模即附允傳中。本文皆撮取傳語也。再按允傳：浩之被收也，允直中書省。時恭宗爲太子，召允留宿。翌日，命允驂乘，至宫門，謂曰：入當見至尊，吾自導卿。脱有問，但依吾説。既入見，恭宗曰：「高允自在臣宫，雖與浩同事，制由於浩。」世祖召允曰：「國書皆崔浩作否？」允對曰：臣與浩同作，臣多於浩。世祖大怒，恭宗曰：天威嚴重，允迷亂失次耳。臣向備問，皆云浩作。允曰：臣謬參著作，今已分死，不敢虚妄。殿下哀臣乞命耳，實不問臣，臣無此言。世祖曰：直哉！臨死不移，貞臣也，宜宥之。按：允字伯恭，年九十八。

李崔始爲紀傳　李彪傳：彪字道固，參著作事。自成帝以來，浩、允編年序録，爲春秋之體。彪始奏從遷、固之體，創爲紀、傳、表、志之目焉。崔光傳：光，本名孝伯，字長仁，高祖賜名。拜中書博士，轉著作郎，與秘書丞李彪參撰國書。按：光即鴻伯父也〔一七〕。

宣武時至號爲穢史　通十五六行，以北齊魏收傳對證之，事語咸具矣。其間所稱引諸人，邢巒字洪賓，中書侍郎、尚書。王遵業，著作佐郎。温子昇，見敍事篇。暉業，魏濟陰王新成曾孫。四人魏書有傳。刁柔，國子博士。辛元植，司空、司馬。房延祐，通直常侍。睦仲讓，不著官秩。裴昂之，國子博士。高孝幹，尚書郎。六人皆無傳。楊遵彦，楊愔字。北齊本傳：尚太原長公主，尚書左僕射〔一八〕，封開封王。

辨宗室録　魏書宗室傳：濟陰王暉業，涉子史，有志節。齊文襄嘗問之，對曰：「數尋伊、霍之傳，不讀曹、馬之書。」暉業以時運漸謝，不復圖全，在晉陽也，無所交通。撰魏藩王家世，號爲辨宗室録，四十卷。

魏澹顔辛更撰　魏澹，見本紀篇。又隋書本傳：高祖以魏收書褒貶失實〔一九〕，平繪中興書事不倫序，詔澹別成魏史。澹自道武下及恭帝爲十二紀、七十八傳，別爲史論及例一卷，并目録合九十二卷。書甚簡要，大矯收、繪之失。上覽而善之。顔之推，北齊本傳：字介。隋開皇中，太子召爲學士，甚見禮重。按：顔介共撰魏書之文，本傳不載。辛德源，隋書本傳：字孝基。高祖受禪，隱於林慮山。秘書監牛弘以德源才學奏，與著作郎王劭同修國史。

楊素別撰　隋書本傳：素字處道。高祖受禪，加上柱國，封越國公。大業二年〔二〇〕，改封楚公。有集十卷。別撰事見下。

潘褚歐陽　隋文學傳：潘徽字伯彥，吳人。煬帝嗣位，詔徽與太常博士褚亮、歐陽詢等助越公楊素撰魏書。會素薨而止。　褚亮字希明。歐陽詢字信本。　傳入唐書。

高齊史，天統初，後主緯元。太常少卿祖孝徵述獻武起居，名曰黄初傳天録。或謬改爲「禄」。時中書侍郎陸元規常從文宣征討，著皇帝實録，唯記行師，不載它事。自武平後，亦後主元。史官陽休之、杜臺卿、祖崇儒、崔子發等相繼注記。**釋**：述齊世撰述。逮一作「迄」。於齊滅，隋秘書監王劭、内史令李德林並少仕鄴中，多識故事。王乃憑述起居注，廣以異聞，造編年書，號曰齊志，十有六卷。**原注**：其序云二十卷，今世間傳者唯十六卷焉。李在齊預修國史，創紀傳書二十七卷。至開皇初，一有「又」字。奉詔續撰，增多齊史三十八篇，以舊作「已」。上送官，藏之秘府。**釋**：述隋時續撰。王志編年已成，李書紀傳未竟。皇家貞觀初，敕其子中書舍人百藥仍其舊録，雜採它書，演爲五十卷。**釋**：至唐初紀傳乃成。今之言齊史者，唯王、李二家云。**釋**：高齊史二體並束。○此節與後周、隋二節，事皆未了。

**按**：第十五節述北齊史也。當時兼有二體，迨後王志廢矣。

祖孝徵　祖珽字也。其人淫穢喪恥。北齊書本傳：後主拜珽尚書左僕射，監修國史，加特進。入文林館，總監撰書。按：黄初傳天録是珽所創起居實録書名，以比魏文受禪，媚獻武也。或誤從

「傳」字截句，讀作去聲，遂改「録」爲「禄」，疑是年號。時實無此元也。

陸元規　名見祖珽傳。

陽杜祖崔　陽休之，北齊書本傳：字子烈。齊受禪，除散騎常侍，修起居注。天統初，爲光禄卿，監國史。杜臺卿，名見隋書李德林傳。舊注：字少山，齊中書侍郎。祖崇儒，舊注：珽族弟也。武平末，通直常侍。崔子發，隋經籍志：齊紀三十卷，紀後齊事，崔子發撰。

王劭李德林　王劭齊志，即左傳家所引之書。按：十六卷，唐藝文志作十七卷。李德林，見探賾篇。

百藥　見本紀篇李安平注。

宇文周史，大統年有秘書丞柳虬兼領著作，直辭正色，事有可稱。**釋**：周世初著。至隋開皇中，秘書監牛弘追撰周紀十有八篇，略敍紀綱，仍皆抵忤。王本作「抵捂」。**釋**：隋時續撰。皇家貞觀初，敕秘書丞令狐德棻、秘書郎岑文本共加修緝，定爲周書五十卷。**釋**：至唐初乃成宇文史。但有紀傳，無編年。

**按**：第十六節述後周書。

柳虬　見前卷第八節。又周書本傳：大統十四年，除秘書丞，領著作。

牛弘　見世家篇。

德棻文本　令狐德棻，見前卷十節，又詳後。舊唐書：岑文本字景仁，擢拜中書舍人。時中書侍郎顏師古免，温彥博奏請復用。太宗曰：「我自舉一人，公勿憂也。」於是以文本爲中書侍郎，專典機密。又先與令狐德棻撰周史，其史論多出於文本。至十年史成。

隋史，當開皇、仁壽時，王劭爲書八十卷，以類相從，定其篇目。至於編年、紀傳，並闕其體。煬帝世，唯有王胄等所修大業起居注。及江都之禍，仍多散逸。**釋**：隋之正史，本無撰稿。皇家貞觀初，敕中書侍郎顏師古、給事中孔穎達共撰成隋書五十五卷，與新撰周書並行於時。**釋**：至唐方經始撰定。唐業由周、隋而起，故牽連周史束之。○舊本此處連下，非。

**按**：第十七節述隋書也。

宇文周史，本無編年。隋雖有王劭書，止録詔敕等，爲記言體，亦非編年類也。故二代皆一書歸束。

王劭書　王劭隋書即尚書家所引之書，與齊志體例殊科，閱者辨之。

王胄　隋文學傳：王胄字承基，大業初爲著作佐郎。唐藝文志有開皇起居，無大業起居，散逸故也。

師古穎達　舊唐書顏籀傳：籀字師古，齊黄門郎之推孫也。少傳家業。武德初，爲秦王府記室。遷中書舍人。令狐傳：高祖詔中書舍人顏師古修隋史。孔穎達傳：穎達字仲達，尤明左氏傳、鄭氏尚書、王氏易、毛詩、禮記，兼善算曆，解屬文。太宗即位，除國子司業。遷太子右庶子，仍兼司業，與魏徵撰成隋史。

初，太宗以梁、陳及齊、周、隋氏並未有書，乃命學士分修。事具於上。上，謂梁、陳及齊、周、隋四節所云。仍使秘書監魏徵總知其務，凡有讚論，徵多預焉。始以貞觀三年創造，至十八年方就，**原注**：唯姚思廉貞觀二年起，功多於諸史一歲。合爲一脱「爲」字。五代紀傳，并目録凡二百五十二卷。書成，下於史閣。**釋**：已上統括五代紀傳卷目。唯有十志，斷爲三十卷，尋擬續奏，未有其文。又詔左僕射于志寧、太史令李淳風、著作郎韋安仁、符璽郎李延壽同撰。其先撰史人，唯令狐德棻重預其事。太宗崩後，刊勒始成。其篇第雖編入隋書，其實別行，俗呼爲五代史志。**釋**：此層另述五代志，明隋書之志非專志隋也。

**按**：第十八節乃總括五代諸書之詞。此五書事垂往代，史定熙朝，志入一家，典稽五族，故另詳之。初閲舊書職官志，貞觀年修五代史，「五代」二字殊鶻突。晉後唐前，唯有南北各四朝，無五代之名也。及閲是篇，翻檢令狐德棻等傳，乃始爽然。蓋其時八史，唯南之梁、陳，北之齊、周，隋是唐修故也。禪語有云「上元即是正月半」，因自笑平生經眼不經心處不知凡幾，只坐翻書溜滑耳。

五代紀傳　舊書令狐德棻傳：德棻言於高祖曰：近代都無正史。梁、陳及齊猶有文籍，周、隋遭大業離亂，多有遺闕。當今耳目猶接，更十數年後恐堙没。如臣愚見，並請修之。高祖然其奏，詔曰：自有魏南徙，乘機撫運，周、隋禪代，梁氏稱邦，齊遷龜鼎，陳建皇宗，立言著績，無乏於時。而簡牘未編，炎涼已積。朕握圖馭宇，方立典謨，有懷撰次，實資良直云云。詔下數年，竟不能就。

貞觀三年，太宗敕德棻與岑文本修周史，李百藥修齊史，姚思廉修梁、陳史。魏徵修隋史，與房玄齡總監。德棻又奏引崔仁師佐修周史，德棻仍總知類會。魏徵傳：徵字玄成。初，令狐德棻等撰諸史，徵受詔總加撰定，隋書序論皆徵所作。按：隋書本顔、孔合撰，與十七節并下條注會看乃全。又按：宋、齊、北魏三書，前代已成，故唐修止於五。

五代史志　史通列同修四人。新、舊書可證合者，李淳風傳則云除太史丞，預撰五代史。其天文、律曆、五行志皆淳風作。李延壽傳則云補崇賢館學士，受詔同敬播修五代史志。而于志寧傳但云預修禮、修史等功賞賜，不言所修何史。至韋安仁則無傳，當用史通語證補之。陳氏解題：十志，高宗時始成〔二二〕，上總梁、陳、齊、周之事，俗號五代志。按：陳氏即本史通立解也。夾漈志略亦然。

惟大唐之受命也，義寧、隋恭帝元。武德唐高祖元。間，工部尚書温大雅首撰創業起居注三篇。自是司空房玄齡、給事中許敬宗、著作佐郎敬播相次立一作「相與自立」。編年體，號爲「實録」。迄乎三帝，世有其書。**釋**：述本朝國史，二體並陳。○已上爲編年起本。

貞觀初，姚思廉始撰紀傳，粗成三十卷。至顯慶高宗改元。元年，太尉長孫無忌與于志寧、令狐德棻、著作郎劉胤之、楊仁卿、起居郎顧胤等，因其舊作，一作「書」。綴以後事，復爲五十卷。雖云繁雜，時有可觀。**釋**：已上爲紀傳起本。龍朔亦高宗元。中，敬宗又以太子少師一作「卿」，誤。總統史任，更增前作，混成百卷。如高宗本紀及永徽高宗初元。名臣、四夷等傳，多是其所造。又起草十志，未半而終。敬宗所作紀傳，或曲希時旨，或猥飾一作「釋」。私憾，凡有毀譽，多非實録。必方諸魏伯起，亦猶張衡之蔡邕焉。其後左史李仁實續撰于志寧、許敬宗、李義府等傳，載言記事，見推直筆。惜其短歲，一作「世」。功業未終。至長壽中，武后九年。春官侍郎牛鳳及又斷自武德，終於弘道，高宗末元。撰爲唐書百有十卷。鳳及以喑聾不才，而輒議一代大典，凡所撰録，皆素責私家行狀，而世人敍事謂家狀。罕能自遠。謂遠於俗。一作「達」，非。或言皆比興，全類詠歌，或語多鄙樸，實同文案，四語皆謂家狀所敍。而總入編次，了無釐革。其有出自胸臆，申其機杼，發言則嗤鄙怪誕，敍事則參差倒錯。故閲其篇第，豈謂可觀；披其章句，不識所以。既而悉收姚、許諸本，繳去之也。欲使其書獨行。由是皇家舊事，殘缺殆盡。**釋**：此一長段中具三層：許飾而誣，李直而年促，牛冗俗而亂。總以推出重撰緣由也。

長安中，武后十八年。余與正諫大夫朱敬則、司封郎中徐堅、左拾遺吴兢奉詔更撰唐書，勒成八十卷。**釋**：此正敍重撰事。八十卷是紀傳體。神龍中宗元。元年，又與堅、一無「堅」字。兢等重修則天實録，編爲三或作「二」。十卷。**釋**：此三十卷是編年體。夫舊史之壞，其亂如繩，錯綜艱難，期月方畢。雖言無可擇，事多遺恨，庶將來削稿，猶有憑焉。**釋**：二體並攝。○舊本連下節，非。

按：第十九節述本朝國史，而以當職手撰者終之。須知所云八十卷、三十卷者，正如王隱之晉書，干寶之晉紀，山謙之、裴松之之宋史，草創起本，爲後來史局之稿底耳，非完書也。修本既行，其書遂佚，往代皆然。説者乃謂知幾善譏訶，鮮撰著，不亦冤乎？

敍古今正史畢。

創業起居注　舊書温大雅傳：大雅字彦弘〔二二〕。武德元年，歷黄門侍郎，撰創業起居注三卷。讀書志：紀高祖起義至受隋禪用師、符讖、受命、典册事。

房許敬等立編年　舊書房玄齡傳：房喬字玄齡。在秦府中常典管記。貞觀四年〔二三〕，代長孫無忌爲尚書左僕射，監修國史。許敬宗、敬播並見上卷第九節。又播傳：與許敬宗撰高祖、太宗實録，自創業至貞觀十四年爲四十卷〔二四〕。後又撰太宗實録，從貞觀十五年至二十三年爲二十卷。

姚長孫等撰紀傳　姚思廉，新、舊本傳闕書撰國史。長孫無忌、于志寧、令狐德棻三人傳，並渾書監修國史。文苑劉胤之傳：永徽中，累轉著作郎，與令狐德棻、著作楊仁卿等撰成國史，封陽城縣男。其從孫即知幾也。楊仁卿無傳。顧胤傳：以撰武德、貞觀兩朝國史八十卷成，加朝散大夫。按：唐二書凡書國史，或統言，或專以紀傳言，或竟闕書。史通此等處可當史補，亦可當史注。

猶張衡之蔡邕　商芸小説：張衡死日，蔡邕母始孕，二人才貌相類，人云邕是張衡後身。按：史通是語蓋反辭以況也。後漢靈帝嘗問侍中楊奇曰：「朕何如桓帝？」奇對曰：「陛下之於桓帝，亦猶虞舜比德唐堯。」語意正相似。

李仁實　見上卷第九節。

牛鳳及　無傳，與前卷第九節參看。

朱敬則徐堅吴兢　三人並見自敘篇。此云撰唐書八十卷、則天實録三十卷，可作知幾本傳參補。按：崇文總目：吴兢撰唐史，自創業迄開元，凡一百一十卷。韋述因其本更加筆削云云。此正與八十、三十之數相合。但總目統云一百十卷，不分紀傳、編年，又專屬之吴兢，皆可與此處本文參證。

大抵自古史臣撰録，其梗概如此。蓋屬詞比事，以月繫年，爲史氏之根本，作生人之耳目者，略盡於斯矣。自餘偏（一訛作「編」。）記小説，則不暇具而論之。**釋**：得此二句，繳得「正史」二字碧清。

**按**：第二十節乃通篇總結。

讀此篇須將二體篇處處印合。

史通一書皆議論體，獨史官、正史二篇屬敘事體。觀其所述，自史、漢而下，悉援序傳原文。至梁、陳以還，咸舉見聞所接。全書談史，安可不辨史曹？全史就評，安可不綜史部？議論、敘事，相須爲用。是二篇者，雖外篇之壓卷，實内篇之括囊。史通正本已盡於是。

# 校勘記

〔一〕藏尚書於夫子舊堂壁中　「壁」字據漢書補。

〔二〕申公傳蔡千秋　按范甯穀梁序疏作「申公傳博士江翁，其後魯人榮廣大善穀梁，又傳蔡千秋」。

〔三〕平同異　「異」字據漢書補。

〔四〕善九章算術　「善」字據漢書補。

〔五〕伏儼劉德鄭氏李斐李奇　「李斐」據漢書敍例補。

〔六〕以上師古所述止二十三人合師古亦止二十四人其一人不可詳矣　「二十三人」原作「二十二人」，「二十四人」原作「二十三人」，「一人」原作「二人」，按通釋遺漏李斐一人，故所計人數分別予以改正。

〔七〕爲本節六層束勒　「六」原作「主」，重刻本作「三」，皆誤。按通釋分本節爲「六層」，「主」當爲「六」之形誤，今改。

〔八〕高陽王睦之長子也　「睦」原作「穆」，據晉書改。

〔九〕獄中與甥姪書以自序曰　「以」字據宋書補。

〔一〇〕南徐州辟西曹舉秀才不就　「辟西曹」以下八字據南齊書補。

〔一一〕與沙門釋曇標相誑爲亂者也　「標」字據宋書、南史補。

〔一二〕起家南徐州從事　「徐」原作「齊」，據梁書改。

〔一三〕江淹齊史十三卷　「史」原作「紀」，據隋書改。

〔一四〕齊史十志行於世　「十志」，通釋所引南史作「傳志」，梁書作「十志」。

〔一五〕遷給事中　「遷」原作「選」，據梁書改。

〔一六〕前趙則漢趙記十卷　「趙」字據隋書補。

〔一七〕光即鴻伯父也　「伯」字據魏書補。

〔一八〕尚書左僕射　「左」原作「右」，據北齊書改。

〔一九〕高祖以魏收書褒貶失實　「高」原作「太」，據隋書改。

〔二〇〕大業二年　「二」原作「元」，據隋書改。

〔二一〕十志高宗時始成　「十」原作「隋」，據直齋書録解題改。

〔二二〕大雅字彦弘　「弘」原作「和」，據舊唐書改。

〔二三〕貞觀四年　「四」原作「三」，據舊唐書改。

〔二四〕自創業至貞觀十四年爲四十卷　「四十」原作「二十」，據舊唐書改。

# 史通通釋卷十三

## 外篇

### 疑古第三

舊注十一條，或作十二條，今刊去。

蓋古之史氏，區分有二焉：一曰記言，二曰記事。而古人所學，以言爲首。**釋**：以記事託記言，發端起議。至若虞、夏之典，商、周之誥，仲虺、周任之言，史佚、臧文之説，此皆言也。凡有游談、專對、獻策、上書者，莫不引爲端緒，歸其的準。言則世多習知。其於事也則不然。至一作「乃」。若少昊之以鳥名官；陶唐之舊有「以」字。御龍拜職；夏氏之中衰也，其盜有后羿、寒浞；齊邦之始建也，其君有蒲姑、伯陵。此皆事也。斯並開國承家，異聞奇事。而後世學者，罕傳其説，唯夫博物君子，或粗知其一隅。事而少僻，則聞者希矣。此則記事之史不行，而記言之書見重，斷可知矣。**釋**：疑古之疑，疑皆在事，故以言詳事略領局也。

及左氏之爲傳也，雖義釋本經，而語雜它事。遂使兩漢儒者，嫉之若仇。故二傳大行，二傳釋言爲多。擅名於一作「後」。世。又孔門之著録一作「述」。也，論語專述言辭，家語兼陳事業。而自古學徒相授，唯稱論語而已。由斯而談，並古人輕事重言之明效也。**釋：**又以左氏、論語證之。然則上起唐堯，下終秦穆，其書所録，唯有百篇。而書之所載，以言爲主。至於廢興行事，萬不記一。語其缺略，可勝道哉！**釋：**落到尚書記言略事，是篇主。故令後人有言，唐、虞以下帝王之事，未易明也。**釋：**篇局至此截，其意總爲諱惡伏根。

案論語曰：「君子成人之美，不成人之惡。」又曰：「成事不説，**原注：**事已成，不可復解説。遂事不諫，**原注：**事已遂，不可復諫止。既往不咎。」**原注：**事已往，不可復追咎。又曰：「民可使由之，不可使知之。」**原注：**由，用也。可用而不可使知者，百姓日用而不能知。自此引經四處，注皆全寫先儒所釋也。夫聖人立教，其言若是。**釋：**引經爲諱惡發端。在於史籍，其義亦然。是以美者因其美而一作「以」。美之，雖有其惡，不加一作「之」，下同。毁也；惡者因其惡而惡之，雖有其美，不加譽也。故孟子曰「堯、舜不勝其美，桀、紂不勝其惡。」魏文帝曰：「舜、禹之事，吾知之矣。」漢景帝曰：「言舊脱「言」字。學者無一作「不」。言湯、武受命，不爲愚。」斯並曩賢精鑑，已有先覺。而拘於禮法，限以師訓，雖口不能言，而心知其不可者，蓋亦多矣。**釋：**至此落出略事之故，意在諱惡，是本序立言之指。

又案魯史之有春秋也，外爲賢者，內爲本國，事靡洪纖，動皆隱諱。斯乃周公之格言。然何必春秋，在於六經，亦皆如此。故觀夫子之刊書也，夏桀讓湯，武王斬紂，其事甚著，而芟夷不存。**原注**：此事出周書。案周書是孔子删尚書之餘，以成其録也。○**釋**：此五句見疑古大意。觀夫子之定禮也，定禮即修春秋也。以春秋爲周禮舊法，故云然。隱、閔非命，惡、視不終，而奮筆昌言，云「魯無篡弒」。觀夫子之删詩也，凡諸舊作「語」，誤。國風，皆有怨刺，在於魯國，獨無其章。**原注**：魯多淫僻，豈無刺詩，蓋夫子删去而不録。觀夫子之論語也，君娶於吳，是謂同姓，而司敗發問，對以「知禮」。**釋**：定禮三項，用他經陪證之。斯驗世郭作「世」，別作「聖」。人之飾智矜愚，愛憎由己者多矣。**釋**：此二句總繳，言諸經皆有諱詞，則世史飾詐益無疑矣。隱對後條近古奸雄桓玄、司馬等。意諸本作「聖人」者，大非。加以古文載事，其詞簡約，**釋**：專歸到尚書。推者難詳，一作「該」。缺漏無補。遂令後來學者莫究其源，蒙然靡察，有如聾瞽。今故訐一作「評」。其疑事，以著於篇。凡有十條，列之於後。

**按**：此疑古之序也，不入條數。「古」字專指尚書，其爲「疑」字解説，則託言於古文隱諱。通觀十條，顯斥古聖，罪無辭矣。然讀書尚論其意，有可推者，敢一雪之。

知幾眼見近古自新莽始禍，以及當塗、典午，南則劉、蕭、陳氏，北則齊、周、楊堅，累朝踐代，類以攘竊之詐，傯爲推挹之文。雖逮李唐，奮戈除暴，猶必虛擁代邸，粉飾禪書。一則曰宜遵故事，再則曰一依前典，引經作册，居然舊章。諱誅伐爲惡聲，掩揖讓而護迹。凡資口實，率附陶、姚。於是古帝前王，青天白日氣象，塵昏霧塞，五六百年於此矣。作者恫焉，假號汲墳之荒簡，反兵孔壁之遺編。所傷在二姓改玉之交，所影皆九錫升壇之套。其意蓋曰古聖且蒙疑謗，此事誰容售欺，憑伊借面有辭，至竟隱形無地耳。其所提防，蓋在於此。叵奈知幾者，不學無術，以文害志，恣行横議，妄冀昭奸，何其遼哉！不揣檮昧，頗推其本意而釋之如左。

以鳥名官　見書志篇。又竹書紀年：少昊登帝位，有鳳凰之瑞。或曰名清不居帝位，帥鳥師居西方，以鳥紀官。按：名清，上古人名。

御龍拜職　史記夏紀：帝孔甲立，好方鬼神事。天降龍二，有雌雄，孔甲不能食。陶唐後有劉累，學擾龍於豢龍氏，以事孔甲。孔甲賜之姓，曰御龍氏，受豕韋之後。

后羿寒浞　兩見左傳。又竹書紀年：帝太康居斟鄩，畋于洛表。羿入斟鄩。帝仲康七年，世子相出居商丘。帝相八年，寒浞殺羿。九年，相居于斟灌。二十六年，浞使其子澆滅斟灌。二十七年，伐斟鄩，滅之。二十八年，弑帝。后緡歸于有仍，伯靡奔鬲〔一〕。世子少康生，在丙寅年。乙酉，少康奔虞。甲辰，少康使女艾殺澆〔二〕。乙巳，伯靡殺寒浞，少康歸于夏邑。

蒲姑伯陵　左昭二十：齊侯至自田，晏子侍於遄臺。晏子曰：「昔爽鳩氏始居此地，季萴因之，有逢伯陵因之，蒲姑氏因之，而後太公因之。」

孟子魏文漢景三言　孟子語見風俗通正失篇〔三〕，曰：「堯、舜不勝其美，桀、紂不勝其惡。傳言失指，圖景失形。」魏文語見魏志文紀注，前史官篇已引之。漢景語見史記儒林轅固生傳，曰：「食肉不食馬肝，不爲不知味；言學者無言湯、武受命，不爲愚。」

隱閔非命　左隱十一：羽父請殺桓公，公曰：「吾將授之矣。」羽父懼，反譖公於桓公，而請弑之。十一月，羽父使賊弑公于寪氏，立桓公。閔二：初，公傅奪卜齮田，公不禁。秋八月，共仲使卜齮賊公于武闈。成季以僖公適邾，共仲奔莒，乃入，立之。

惡視不終　前見編次，後見惑經。

蓋虞書之美放勳也，云「克明俊或作「峻」，下同。德」。而陸賈新語又曰：「堯、舜之人，本作「民」，或作「臣」，誤。比屋可封。」蓋因堯典成文而廣造奇説也。案春秋傳云：高陽、高辛二氏各有才子八人，謂之「元」、「凱」。此十六族也，世濟其美，不隕其名，以至於堯，堯不能舉。帝鴻氏、少昊氏、顓頊氏各有不才子，謂之「渾沌」、「窮奇」、「檮杌」。此三族也，世濟其凶，增其惡名，以至於堯，堯不能去。縉雲氏亦有不才子，天下謂之「饕餮」，以比或訛「此」。三族，俱稱「四凶」。而堯亦不能去。斯則當堯之世，小人君子，比肩齊列，善惡無分，賢愚共貫。且一訛「但」。論語有云：舜舉咎繇，不仁者遠。是則當咎繇未舉，不仁甚多，彌驗堯時羣小在位者矣。一脱「矣」字。又安得謂之「克明俊德」、「比屋可封」者乎？其疑一也。

**按：**十疑之中，不言嬗代之事者，獨此首條耳。亦見凡在盛朝，鋪張善治，必不免於溢辭，爲後此諸條作引也。

比屋可封　新語無爲篇：「堯、舜之民，可比屋而封，桀、紂之民，可比屋而誅者，教化使然也。」

元凱四凶　見左氏文十八傳，文已略具。渾沌之「沌」，左作「敦」，讀如沌。

堯典序又云：「將遜于位，讓于少「于」字。虞舜。」孔氏注曰：「堯知子丹朱不肖，故有禪位之志。」案汲冢瑣語云：「舜放堯於平陽。」而書云書名缺。某地地名缺。有城，以「囚堯」爲號。識者憑斯異説，頗以禪授爲疑。然則觀此二書，已足爲證者矣，而猶有所未覩也。何者？據山海經，謂放勳之子爲帝丹朱，疑脱「堯未傳子」句。而列君「君」疑「名」字之訛。於帝者，得非舜雖廢堯，仍立堯子，俄又奪其帝者乎？觀近古脱「古」字。有奸雄奮發，自號勤王，或廢父而立其子，或黜兄而奉其弟，始則示相推戴，終亦成其篡奪。求諸歷代，往往而有。必以古方今，千載一揆。斯則堯之授舜，其事難明，謂之讓國，徒虚語耳。其疑二也。

**按**：本篇所疑嬗代之事，自此條起，即提破近古奸雄，可以知其意之所寄。嬗局至元、明始轉，然後僞讓絶，直道伸。

汲冢瑣語　見春秋家，又詳後惑經篇之末。

帝丹朱　海內南經：「蒼梧之山，帝舜葬於陽，帝丹朱葬於陰。」

虞書舜典又云：「五十載，陟方乃死。」注云：「死蒼梧之野，因葬焉。」案蒼梧者，於楚則川號汨羅，在漢則邑稱零、桂。地總百越，山連五嶺。人風婐劃，謂文身。地氣歊瘴。雖使百金之子，猶憚經履其途；況以萬乘之君，而堪巡幸其國？且舜必以精華既竭，形神告勞，捨茲寶位，如釋重負。一作「負重」。何得以垂殁之年，更踐不毛之地？兼復二妃不從，怨曠生離，萬里無依，孤魂溘盡，讓王高蹈，豈其若是者乎？歷觀自古人君廢逐，若夏桀放於南巢，趙嘉當作「遷」。遷於房陵，周王流彘，楚帝徙郴，語其艱棘，未有如斯之甚者一無「者」字。也。斯則陟方之死，其殆文命之志乎？其疑三也。

**按**：此條追出「文命之志」一句，志在劉宋之於零陵也。自零陵後，禪位之君罕得全者。

注云　此謂孔氏安國傳也。傳言：「方，道也。」「升道，南方巡守，死於蒼梧之野而葬焉。」至蔡傳以「陟方」作「升遐」解，而又援竹書「帝王之没曰『陟』」爲據。或又以漢書注「掘土爲坑曰方」，爲「方」字之據。若爾，則祇如竹書「陟」已足，即綴一「方」字尚可强通，而復綴之以「乃死」，何耶？蔡云：「猶言殂落而死也。」「殂落」下添「而死」二字，豈復成語耶？詳味句法，畢竟孔傳爲正。但以大禹謨「受終」之文印之，是時禹攝帝位久矣，舜不應更事親巡。愚謂古經此等處當闕疑。

趙遷　淮南子：趙王遷流於房陵，思故鄉，作山水之謳。趙世家：秦既虜遷，趙之亡大夫共立嘉爲王。六年，秦破嘉，滅趙。

徙郴　項羽本紀：諸侯罷戲下，各就國。項羽使使徙義帝長沙郴縣，陰令衡山、臨江王擊殺之江中。

汲冢書云：「舜放堯於平陽，帶引此句，蒙前條說下。益爲啓所誅。」又曰：「太甲殺伊尹，文丁舊謬作「王」。殺季歷。」凡此數事，語異正經。其書近出，世人多不之信也。案舜之放堯，舊有「文之殺季」四字，羨文。無事別說，足驗其情，已於舊衍「此」字。篇前舊衍「後」字。言之詳矣。此條前後並無「文丁殺季」之言，故知本文句字多羨。夫唯益與伊尹見一作「受」。戮，並一無「並」字。於正書猶無其證。推一作「搉」。而論之，如啓之誅益，仍可覆也。何者？舜廢堯而立丹朱，禹黜舜而立商均，益手握機權，勢同舜、禹，而欲因循故事，坐膺天禄。其事不成，自貽伊咎。觀夫近古篡奪，桓獨不全，馬仍反正。若啓之誅益，亦由「猶」通。晉之殺玄乎？若舜、禹相代，事業皆成，唯益覆車，伏辜夏后，亦猶桓效曹、馬，而獨致元興晉安帝改元。之禍者乎？其疑四也。

**按**：此條直提破桓玄之於晉安，意可見已。蓋舉稱亂殺身者，以爲世鑒。

益爲啓誅　黃補注：案竹書紀年，啓既立，費侯伯益出就國，無啓殺益事。蓋瑣語中載之。

太甲文丁　竹書紀年：太甲元年，伊尹放太甲于桐，乃自立。七年，王潛出自桐，殺伊尹。又：文丁十一年，周公季歷伐翳徒之戎，來獻捷。王殺季歷。按：文丁即太丁。沈約注云：史記作「太丁」，非。又晉書束皙傳引紀年之文，亦作「文丁」也。再按：本條除領句，皆言上殺下之事。妄人不解文義，并不考文丁爲何人，遂乃改「丁」爲「王」耳。

桓獨不全　晉安帝紀：隆安二年，廣州刺史桓玄舉兵反。元興二年，玄篡位，帝蒙塵。三年，帝幸江陵。五月，督護馮遷斬玄於貊盤洲，乘輿反正。

湯誓序舊本「誓」誤作「誥」，又脱「序」字。云：「湯伐桀，戰于鳴條。」又云：「湯放桀于南巢，唯有慚德。」而周書殷祝篇稱「桀讓湯王位」云云。句止櫽括周書之文。此則有異於尚書。如周書之所説，豈非湯既勝桀，力制夏人，使桀推讓，歸王於己。蓋欲比迹堯、舜，襲其高名者乎？又案墨子云：湯以天下讓務光，而使人説曰：湯欲加惡名於汝。務光遂投清冷之泉而死。湯乃即位無疑。然則湯之飾讓，僞迹甚多。考墨家所言，雅與周書相會。一作「合」。夫當有「周」字。書之作，本出尚書，孔父截翦浮詞，裁成雅誥，一作「語」。去其鄙事，直云「慚德」，豈非欲滅湯之過，增桀之惡者乎？其疑五也。

**按**：千古無假征誅，但有僞揖讓。如此條借影殷祝篇文，必欲掩征誅而傳諸揖讓，曹、馬輩之態畢獻矣。即劉氏假雜出之書，以褫彼輩之魄，亦盡態矣。彼爲膠柱之解者，吾不敢以善讀書許之。

殷祝篇　在逸周書第六十六。其略曰：湯將放桀，士民奔湯，國中虛。桀請湯曰：「君有人，請致國。」湯曰：「否，士民惑，吾爲王明之。」士民復，致于桀曰：「何必君更。」桀南徙不齊，民奔湯。桀復請湯，言：「國，君之有也。」湯曰：否，我爲君王明之。桀徙于魯，又曰：國，君之有也。湯不能止桀，而復薄三千諸侯曰：「有道者處之。」三千諸侯莫敢即位，然後湯即天子之位。

湯讓務光　按：墨子之云，莊子亦載之，「務」作「瞀」。讓王篇：湯將伐桀，因瞀光而謀。瞀光曰：非吾事也。湯伐桀，剋之。以讓瞀光曰：吾子何不立乎？辭曰：吾聞之，無道之世，不踐其土，況尊我乎？吾不忍久見也。乃負石而自沈於廬水。

夫五經立言，千載猶仰，而求其前後，理甚相乖。何者？稱周之盛也，則云三分有二，商紂爲獨夫；語殷之敗也，又云紂有臣億萬人，其亡流血漂杵。斯則是非無準，向背不同者焉。又案武王爲泰誓，數紂過失，亦猶近代之有呂相爲晉絶秦，陳琳爲袁檄魏，袁亦不直耳，曹惡得無罪。陳琳句謬引。欲加之罪，能無辭乎？而後來諸子，承其僞說，競一作「竟」。列紂罪，有倍五經。故子貢曰：桀、紂之惡不至是，君子惡居下流。班生亦云：安有據婦人臨一作「於」。朝！劉向又曰：世人有弒父害君，桀、紂不至是，而天下當有「歸」字。惡者必以桀、紂爲先。此其自古言辛、癸之罪，將非厚誣者乎？其疑六也。

按：此條非寬失國之荒主也，欲甚代興之罪，而爲之辭也。

陳琳檄　文選爲袁紹檄豫州，善注：魏志曰：「陳孔璋避難冀州，袁本初使典文章，作此檄。」

據婦臨朝　漢書：成帝宴飲，乘輿幄坐，畫紂據妲己。上指問班伯曰：紂至是乎？伯對曰：書云「用婦之言」，何有踞肆於朝？所謂衆惡歸之，不如是之甚也。

微子之命篇序舊脱「序」字。云：「殺武庚。」序云：「殺武庚，命微子代殷後。」案禄父即商紂之子也。屬社稷傾覆，家國淪亡，父首梟懸，母軀分裂，永言怨恥，生人一作「死」。莫二。向使其侯服事周，而全軀保其妻子也，仰天俯地，何以爲生？含齒戴髮，何以爲貌？既而合謀二叔，徇節三監，雖君親之怨不除，而臣子之誠可見。考諸名教，生死無慚。議一訛「議」字爲「於義」二字。者苟以其功業不成，便以頑人民。爲目。必如是，則有君若夏少康，有臣若伍子胥，當作「申包胥」。向若隕仇雪怨，衆敗身滅，亦當隸迹醜徒，編名逆黨者邪？其疑七也。

**按**：此條傷魏、晉而下諸末造鮮義旅也。「寧爲高貴鄉公死，莫作常道鄉公生。」「寧爲袁粲死，莫作褚淵生。」臣子之於君父，其義一也，豈祇爲殷頑雪涕而已。

武庚禄父　竹書紀年：周武王十二年，伐殷，王親禽受于南單之臺。遂分天之明，立受子禄父，是爲武庚。成王元年，武庚以殷畔。三年，王師滅殷，殺武庚。

申包胥　左定四：初，伍員與申包胥友。其亡也，謂申包胥曰：「我必復楚國。」申包胥曰：「子能復之，我必能興之。」及昭王在隨，申包胥如秦乞師，立依於庭墻而哭，七日，秦師乃出。王卒復國。

若作伍胥，於本條不切矣。

論語曰：大矣，周之德也。三分天下有其二，猶服事殷。案尚書序舊脱「序」字。云：西伯戡黎，殷始咎周。二句序文。夫姬氏爵乃諸侯，而輒行征伐，結怨王室，殊一作「曾」。無愧畏。此則春秋荆蠻之滅諸姬，論語季氏之伐顓臾也。又案某書名闕，一訛「其」。書曰：朱雀云云，朱雀句當有本文，「云云」字誤。文王受命稱王云云。夫天無二日，地惟一人，有殷猶存，而王號遽立，此即春秋楚及吴、越僭號而陵天子也。然則戡黎滅崇，自同王者，服事之道，理不如斯。亦猶近者魏司馬文王害權臣，黜少帝，坐加九錫，行駕六馬。及其殁也，而荀勖猶謂之人臣以終。蓋姬之事殷，當比馬之臣魏，必稱周德之大者，不亦虚爲其説乎？一作「設也」。其疑八也。

**按**：此條亦提破司馬，舉昭爲例。前操後裕等，皆比於一科。

九錫六馬　魏三少帝紀：甘露五年，以司馬文王封晉公，加九錫。咸熙二年，命晉王建天子旌旗，乘金根車，駕六馬，位在燕王上〔四〕。

荀勖猶謂人臣　晉書：荀勖字公曾。晉武受禪，拜中書監。按：諛昭之語，本傳不載。世説方正注：王隱晉書曰：勖性佞媚，良史當著佞倖傳。蓋其人媚賈禍晉者也，是其前諂馬傾曹可知。

論語曰：「太伯可謂至德也已。三以天下讓，民無得而稱焉。」案呂氏春秋書名恐誤，當是吴越春秋。所載云云，斯則太王鍾愛厥孫，將立其父。太伯年居長嫡，地實妨賢。向若强顏苟視，懷疑不去，大則類衞伋之誅，小則同楚建之逐，雖欲勿讓，君親其立諸？且太王之殂，太伯來赴，季歷承考遺命，推讓厥昆。太伯以形質已殘，有辭獲免。原夫毁茲玉體，從彼被髮者，本以外絶嫌疑，内釋一作「懷」。猜忌，譬雄雞自斷其尾，用獲免於人犧者焉。又案春秋，晉士蔿見一脱「見」字。申生之將廢也，曰：爲吴太伯，猶有令名。斯則太伯、申生，事如一體。直以出處有異，故成敗不同。若夫子之論太伯也，必美其因病成妍，轉禍爲福，斯則當矣。如云「可謂至德」者，無乃謬爲其譽乎？其疑九也。

**按**：此條獨不拈尚書，蓋因西伯條而及之也。太伯之德，三讓之指，理學大儒，訖無定解。知幾一以後世情事揣之，詎足與辯。夫亦心惻於隱太子之事乎？

呂氏春秋　按：此句定誤。嘗取其書所謂十二紀、八覽、六論縱觀之，曾無一語及太伯事者。試抽吴越春秋覆之，乃遇其文，今録於左。

所載云云　吴越春秋：古公三子，長曰太伯，次曰仲雍，雍一名虞仲，少曰季歷。季歷娶妻太任氏，生子昌。昌有聖瑞。古公曰：「興王業者，其在昌乎！」太伯、仲雍望風知指，曰：「歷者，適也。」知古公欲以國及昌。古公病，二人託名採藥於衡山，遂之荆蠻，斷髮文身，爲夷狄之服，示不可用。

古公卒，太伯、仲雍歸赴，喪畢，還荆蠻，國民君而事之，自號爲勾吳。古公將卒，令季歷讓國於太伯，而三讓不受，於是季歷涖政。

衛伋　衛世家：初，宣公愛夫人夷姜，生子伋，以爲太子。爲太子娶齊女而自取之，生子壽、子朔。伋母死，夫人與朔共譖太子伋。公乃使伋於齊，而令盜遮界上殺之。按：事見左桓十六。「伋」，左作「急子」。

楚建　左昭十九：楚子生太子建，王爲之聘於秦。費無極與逆，勸王取之。城城父而置太子焉。二十年，無極言於楚子曰：「建將以方城之外叛。」王信之，使城父司馬奮揚殺太子。未至，太子建奔宋。

雞斷尾　外傳周語：賓孟適郊，見雄雞自斷其尾。問之侍者，曰：「憚其犧也。」

爲吳太伯　晉士蔿語，見左傳閔元年。

尚書金縢篇云：「管、蔡流言，公將不利于孺子。」左傳云：「周公殺管叔而放左作「蔡」。蔡叔，夫豈舊誤「其」。不愛，王室故也。」昭元。案尚書君奭篇序云：「召公爲保，周公爲師，相成王，爲左右。召公不説。」皆君奭序之文。斯則旦行不臣之禮，挾震主之威，迹居疑似，坐招訕謗。雖奭以亞聖之德，負明允之才，目覩其事，猶懷憤懣。況彼二叔者，才處中人，地居下國，側聞異議，能不懷猜？原其推戈反噬，事由誤我。一作「誠」，而周公自以不誠，當作

「咸」，假用左氏語。遽加顯戮，與夫漢代之一無「之」字。赦淮南，此下一增「明帝」二字。寬阜陵，一何遠哉！斯則周公於友于之一作「其」。義薄矣。而書舊作「詩」。之所述，用爲美談者，何哉？其疑十也。

按：此亦與上條爲類。劉之不足與語周公，猶其不足語於太伯、文王也。然爲此說者，於隱、巢之間喋血之變，或不能不寓於微辭焉。

赦淮南　漢書：淮南厲王長，高帝少子也。孝文即位，自以爲最親，驕蹇，數不奉法，上寬赦之。入朝甚橫，文帝不治。歸國益恣。及謀反事覺，吏雜奏所犯，當棄市。制曰：「其赦長死罪，廢勿王。」

寬阜陵　後漢書：光武帝子阜陵質王延，封淮陽。性驕奢。有告延作圖讖祝詛事，顯宗特加恩，徙爲阜陵王。延懷怨望。復有告延逆謀者，肅宗詔曰：「王前犯大逆，有同管、蔡。先帝屈法，王曾莫悔。今貶爲侯。後幸九江，見延，以喜以悲，復爲王。

大抵自春秋以前，尚書之世，其作者述事如此。釋：十疑皆在尚書之世也。此三句點出。今取其正經雅言，理有難曉，諸子異說，義或可憑，參而會之，以相研覈。一作「覆」。如異於此，則無論焉。釋：數語繳完。夫遠古之書，與近古之史，非唯繁約不類，固一作「故」。亦向背皆殊。何者？近古之史也，言唯詳備，事罕甄擇。使夫學者覩一邦之政，則善惡相參；觀一主之才，而賢愚殆半。至於遠古則不然。夫其所録也，略舉綱維，務存褒諱，尋其終始，隱没者多。嘗試言之，向使漢、魏、晉、宋之君生於上代，一作「三代」，非。堯、舜、禹、湯之主出於中葉，俾史官易地而書，各叙時事，校其得失，固未可量。**釋**：加此一層，明指出後來篡奪諸代互相推勘之旨。大意言遠古諱略，猶且異聞錯出。況若後代奸雄，縱使上生彼世，其諸逆節，散見叢殘，又當何如哉！若乃輪扁稱其糟粕，孔氏述其傳疑，孟子曰：「盡信書，不如無書。」武成之一脱「之」字。篇，吾取其二三簡。一本此下有「而爲累文，與近古同焉」九字，詞義未亮。一本無此九字。推此而言，則遠古之書，其妄甚矣。豈比夫王沈之不實，沈約之多詐，若斯而已矣。一作「哉」。**釋**：末段與内篇抑馬揚班同意。誠著述家無騖荒遠也。

**按**：此十疑後跋也，不入條數。此等書，怒其非聖無法，而嚴爲擯者，誼人之辭也。會其讀史寄憤，而懸爲解者，曉人之辭也。徒駭其拂經横議，而出我巾箱剩語，與之講是對非，則癡人之辭矣。浮翳障日，日豈隕明，促促焉起而詈罵之，傳稱「魯人爲敏」，其類是哉！

## 校勘記

〔一〕伯靡奔鬲　「鬲」原作「夏」，據竹書紀年改。

〔二〕少康使女艾殺澆　「艾」原作「文」，據竹書紀年改。

〔三〕孟子語見風俗通正失篇　「失」原作「始」，據風俗通改。

〔四〕位在燕王上　按魏志三少帝紀無此句。